博士后文库
中国博士后科学基金资助出版

深埋隧洞应变软化围岩变形及与支护相互作用机理

崔 岚 著

科 学 出 版 社
北 京

内 容 简 介

本书总结作者近年来在岩石应变软化本构关系、深埋隧洞围岩变形机理、围岩与全长黏结式锚杆作用机制等理论方面的研究成果；详述目前国内外的研究进展，给出深埋隧洞应变软化围岩的变形计算方法，探究应变软化围岩开挖卸荷后的非线性剪胀效应，剖析考虑变围压的岩体应变软化效应及变形机理；基于统一强度理论分析中间主应力影响下的应变软化围岩稳定性，给出考虑开挖面空间效应的围岩虚拟支护力计算方法，提出改进的深埋高应力条件下围岩的临界变形分类系统，给出全长黏结式锚杆支护效应的数值解答。

本书可供从事地下工程隧洞稳定性与支护设计、分析的科研人员，以及高等院校地下工程、岩石力学专业的研究生参考和阅读。

图书在版编目（CIP）数据

深埋隧洞应变软化围岩变形及与支护相互作用机理/崔岚著.—北京：科学出版社，2021.12

（博士后文库）

ISBN 978-7-03-070898-4

Ⅰ.①深… Ⅱ.①崔… Ⅲ.①深埋隧道-围岩变形-研究 ②深埋隧道-围岩加固-研究 Ⅳ.①U459.9

中国版本图书馆 CIP 数据核字（2021）第 270679 号

责任编辑：何 念/责任校对：高 嵘

责任印制：彭 超/封面设计：陈 敬

科学出版社 出版

北京东黄城根北街 16 号

邮政编码：100717

http://www.sciencep.com

武汉中科兴业印务有限公司印刷

科学出版社发行 各地新华书店经销

*

开本：B5（720×1000）

2021 年 12 月第 一 版 印张：10

2021 年 12 月第一次印刷 字数：202 000

定价：88.00 元

（如有印装质量问题，我社负责调换）

《博士后文库》编委会名单

《博士后文库》序言

1985 年，在李政道先生的倡议和邓小平同志的亲自关怀下，我国建立了博士后制度，同时设立了博士后科学基金。30 多年来，在党和国家的高度重视下，在社会各方面的关心和支持下，博士后制度为我国培养了一大批青年高层次创新人才。在这一过程中，博士后科学基金发挥了不可替代的独特作用。

博士后科学基金是中国特色博士后制度的重要组成部分，专门用于资助博士后研究人员开展创新探索。博士后科学基金的资助，对正处于独立科研生涯起步阶段的博士后研究人员来说，适逢其时，有利于培养他们独立的科研人格、在选题方面的竞争意识及负责的精神，是他们独立从事科研工作的“第一桶金”。尽管博士后科学基金资助金额不大，但对博士后青年创新人才的培养和激励作用不可估量。四两拨千斤，博士后科学基金有效地推动了博士后研究人员迅速成长为高水平的研究人才，“小基金发挥了大作用”。

在博士后科学基金的资助下，博士后研究人员的优秀学术成果不断涌现。2013 年，为提高博士后科学基金的资助效益，中国博士后科学基金会联合科学出版社开展了博士后优秀学术专著出版资助工作，通过专家评审遴选出优秀的博士后学术著作，收入《博士后文库》，由博士后科学基金资助、科学出版社出版。我们希望，借此打造专属于博士后学术创新的旗舰图书品牌，激励博士后研究人员潜心科研，扎实治学，提升博士后优秀学术成果的社会影响力。

2015 年，国务院办公厅印发了《关于改革完善博士后制度的意见》（国办发〔2015〕87 号），将“实施自然科学、人文社会科学优秀博士后论著出版支持计划”作为“十三五”期间博士后工作的重要内容和提升博士后研究人员培养质量的重要手段，这更加凸显了出版资助工作的意义。我相信，我们提供的这个出版资助平台将对博士后研究人员激发创新智慧、凝聚创新力量发挥独特的作用，促使博士后研究人员的创新成果更好地服务于创新驱动发展战略和创新型国家的建设。

祝愿广大博士后研究人员在博士后科学基金的资助下早日成长为栋梁之材，为实现中华民族伟大复兴的中国梦做出更大的贡献。

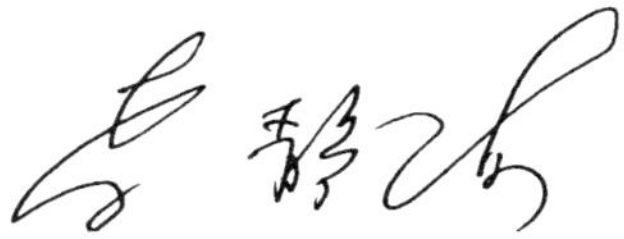

中国博士后科学基金会理事

前　言

越来越多的国内外地下洞室在深埋环境进行开挖。在深埋高应力条件下，对软岩进行开挖容易引起岩体的挤压大变形，对中等或硬质岩体开挖会引起岩体的突然爆破松脱，这些灾害在施工与运营期间给人员、设备的安全带来了严重的威胁。因此，深埋围岩开挖引起的变形的评价与控制，是目前地下工程开挖施工过程中长期困扰工程人员的技术难题之一。深埋环境下，岩体的应力、应变行为较为复杂，其中峰后应变软化行为是岩体的典型力学特征，岩体的应变软化效应使得在一定应力水平下，强度达到峰值后迅速衰减，围岩的整体强度与稳定性大为减弱，故必须对应变软化围岩变形及其与支护的相互作用机理进行全面、系统的研究与总结，为将来类似工程提供理论上的指导和工程上的借鉴。

本书内容可分为三部分：第 1 章作为第一部分，主要详述目前国内外学者关于岩体峰后力学特性、隧道变形预测、围岩与支护相互作用方面的研究进展；第二部分主要研究围岩变形机理，包含第 2~5 章、第 7 章，分别探讨围岩在应变软化效应、剪胀效应、围压卸荷效应、中间主应力等影响下的岩体变形规律，提出围岩的临界变形分类系统；第三部分研究围岩与支护的相互作用机理，包含第 6 章、第 8 章，分别给出隧道掘进过程中虚拟支护力计算方法与全长黏结式锚杆在围岩中支护效应的数值解答。

本书的相关研究内容先后得到中国博士后科学基金第 62 批面上资助（2017M622450）、中国博士后科学基金第 11 批特别资助（2018T110768）等科研项目的资助，在此对中国博士后科学基金会的支持表示最诚挚的感谢！本人在长期进行岩石本构关系、地下工程开挖稳定性的研究中，得到了郑俊杰教授、中国科学院武汉岩土力学研究所盛谦研究员、武汉大学土木建筑工程学院章荣军教授的指导与支持，在此表示衷心的感谢！

本人虽然长期从事岩石力学与地下工程稳定性分析方面的理论研究，但由于知识面有限，书中难免存在疏漏之处，敬请读者批评指正。

崔　岚

2021 年 9 月 15 日于武汉小洪山

目　　录

第1章　深埋隧洞围岩变形及与支护相互作用的研究概述

1.1 引　言

近年来，随着我国国民经济水平的持续提高与西部山区城市开发及交通建设战略的稳步实施，隧道、地下综合管廊等地下工程建设迎来了蓬勃发展的机遇期，隧道或地下洞室逐渐向着更深的区域发展。对于埋深很大的隧洞，通常地质构造复杂，所受地应力很高，隧洞开挖后围岩易出现大变形、岩爆、坍塌等现象，那么在施工过程中就应根据围岩地质条件选取合适的支护参数，防止各种灾害的发生。

目前，已有大量的科研人员与工程技术人员开展了关于深埋高应力隧洞围岩变形预测与支护作用效应方面的研究。在深埋隧洞弹塑性分析方面，学者基于不同的强度理论[1-4]、不同的岩体峰后应力应变关系[1,5-8]、不同的流动法则[3,9-11]对隧洞开挖引起的围岩应力应变场、围岩变形与围岩塑性区域范围进行了数值计算和理论推导。在深埋隧洞围岩与支护相互作用方面，基于新奥法发展起来的传统约束收敛法[12-14]得到了广泛运用，该方法通过将围岩特征曲线、围岩纵向变形曲线（longitudinal deformation profile，LDP）、支护特征曲线结合起来，实现了不同支护时机下支护荷载与围岩收敛的计算[13]；在传统约束收敛法的基础上发展产生的围岩与支护相互作用的两阶段分析法，则旨在预测反映开挖面空间效应的虚拟支护力，可克服传统约束收敛法的一些缺点，适用性更强[15-17]。众多研究人员从数值计算与理论分析方面基于传统约束收敛法、两阶段分析法对围岩质量和支护类型影响下的支护荷载及受力进行了探讨[18-24]，为支护设计提供了理论基础。

尽管关于深埋隧洞弹塑性分析、围岩与支护相互作用的研究取得了一系列成果，但是，近年来国内外许多高应力深埋隧洞还是发生了诸多工程事故，造成了人员伤亡与经济损失。例如：加拿大某一深部高应力地下矿山，由于硬岩体积膨胀，洞身边墙出现大变形，锚杆与钢筋网发生破坏；渝怀铁路圆梁山隧道于2002年9月10日发生大体积塌方，死亡9人；沪蓉西高速公路龙潭隧道于2005年3月17日左洞突发顶部30多米的大体积塌方，死亡4人，伤2人；宜万铁路马鹿箐隧道于 2006 年 1 月 21 日与 2008 年 4 月 11 日发生大体积塌方，死亡 16 人；宜万铁路野三关隧道于 2007 年 8 月 5 日发生大体积塌方，被困 52 人，死亡 10 人；宜万铁路高阳寨隧道于 2007 年 11 月 20 日发生岩崩事故，死亡超 30 人；大秦线军都山隧道在施工与运营过程中发生了 12 次大体积塌方，其中最大的两次塌方面积共有 2 100 m^2；合宁铁路亭子山二号隧道于 2007 年 9 月 2 日发生局部塌方，被困 28 人，死亡 5 人；锦屏二级水电站两条辅助洞的埋深为 1 800～2 525 m，在施工过程中发生了 100 多次岩爆和塌方，造成了 30 多人死亡，延误工期超过 1 年；大岗山水电站地下厂房在 2008 年 12 月 16 日发生大体积塌方，体积约为 3 000 m^3，延误工期约 3 个月；锦屏一级水电站地下厂房的围岩持续大变形，变形量级与变形深度都非常大。

造成此类工程事故频发的直接诱因众多，如施工单位的安全生产意识薄弱，对工程安全的把控力度有待加强。但抛开施工方面的人为因素，从学术角度来看，现有关于深埋高应力隧洞方面的研究仍然不够完善，科研人员尚未为工程技术人员建立更为合理且具有针对性的深埋高应力隧洞支护设计理论。因此，对该问题开展系统而深入的研究是尤为必要的。

1.2　相关领域国内外研究现状

1.2.1　岩体应变软化与剪胀特性研究现状

1. 岩体应变软化特性研究现状

在岩土工程领域，大量室内单轴或三轴试验和大尺寸现场试验发现：应变软化现象在工程岩土体中广泛存在，表现为岩体在达到峰值强度后，随着变形的进一步增加，自身强度快速下降至较低水平，这种变形导致的岩石材料强度劣化现象称作“应变软化”。长期以来，为了对工程岩体的受力变形特性进行准确的研究分析，众多科研人员基于不同的研究角度，利用各类技术方法，从发生机制和分析理论方面系统性地研究了岩土体的应变软化行为，取得了显著成果。从总体研究思路来看，这些研究大致可以分为两类。一类是从岩石裂隙扩展贯通的微观角度，通过现场测试和室内试验相结合的方法，研究岩石在峰值强度以后产生应变软化现象的内在机制。这类研究的模型与方法主要有损伤力学模型[25]、细观力学模型[26]、强度统计分布方法[27]与物理细胞自动机方法[28]等。相关成果能从发生与发展机制方面对变形局部化进行较好的描述，从而解释变形局部化现象，再现应变软化过程中的应力、应变特性。但这类研究中引入的一些参数难以得到准确的测定，无法在工程实践中得到有效应用，还需进一步完善理论和方法。另一类研究是针对岩石应变软化的宏观效应展开的，根据岩石应变软化的平均化和分布化假设，利用完备的连续介质力学理论建立力学模型来描述岩石应变软化的力学特性。本书将基于这类研究讨论围岩变形、受力的弹塑性解和围岩与支护结构的相互作用。下面将对从宏观试验方面分析岩体应变软化行为的研究成果进行总结。

Hoek 和 Brown[29]根据大量试验成果，对不同质量岩体的峰后力学特性进行了归纳，提出：质量较好的岩体在屈服后，会出现明显的脆性破坏，且自身强度突然下跌；对于中等质量岩体，强度到达峰值之后，会出现比较明显的应变软化现象，之后应力基本不受应变增加的影响而保持不变；质量较差的软岩在达到峰值强度后，应力并未随应变的继续增大而出现明显下降，一直保持在接近峰值强度的状态。Cai 等[30]基于地质强度指标（GSI）中的两个重要指标（残余块体体积与残余节理条件系数），针对应变软化岩体，提出了一种通过未破坏时的峰值 GSI 预测残余阶段 GSI 残余值的方法，并根据一系列大型洞室现场剪切试验与边坡工程的反分析方法展开验证，证明该方法可有效简化支护设计的理论计算。Medhurst 和 Brown[31]对室内岩石试验和煤矿现场试验结果进行了总结，提出应变软化岩体对应的残余阶段的临界塑性剪切应变的取值范围应介于0.01和0.001之间。Zbenek 和 Bazant[32]提出了指数形式的塑性应变软化模型，建立了等效应力与等效塑性应变之间的关系。Jiang[33]、Jiang 等[34]将应变软化岩体的应力应变曲线简化为直线形式，基于大量三轴压缩试验结果，给出了受围压影响的岩体应变软化分段函数公式。Alejano 等[35]基于围岩应力应变曲线的基本概念，提出了应变软化岩体临界塑性软化系数的求解公式，建立了临界塑性剪切应变与剪胀系数、弹性模量、围压之间的关系。Alonso 等[36]参照大量风化花岗岩的三轴压缩试验结果，建立了更为具体的预测应变软化围岩临界塑性剪切应变的拟合公式。李文婷等[37]基于莫尔-库仑（Mohr-Coulomb）屈服准则，以内摩擦角为中间变量，通过理论推导，将峰后弹性模量表征为应变的函数，建立了峰后岩体力学非线性应力应变关系。除了在试验方面对岩体应变软化效应进行研究之外，大多数学者采用理论与数值方法对岩体宏观应变软化模型展开论证，此类研究将在 1.2.3 小节中进行详述。

2. 岩体剪胀特性研究现状

剪胀是岩体普遍存在的一种特性，是指荷载作用导致岩体在破坏过程中产生明显的非弹性体积形变。岩体剪胀现象的本质与微裂隙行为密切相关。在岩体加载变形过程中，内部颗粒之间发生相对移动、断裂，进而导致微裂隙的萌生、发展和贯通，同时伴随着内部孔隙与缺陷体积的增加，并在其破坏后产生显著的体积膨胀。

目前，对岩石剪胀行为本构关系的研究主要从微观与宏观两个角度展开。对微观角度的研究主要依靠岩石微力学模型的建立，如裂隙滑移模型[38]与裂隙增长物理模型[39]。尽管这些模型能够描述岩体在加载过程中变形增长的一般规律，但岩体所表现出来的复杂力学行为已超过这些研究所能解释的范围。从宏观角度的研究则采用连续介质理论，将岩体的体积变化反映为剪胀角的变化。对于完整性好的岩石，其塑性轴向应变和体积应变增量可通过优化的三轴压缩试验计算得到；对于一组节理，可采用直剪试验的方式，即计算沿节理正向与切向的位移的比率来确定剪胀角[40]。研究人员基于大量岩石三轴试验，提出了多种宏观方面的剪胀角模型。例如，Yuan 和 Harrison[41]给出了一种基于经验的剪胀系数，即将任一围压下峰值后的体积应变曲线同水平线的夹角与单轴压缩条件下该夹角的比值定义为剪胀系数，用来描述受围压影响的岩石体积变化特征。Hoek 和 Brown[29]提出根据岩体质量选择剪胀角 ψ：对于质量好的岩体，$\psi=\varphi/4$（φ 为岩体内摩擦角）；对于质量中等的岩体，$\psi=\varphi/8$；对于质量较差的岩体，$\psi=0°$ 。Kaiser 等[42]根据隧道开挖边界周围岩体的破坏和变形特征，明确提出了岩体膨胀系数的定义，其定义为软岩裂隙区的位移增量与深层裂隙区的深度之比。Medhurst 和 Brown[31]在不同的围压标准下对不同规格的煤进行了三轴压缩体积应变的精确测量试验，得出了岩体剪胀角随塑性剪切应变的变化趋势。Farmer[43]对多类岩石进行三轴压缩试验以测量其体积应变，并获得了以下结果：一些脆性硬质岩石（砂岩、粉砂岩、波特兰岩）比软岩（砂糖状石灰岩、泥灰岩、泥岩）表现出更强的峰值后体积膨胀现象，围压变化对岩体剪胀性的影响十分显著，在单轴压缩或低围压标准下，岩石的体积膨胀更为剧烈，并且体积应变随着围压的增加而迅速减小。Ribacchi[44]在对石灰岩进行大量的三轴试验后，认为围压增大会使剪胀角规律性地减小，并初步估算出多种围压下的峰值剪胀角。Detournay[45]认为围岩在塑性区域的剪胀角并不恒定，非弹性体积应变的增长率会随着塑性剪切应变的增大而逐渐变化，并通过隧道收敛的解析算例论证了恒定剪胀角假设的不合理性，建立了剪胀系数与初始剪胀系数、塑性剪切应变、临界塑性剪切应变之间的关系。Alejano 及其团队开展了一系列关于岩体剪胀角的试验与理论推导方面的研究[46-47]。首先，分析了 Medhurst 和 Brown[31]、Farmer[43]、Ribacchi[44]的试验结果，提出了岩体剪胀角非线性变化模型[46]；然后，在 Detournay[45]预测初始剪胀系数理论公式的基础上，提出了峰值剪胀系数与围压、峰值内摩擦角三者的关系式；最后，通过三轴加载试验对 90 组节理岩体与岩块的峰后力学行为进行评价，研究了材料的峰值强度、残余强度、切向弹性模量、峰后强度衰减模量、剪切带形成趋势及塑性变形中的剪胀角[46]。

需要说明的是，Alejano 和 Alonso[46]、Alejano 和 Arzua[47]、Detournay[45]均假定塑性剪切变形从零开始扩增，岩体剪胀角呈现出单调减小的特性。然而，Zhao 和 Cai[48]指出，在三轴试验的加载过程中，变形阶段的剪胀角在应力低于裂隙贯通应力水平时表现为负值，当应力超过裂隙贯通应力水平时，剪胀角快速增大至峰值，而后随之减小，这说明 Detournay[45]、Alejano 和 Alonso[46]、Alejano 和 Arzua[47]仅考虑了剪胀角在峰值过后逐渐变小的过程。对此，Zhao 和 Cai[48]提出了一种受围压与塑性剪切应变综合影响的剪胀角最优拟合方程，能较好地表现出剪胀角从 0° 快速上升至峰值而后逐渐减小的变化特性，方程拟合系数均由试验给出。除此之外，Zhao 和 Cai[10]、赵星光等[11]针对该拟合方程采用 FLAC3D 软件进行了剪胀角模块的开发，模拟出了加拿大 Donkin-Morien 隧道的挖掘过程，发现洞壁处的剪胀效应在低围压时十分显著；分析了变化剪胀模型下锚杆的力学响应[49]；采用 MTS815 岩石力学试验机和声发射监测系统，通过对深层花岗岩在三轴循环加卸载条件下的破损与剪胀特性进行研究，构建出了循环加卸载过程中岩石的塑性应变路径，得到了剪胀角在峰值后随塑性剪切应变变化的规律，并探讨了围压和塑性剪切应变对岩石剪胀特性的影响效果[50]。

1.2.2　岩体质量分级系统

工程岩体分级旨在帮助工程技术人员从宏观角度对岩体工程特征进行准确把控，并着手服务于工程设计和施工建设。岩体分级方法是随着人们工程理念的改变不断发展进步的。目前，业界最具影响力的三大分级系统包括：由 Barton 等提出的岩体质量分类法[51-53]，又称 Q 系统；由 Bieniawski[54-56]提出的岩体分级系统法，又称 RMR 系统；由 Hoek 等提出的地质强度指标分级法[57-58]，又称 GSI 系统。RMR 系统与 Q 系统在这三种分级系统中提出较早，已成功应用于世界各地的诸多隧道工程中，然而，如 RMR 系统将 30～70 作为取值设置范围，在高应力状态下，无法通过 RMR 系统的取值反映出岩体的挤压性、膨胀性、岩爆与结构性破坏。RMR 系统与 Q 系统侧重于地下开挖方面的支护设计，对岩体基本力学特性未能进行全面性的估计。此外，RMR 系统与 Q 系统对岩石质量指标（RQD）分级的依赖性过强，然而在多数软岩情况下，RQD 的取值无意义或仅为 0。

针对存在的问题，Hoek 提出了 GSI 系统，该系统强调通过地质勘查得到基本岩性，并不只侧重于地下工程的支护与加固，而且反映了岩体结构与地质历史[59]。在该系统中，Hoek[57]、Hoek 等[58]按结构条件将岩体质量分为五类，分别为完整或块状结构、镶嵌结构、碎裂结构或扰动或裂缝、散体结构、层状或剪切带；按结构面表面条件也将岩体质量分为五类，分别为很好、好、一般、差和很差。根据现场观测的岩体结构与结构面表面条件，当岩体质量由差变好时，GSI 由 10 变为 90，间隔为 10。早期的 GSI 系统仅适用于硬质岩体，通过对 Venezuela 隧道与 Athens 地铁片岩情况的分析，Hoek 等扩展了 GSI 系统的适用范围，用来分析如片岩等极软弱岩体[60]。此外，Marinos 和 Hoek[61]还将 GSI 系统的使用范围延伸到不均匀岩体中。Sonmez 和 Ulusay[62]、Sonmez 等[63]通过对新的参数与分级标准的引入，如结构分类 SR 与表面条件分类 SCR，补充、修正了 GSI 系统。其中，SR 与 SCR 由 RMR 系统的基本参数（如岩体粗糙程度、风化程度与充填物）与岩体体积节理数决定。Cai 等[64]使用节理条件系数与块体体积对 GSI 系统展开定量化分析，使得 GSI 系统的应用更加方便。

GSI 系统除了能对不同节理岩体的结构与结构面表面条件进行描述外，还可用于获取实际工程所需的基本力学参数，如 Hoek[65-66]给出了软岩（$5<\mathrm{GSI}<35$）条件下岩体单轴抗压强度与岩石单轴抗压强度的比值，霍克-布朗（Hoek-Brown）屈服准则中的强度参数 m_b、s、a，莫尔-库仑屈服准则中的强度参数 K_φ 与 c[67]，岩体的变形模量[68]等。在此基础上，众多学者对 GSI 系统与支护设计之间的关系展开了研究。例如，Basarir[69]与 Sari[70]利用 GSI 系统预测了岩体的各向强度参数及变形模量。据此，前者通过建立二维有限元模型有效模拟了圆形洞室的开挖过程，并给出了对应的支护手段。后者结合二维有限差分软件计算了围岩特征曲线，通过数据处理与回归分析建立了静水压力与非静水压力下洞壁变形的非线性回归模型。Hoek 和 Diederichs[68]通过对大量现场试验数据的分析，提出了一种预测岩体变形模量 E_{rm} 与 GSI、扰动系数 D 之间关系的经验公式。Asef 等[71]与 Basarir[72]认为对于黏土岩、煤岩及粉砂岩等 GSI 较小的岩体，应该将霍克-布朗屈服准则中的强度参数 m_i 取较小值，对于花岗岩与闪长岩等 GSI 较大的岩体，m_i 应该取较大值。

1.2.3 圆形隧道弹塑性分析研究现状

1. 莫尔-库仑屈服准则与霍克-布朗屈服准则

目前在岩土工程中最为常用的屈服准则是莫尔-库仑屈服准则。但是莫尔-库仑屈服准则对材料应力、应变特性的描述是线性的，而岩体具有节理、断层等结构特性，这使得对应力、应变特性的线性假定将不能有效反映实际情况。对此，Hoek 和 Brown[73]基于大量的岩体试验提出了非线性的霍克-布朗屈服准则。最早版本的霍克-布朗屈服准则是在 RMR 系统的基础上提出的。多年来，旧版本的霍克-布朗屈服准则得到了不断的发展、改进。Hoek 等于 2002 年推出了最新版本的霍克-布朗屈服准则[67]，该准则将扰动系数 D 引入其中，并对不同工程背景的 D 进行了定义，可通过 GSI 求解基本强度参量 m_b、s、a。目前，部分研究人员在莫尔-库仑屈服准则与霍克-布朗屈服准则的基础上，研究、探讨了圆形隧道在理想弹塑性岩体条件下的弹塑性解。例如，Detournay 和 Fairhurst[74]通过自相似原理，推导出了理想弹塑性岩体在静水压力与非静水压力条件下满足莫尔-库仑屈服准则的闭合解，在推导精确解的过程中，严格考虑了材料塑性应变与时间之间的关系。后来，Carranza-Torres 等基于该理论对采用霍克-布朗屈服准则与莫尔-库仑屈服准则的理想弹塑性岩体的围岩收敛进行了推导[1,75-76]。Li 和 Wang[77]给出了圆形隧道的衬砌受力与围岩变形在弹性、非静水压力下的封闭解，探究了衬砌在结构受力中起到的作用。Bobet[78]推导了在非等压、不同排水条件下饱和土浅埋隧道的封闭解。Wang 和 Nie[79]在拉普拉斯（Laplace）变换的基础上，分析了理想弹塑性岩体在平面应变条件下的黏弹塑性闭合解，对边界区域时间相关性进行了考虑。

针对岩体的大量试验表明[29]，可用应变软化或弹-脆-塑性表述岩体在加载阶段的力学行为，这反映出研究隧道开挖的力学响应离不开对岩体峰后力学行为全面而细致的分析。对于应变软化岩体，Guan 等[80]在莫尔-库仑屈服准则与自相似方法的基础上，分别通过两种理论方法对圆形洞室应变软化围岩的洞壁变形展开了计算，第一种计算不考虑土层卸荷过程的塑性应变增量，第二种则考虑该增量。结果表明，前者的围岩收敛比后者减少 20%～40%。Varas 等[81]通过有限元方法对弹塑性交界区域分叉化的现象进行了研究，以探明应变软化岩体卸荷后出现的分叉化与局部化问题。Brown 等[82]基于霍克-布朗屈服准则对弹-脆-塑性与应变软化模型的解析解进行了推导，针对应变软化模型，提出利用相关联流动法则，将塑性区域内的弹性应变假定为恒定值，根据分步迭代程序展开求解。Lee 和 Pietruszczak[6]对塑性区域围岩进行分层，在力学平衡与位移协调条件下采用有限差分方法推导出了莫尔-库仑屈服准则与霍克-布朗屈服准则下围岩应力、应变分量的数值解，提出了一种关于围岩收敛位移的快速求解方法。与 Brown 等[82]的差别在于，Brown 等[82]对围岩进行分层是根据逐步变化的半径，而 Lee 和 Pietruszczak[6]是根据逐步变化的径向应力。Alonso 等[5]在莫尔-库仑屈服准则、特雷斯卡（Tresca）屈服准则与霍克-布朗屈服准则的基础上，将软化区域强度参数随塑性剪切应变的变化假定为线性的，并由一系列的微分方程与自相似方法给出了围岩特征曲线的计算结果，提出了较为严谨的计算程序。很多学者提出，基于应变软化数值解的计算过程可能存在应变软化速率问题和数值不稳定问题。对此，Wang 等[83-84]将岩体软化过程分为有限个弹-脆-塑性过程，据此提出了应变软化解析解，并编写了相应的有限元程序。Zhang 等[85-86]在 Wang 等[83-84]的基础上，引入对软化区域内岩体模量劣化作用的考量，针对塑性区域内弹-脆-塑性与应变软化岩体弹性模量不可能无限减小的问题，提出了基于霍克-布朗屈服准则与莫尔-库仑屈服准则的岩体变形模量减小系数的临界值。Ogawa 和 Lo[87]基于霍克-布朗屈服准则、莫尔-库仑屈服准则与非关联流动法则给出了圆形隧道应力、应变解析解，对材料的剪胀特性与峰后的软化特性进行了充分考虑，通过将解析方法应用于软弱破碎岩体与超固结黏土的工程实例，验证了该方法的合理性，并认为围岩变形受材料剪胀性影响十分显著，应着重考虑。

对于弹-脆-塑性岩体，Brown 等[82]根据霍克-布朗屈服准则最先推导出了圆形洞室弹-脆-塑性解，但是，他们对弹性与塑性区域交界处径向应力的计算存在问题，Wang[88]进行了相应更正。而 Sharan[7-8]认为，Brown 等[82]与 Wang[88]在处理弹-脆-塑性岩体弹塑性交界处强度跌落和计算塑性区域半径时均存在错误，且并未得到其他方法的验证。据此，他们再次对塑性区域半径进行求解，推导出弹-脆-塑性岩体基于霍克-布朗屈服准则的闭合解，并通过有限元模型进行验证。基于 Brown 等[82]的工作，Park 和 Kim[89]、Park 等[90]针对弹-脆-塑性岩体推导出了一种弹塑性解，对塑性区域的弹性应变进行了三种情况的讨论，分别为假定弹性应变恒定不变、将塑性区域看作厚壁圆筒结构、考虑塑性区域内弹性应变受静水压力的影响，并对三种情况下的围岩变形进行了比较。以上多数研究基于非关联流动法则选取恒定剪胀角并开展计算，针对这一现状，Serrano 等[9]根据莫尔-库仑包络线对平面状态下在某一应力分量下的剪胀角进行了推导，基于此，推导出理想弹-脆-塑性岩体的封闭解，说明了考虑非关联流动法则的重要性。

现有的对岩体的弹塑性分析大多以平面应变基本假定为依据，而围岩实际上还受到隧道纵向应力的作用，据此，Lu 等[91]将隧道纵向应力引入屈服准则与流动法则中对理想弹塑性岩体进行计算，结果指出，超过临界值的隧道纵向应力对围岩力学响应的影响尤为显著。Wang 等[92]指出，隧道纵向应力不能等同于中间主应力，计算了当隧道纵向应力分别为最大主应力与最小主应力时围岩的塑性半径和收敛变形，发现隧道纵向应力的方向与大小对围岩应力、应变场的影响很大。

2. 双剪统一强度理论

俞茂宏[2]将已有的强度理论概括为三类：第一类为单剪系列的强度理论，如莫尔-库仑强度理论与特雷斯卡强度理论；第二类为八面体系列的强度理论（也称为双剪强度理论），如德鲁克-布拉格（Drucker-Prager）屈服准则与米泽斯-施莱克尔（Mises-Schleicher）屈服准则；第三类即俞茂宏提出的双剪统一强度理论[2,93]。双剪统一强度理论可将其余两类强度理论的极限包络线完全涵盖在内，因此，可以认为该强度理论适用于各种岩土类材料。尽管双剪统一强度理论在岩体材料中的应用不如莫尔-库仑屈服准则与霍克-布朗屈服准则普遍，但可将中间主应力对岩体屈服状态的影响更加真实地反映出来。目前，已有众多学者应用了具有多种形式的双剪统一强度理论，然而，由于缺乏对试验数据的拟合，该理论与其他真三轴强度理论的对比较少。对此，尤明庆[94-95]通过主应力形式对线性与非线性统一强度理论进行直接构建，基于岩石真三轴压缩、常规三轴压缩与拉伸试验的数据，确定了多个强度理论中的材料参数。此外，许多学者进行了应变软化岩体、理想弹塑性岩体、弹-脆-塑性岩体在统一强度理论下的弹塑性分析，相关总结如下。

对于理想弹塑性与弹-脆-塑性岩体，Xu 和 Yu[96]在统一强度理论的基础上，对理想弹塑性岩体的应力、应变解析解进行了推导，认为基于莫尔-库仑屈服准则的卡斯特纳（Kastner）公式与芬纳（Fenner）公式可看作统一强度理论闭合解的特例。Zhang 等[97]基于统一强度理论，推导出了随半径变化的弹性模量指数衰减模型，分析计算了理想弹塑性岩体的模量衰减对隧道洞壁收敛的影响。

对于应变软化岩体，Fan 等[98]、范文等[99]采用弹性-塑性软化-塑性三线性应力-应变模型推导了统一强度理论下围岩塑性残余区域半径、塑性软化区域半径、洞壁位移的弹塑性解析式，结果表明，中间主应力系数的增大会使围岩的自身承载力增大。张常光等[100]推导得到了洞壁围岩收敛时的弹性极限荷载，针对统一强度理论参数、应变软化特性参数和剪胀特性参数对统一解的影响做了详细分析。张强等[101]假定应变软化围岩的应力应变曲线呈台阶式跌减，同时对塑性区域围岩的弹性模量劣化和中间主应力的影响加以考虑，算得了围岩的应力、应变弹塑性解。张传庆等[102]在统一强度理论基础上，详细推导了应用于 FLAC3D 的弹塑性本构模型计算公式，并应用于实际工程。

除莫尔-库仑屈服准则与霍克-布朗屈服准则、统一强度理论之外，针对其他存在的问题，部分学者通过其他屈服准则研究、分析了圆形洞室的弹塑性解。刘志钦和余东明[3]在平面应变假设与非关联流动法则的基础上，将莫尔-库仑屈服准则与德鲁克-布拉格屈服准则精准匹配，推导出了理想弹塑性材料在考虑材料剪胀性的情况下塑性阶段中间主应力的解析式，发现剪胀角对中间主应力的影响显著，并在考虑岩体中间主应力与剪胀特性的基础上，对深埋圆形隧道塑性区的应力、位移弹塑性解进行了进一步的推导。此外，由于经常会在岩土及地下工程中遇到层状岩体，余东明等[103]将层状岩体看作力学上的横观各向同性固体，推导了基于岩体材料横观各向同性的改进版德鲁克-布拉格屈服准则与莫尔-库仑屈服准则，对深埋塑性区域受横观各向同性参数的影响程度进行了探讨，可作为理论依据为深埋圆形隧道的合理设计和计算提供参考。侯公羽等基于德鲁克-布拉格屈服准则与莱维-米泽斯（Levy-Mises）本构关系，推导出了圆形隧道在理想弹塑性条件下对应增量型本构关系的理论解[4,104]。之后，基于一维蠕变曲线的等时曲线相似假设和三维流变试验数据，得出了原岩应力和被动支护反力均恒定不变的结论，且对围岩在三维应力状态下的蠕变方程和围岩的非线性黏弹塑性流变变形解析式进行了推导。

1.2.4 支护与围岩相互作用研究现状

约束收敛法作为一种重要的支护设计方法，重点关注的是受支护约束压力作用的岩层行为，并对隧道挖掘过程的开挖面空间效应、围岩自承能力及支护时机着重进行考虑。约束收敛法的三个组成部分包括围岩 LDP、围岩特征曲线及支护特征曲线。其中：支护结构加载后的应力、应变特性通过支护特征曲线进行描述，反映了支护结构的受荷承载能力；对隧道开挖面空间效应进行描述的是围岩 LDP，反映了开挖面附近围岩因隧道开挖出现的收敛变形，直观表现出隧道开挖面的空间约束效应；而平面状态下圆形隧道支护力对围岩横断面变形的影响则通过围岩特征曲线反映出来。在传统的约束收敛法基础上，可通过将三种曲线结合得出支护与围岩的作用力和围岩变形，但传统的约束收敛法的使用局限性仍然很大。另一类方法可称为考虑开挖面空间效应的两阶段分析法：第一阶段，通过耦合围岩 LDP 与围岩特征曲线得到开挖面附近某一位置的虚拟支护力，并对隧道开挖面的空间效应进行细致描述；第二阶段，逐步释放虚拟支护力，以对围岩与支护之间的相互作用进行分析。下面将综述传统约束收敛法和两阶段分析法的研究成果。

1. 传统约束收敛法

围岩特征曲线、围岩 LDP、支护特征曲线是传统约束收敛法不可或缺的组成部分。围岩特征曲线可由隧道的弹塑性解析解得到，在此不再展开叙述。下面主要介绍围岩 LDP 的研究现状。Panet[105]、Unlu 和 Gercek[106]采用三维有限元弹性分析法拟合得到围岩 LDP，其中，Unlu 和 Gercek[106]对泊松比与围岩纵向变形的相关性进行了深入研究。Basarir 等[107]和 Abdel-Meguid 等[108]基于三维有限差分方法分析了围岩在理想弹塑性条件下开挖面的空间效应，其中，Basarir 等[107]基于数据处理与回归分析，拟合得到了岩体质量及与开挖面的距离影响下的隧道变形预测公式，Abdel-Meguid 等[108]对软岩在水平应力较大时的纵向变形进行了分析。Chern 等[109]监测了台湾省内某隧道开挖过程中的洞周收敛。根据实测数据，Hoek[65]总结得到了关于围岩 LDP 的经验公式，但该公式仅适用于计算某一特定工况的围岩 LDP，局限性较大。Vlachopoulos 和 Diederichs[110]利用有限元技术模拟了理想弹塑性岩体在不同质量下的开挖过程，得到了基于大量模拟结果的围岩 LDP，该方法仅需获取理想弹塑性围岩的最大塑性半径即可计算得到围岩 LDP。Oke 等[111]对 Vlachopoulos 和 Diederichs[110]提出的围岩 LDP 做了改进，改进后的曲线能更为有效地反映开挖面前方围岩的扰动情况，从理论方面对施加超前预支护提供依据。Vlachopoulos 等[112]对希腊北部 Driskos 双线隧道掘进过程中产生的围岩大变形与支护结构破坏展开了研究，基于二维与三维仿真模拟计算出了大变形软岩的围岩 LDP，并与实测数据进行对比，证实了数值方法的可靠性，从而揭示了围岩 LDP 在采用台阶法与全断面法开挖时的差异。吴顺川等[113]基于广义霍克-布朗屈服准则，利用有限差分方法，推导出了不同围岩质量及应力水平下的围岩 LDP。Alejano 等[114]最先基于 600 多个隧道的应变软化岩体工况，给出了塑性软化半径受岩体基本力学参数影响的拟合公式，然后将半径代入 Vlachopoulos 和 Diederichs[110]提出的围岩 LDP 中，利用 FLAC2D 与 FLAC3D 对该围岩 LDP 进行验证，结果表明该曲线对应变软化岩体同样具有适用性。但需要明确的是，基于 Alejano 等[114]的方法算出的围岩 LDP 与 FLAC2D、FLAC3D 的数值解差异较大，计算程序也较为烦琐。李新星等[115]基于三维有限元方法，对连拱隧道的施工过程进行了动态模拟，并研究了隧道掘进过程中围岩变形的时空效应，以及左、右洞施工的相互作用。

众多学者采用传统的约束收敛法研究了围岩与支护结构间的相互作用，获得了大量成果，如张常光等[12]最先推导出深埋圆形隧道围岩在统一强度理论和非关联流动法则下的特征曲线新解，之后采用 Vlachopoulos 和 Diederichs[110]的围岩 LDP 确定隧道位移释放系数，利用约束收敛法对比了不同支护刚度与支护时机时的混凝土衬砌的受力。Carranze-Torres 和 Fairhurst[13]给出了不同支护类型（如钢筋混凝土支护、锚杆支护、混凝土支护）的支护特征曲线，基于 Hoek[65]提出的围岩 LDP 及 Carranze-Torres 和 Fairhurst[1]提出的解析方法分别计算围岩 LDP 与围岩特征曲线，根据约束收敛法的基本概念，将三种曲线结合，算得了最终的支护受力与围岩变形，得出了不同支护类型的支护效果，可较好地应用于隧道工程的设计和施工。Eisenstein 和 Branco[116]基于约束收敛法对硬黏土隧道在两种深径比下围岩与衬砌的相互作用进行了分析。Kitagawa 等[14]利用约束收敛法研究了隧道掘进过程中挤压型围岩的岩体变形与支护荷载。Gschwandtner 和 Galler[18]基于约束收敛法，比较了围岩在不同围岩特征曲线和支护特征曲线下与支护相互作用的差异，并深入分析了围岩收敛受混凝土衬砌与锚杆支护时间效应的影响程度。以上研究多针对圆形隧道，对此，Gonzalez-Nicieza 等[117]给出了不同形状隧道在各埋深处的围岩特征曲线，并基于约束收敛法进一步分析了围岩与支护结构的相互作用。

2. 两阶段分析法

1）虚拟支护力与开挖面的空间效应

两阶段分析法的基础在于确定虚拟支护力或开挖面的空间效应。目前，采用两阶段分析法对围岩与支护结构间相互作用的研究得到了众多学者的广泛关注。在国外，Einstein 和 Schwartz[15-16]采用解析方法分析了平面应变和弹性条件下的衬砌受力与围岩变形，将施加在支护上的荷载乘以折减系数，以此体现隧道开挖面的空间效应与支护施作的滞后效应。在 Einstein 和 Schwartz[15-16]研究思路的基础上，Carranza-Torres 等[17]提出对围岩与支护相互作用的分析应分为两个阶段：第一阶段，假定虚拟支护力并对围岩进行支撑，以模拟隧道开挖面的空间效应；第二阶段，对围岩施加支护并释放原来的虚拟支护力。然而，Carranza-Torres 等[17]基于 Hoek[65]给出的围岩 LDP，认为围岩在开挖面处的位移释放率为最大值的30%，虚拟支护力根据弹性假定应达到初始应力的 70%，最后利用 FLAC3D 对施加衬砌后受到的弯矩与轴力进行分析。显然，Hoek[65]给出的围岩 LDP 的局限性较大，虚拟支护力在弹性假定下的计算过于简单，不能有效反映实际，且 Carranza-Torres 等[17]仅对开挖面处的虚拟支护力进行计算，未能反映支护施作的滞后效应，因此，还应对处于开挖面后方的虚拟支护力展开计算。Cai 等[118-119]先在锚杆围岩剪切面本构关系的基础上，通过解析方法获得圆形隧道中锚杆的轴力与剪应力分布，随后对不同开挖面应力释放率下的锚杆受力与围岩变形展开了计算，对比了长崎市 Holland Zaka 隧道的监测数据，证明了考虑应力释放率的合理性。Hoek[65]最先建立了计算模型，以求解隧道围岩在理想弹塑性条件下的围岩收敛，而后基于两阶段分析法，利用有限元软件对某软岩隧道的开挖与支护过程进行了模拟，其中第一阶段根据围岩收敛计算模型对虚拟支护力的施加量进行预测，第二阶段在施加不同类型的支护后将虚拟支护力逐步释放，算得支护受力。

在国内，卞跃威等[120-121]对静水压力与非静水压力下的圆形隧道黏弹塑性解进行了推导，并估计了支护结构在采用的 Panet 弹性假定对应应力释放率[105]时承受的荷载。张常光和曾开华[122]总结出了深埋圆形隧道位移释放系数公式。朱泽奇等[123]以某水电站地下厂房为案例，基于有限元软件的二维数值模拟，算得了不同应力释放系数下的洞室支护时机。杨友彬等[23]根据应力释放率可与位移释放率近似等效的原理，给出了一种通过体积损失率求解应力释放率的方法，详解了在不同施工工法条件下软弱围岩隧道应力释放率的计算过程，并对不同工法下应力释放率的变化规律进行了分析。郭瑞等[124]认为应力释放率受地层收敛的影响，围岩在不同点处的变形与应力释放率之间的关系表现出非常明显的差异。

此外，在对开挖面的空间效应或应力释放率展开讨论的同时，还要对深埋软岩流变时效特性进行着重考虑，以模拟、分析开挖面向前掘进的时空动态过程和围岩的长期变形机制。孙钧和朱合华[24]基于广义虚拟支撑力法对开挖面的时空效应进行了模拟，并在二维半黏弹塑性条件下对圆形隧道的开挖过程展开了分析。赵旭峰等[125]通过实测数据与三维有限元数值模拟，对乌鞘岭隧道高应力软岩的隧道横断面拱腰、拱顶的竖向与纵向位移的时空曲线进行了分析，探究了开挖面附近围岩在流变特性下的空间约束作用。李利平等[126]基于软弱破碎地层中铁路隧道的超大断面开挖，开展了大比尺的三维模型试验，研究了隧道流变性围岩在不同施工过程中的三维空间变形机制与荷载释放演化规律。吴波等[127]开发了三维黏弹塑性有限元计算程序，并据此提出了软岩黏弹塑性模型，分析了深圳地铁某横通道隧道工程开挖过程的时空效应。侯公羽及其团队[18-22]对围岩与支护的相互作用开展了一系列研究，提出了围岩弹塑性与黏弹塑性变形二次释放的概念，通过引入围岩与支护接触面上的应力和位移协调条件，实现对围岩与支护的相互作用达到平衡状态时的求解，基于德鲁克-布拉格屈服准则、莫尔-库仑屈服准则、霍克-布朗屈服准则，探讨了支护刚度、支护类型和围岩流变参数影响下的围岩与支护的相互作用力及支护结构的径向变形。

2）支护结构与围岩的弹塑性分析

部分研究人员主要从数值模拟与理论方面对围岩内部锚杆支护与围岩相互作用的力学响应展开了弹塑性分析。例如，Oreste 和 Peila[128]、Oreste[129]采用有限差分方法推导出了应变软化围岩隧道中的全长黏结式锚杆的受力与围岩收敛，在计算过程中，分析了锚杆托盘刚度对锚杆的约束作用。通过与快速拉格朗日分析（fast Lagrangian analysis of continua，FLAC）方法、实测数据进行对比，验证了所提数值方法的正确性。Fahimifar 和 Ranjbarnia[130]提出了在围岩内部施加锚杆支护后的围岩特征曲线求解方法，分析了围岩应力释放率、锚杆间距、锚杆预应力对加固后围岩特征曲线的影响。Indraratna 和 Kaiser[131]提出了围岩加固区域等效强度方法，给出了全长黏结式锚杆嵌入岩体中时围岩收敛变形与塑性半径的解析公式，但该解析方法存在问题。例如：其仅适用于线性的莫尔-库仑屈服准则；应变软化模型中，仅考虑岩体黏聚力的跌减而未考虑摩擦角；解析方法结果并未得到验证。针对这些问题，Osgoui 和 Oreste[132]基于非线性霍克-布朗屈服准则，分析了锚杆密度系数与锚杆-砂浆接触面摩擦系数影响下围岩加固后强度参数的变化规律。根据 Indraratna 和 Kaiser[131]的围岩加固区域等效强度方法，Pelia 和 Oreste[133]采用有限差分方法给出了应变软化围岩在锚杆加固后的围岩收敛与塑性区域范围，并利用 FLAC2D 对数值解进行了验证；Bernaud 等[134]根据德鲁克-布拉格屈服准则，推导出了锚杆加固后的围岩弹塑性解析解，同时采用有限元方法模拟了锚杆加固后隧道的掘进过程，并分析了围岩与支护的相互作用力，验证了解析解的正确性。Stille 等[135]给出了静水压力下施加锚杆支护的围岩弹塑性闭合解，并与 Kielder 隧道试验段实测锚杆受力和围岩收敛进行了比较，在计算过程中，讨论了岩体与锚杆界面的剪切效应，以及在锚杆托盘作用处围岩变形集中的现象，研究表明，托盘刚度对锚杆承载力的发挥具有显著影响。Bobet 和 Einstein[136]将目前工程中的常用锚杆分为三类，分别为离散型力学摩擦耦合锚杆、连续型力学耦合锚杆、连续型摩擦耦合锚杆，并分别推导出三种锚杆作用下围岩收敛与支护受力的解析解，结果表明，相比于第一种锚杆，后两种锚杆的支护效果较好，但锚杆受力更大。Li 和 Stillborg[137]分别从理论角度分析了锚杆拉拔试验、锚杆在均匀变形岩体内及在节理岩体中的受力情况。Deb 和 Das[138]采用扩展有限元方法分析了锚杆与围岩的相互作用，扩展单元刚度可以根据岩体、钢筋、砂浆的基本力学性质等确定；之后，将砂浆与锚杆剪切面的相对滑移和岩体的弹塑性行为嵌入扩展有限元计算程序中，并与 Li 和 Stillborg[137]关于锚杆拉拔试验的解析解进行了对比，验证了扩展有限元方法的正确性，并为锚杆在节理岩体中的计算提供了新的思路。Labiouse[139]在对称条件下对预应力锚杆圆形隧道进行了弹塑性分析，考虑锚杆长度、锚杆纵向与环向间距、锚杆刚度、锚杆预应力及滞后支护施加时机等影响因素，分析了锚杆与岩体的相互作用力和锚杆预应力引起的衬砌变形。Shin 等[140]基于稳态、完全排水及径向流动状态下三种形式的渗透力，采用解析方法推导出了锚杆支护后的围岩特征曲线，通过流固耦合有限元模拟验证了该解析方法，通过参数分析讨论了渗透力影响下的锚杆对围岩的支护效应。Cai 等[141]基于剪力滞模型分析了锚杆与围岩剪切面的基本作用原理，在此基础上推导了围岩收敛与锚杆受力的解析解，结果表明：锚杆中性点位置与锚杆长度、隧道半径有关，且受岩体自身力学性质的影响非常显著。Guan 等[142]根据锚杆拉拔试验建立剪切面弹簧滑动模型，利用该滑动模型给出了围岩与锚杆相互作用的迭代计算程序，将计算结果与传统的约束收敛法进行对比发现，传统方法得到的锚杆与围岩的相互作用力偏高。以上研究均假定岩体在锚杆加固后是均匀变形的，即岩体在某一围岩半径处的变形都相等。而实际上，在某一半径处，锚杆处围岩的变形是最大的，随着与锚杆的距离越来越远，围岩变形逐渐增大，针对这种不均匀性，Ranjbarnia 等[143]采用半解析半数值方法推导了锚杆支护周围不同位置处的围岩变形。Li[144-145]根据高应力软岩的现场观测结果，提出了一种新型的 D 形锚杆，该类型锚杆可吸收围岩释放的应力，对高应力软岩的挤压型变形起到缓冲的作用，进而维护支护结构的稳定。Goel 等[146]、Sheorey[147]分析了 FLAC3D 下不同几何形状隧道（圆形、U 形、矩形、D 形、椭圆形）的边墙和拱顶处的最小与最大主应力，对不同长度的锚杆的支护效果进行了分析，对支护优化设计具有一定的指导意义。Osgoui 和 Unal[148]提出了隧道围岩压力的计算公式，建立了围岩压力与 GSI 之间的联系，结合该计算公式，分析了不同的锚杆密度系数与剪切面摩擦系数下围岩的力学响应，基于大量数值计算结果给出了针对不同 GSI 的锚杆支护设计准则。

另外，一些研究人员基于理论研究、数值模拟和试验研究方法，对其他支护结构（钢拱架、混凝土支护、复合式衬砌等）的支护效果进行了讨论。Graziani 等[149]研究了掌子面向前开挖时，混凝土受到荷载作用不断硬化的过程，提出了混凝土硬化本构关系，探讨了混凝土刚度与强度随时间的变化规律，基于参数分析，给出了无量纲支护设计表格，对围岩收敛与支护荷载的初步估计提供了指导。Oreste[150]给出了一些常见支护（如钢拱架、喷射混凝土衬砌、锚杆、复合型支护）的力学特性曲线。Carranza-Torres 和 Diederichs[151]基于弹性壳理论，将混凝土和钢拱架的组合视为均匀化直梁，利用 FLAC3D 分析了在非对称荷载作用下混凝土与钢拱架受到的剪力、轴力和弯矩，并通过一系列承载力图、表判断支护结构是否达到屈服状态。Malmgren 和 Nordlund[152]认为岩体与混凝土之间的接触是非常复杂的，且受到众多因素的共同影响。因此，他们开展了一系列数值模拟，分析了洞壁围岩粗糙程度、岩体强度与弹性模量、岩体不连续性、扰动区域范围对岩体-混凝土界面的影响，并对这些影响因素进行了敏感度分析，研究结果表明，岩体强度与洞壁围岩粗糙程度对界面力学响应的影响最为显著。Oreste[153]提出了一种超静定接触方法来分析围岩与衬砌之间的相互作用，将衬砌与围岩的接触视为 Winkler 弹簧连接，基于有限元平台开发了 FEMSUP 计算程序，该程序可对非对称荷载下衬砌与围岩的相互作用展开深入分析。Dalgic[154]对土耳其某软岩隧道的现场监测数据进行了分析，探讨了在利用台阶法掘进过程中，混凝土、锚杆支护、钢拱架的受力，以及围岩变形随开挖步的变化规律，为工程设计提供参考。Oreste[155]给出了混凝土刚度和强度随时间的变化规律与衬砌随时间变化的安全系数，研究结果可为计算混凝土厚度提供理论基础。Pan 和 Dong[156-157]首先建立了岩体黏弹塑性流变模型，分析了随时间变化的岩体的变形规律，之后基于该流变模型，对隧道掘进过程开展了有限元模拟，基于计算结果，分析了隧道掘进和支护施作对隧道收敛与支护压力的影响。Ozsan 和 Basarir[158]基于土耳其某一大坝地下洞室，采用经验、理论与数值方法对不同支护类型的支护压力进行了预测，首先基于 RMR 系统与 Q 系统得到了应施加支护的类型，然后根据约束收敛法、有限元数值模拟分析了围岩与支护的相互作用，并对三种方法进行了比较。Asef 等[71]首先基于 RMR 系统对霍克-布朗屈服准则中的各项强度参数进行定量化计算，然后采用有限差分软件开展一系列数值模拟，根据数值结果绘制出 RMR 系统下支护压力与收敛位移的关系曲线，最后根据 Hoek 等[58]给出的支护类型与支护压力的关系表格进行不同质量围岩的支护设计。

软岩隧道在开挖过程中可能出现大变形、支护破坏等现象，给施工过程带来诸多不便，因此，部分研究人员对高应力软岩下不同支护类型的力学响应进行了分析。例如，崔岚等[159-160]利用 FLAC3D 对全断面法、台阶法、预留核心土法、单侧壁导坑法下的隧道掘进过程进行了模拟，分析了洞周围岩和系统锚杆、超前锚杆、锁脚锚杆等在各种工法下的力学响应规律，重点探讨了洞周围岩特征点位移、掌子面稳定性及支护结构受力。Barla 等[161]针对某一施工段围岩的强挤压特性，提出了一种新型的屈服控制支护系统，可用来释放应力，从而避免围岩对支护结构的严重挤压，在该系统中，钢拱架存在滑动节点，并且混凝土中嵌入了高柔性单元。之后，采用 FLAC2D 对开挖过程进行了模拟，并与监测段的实测数据如收敛位移、衬砌受力进行了对比，提出了针对挤压型围岩的一系列支护优化工程措施。在 Barla 等[161]工作的基础上，Tian 等[162]分析了高柔性单元衬砌与软岩的相互作用，在有限元模拟中，建立了衬砌与围岩之间的接触面单元，对屈服控制支护系统的基本参数如衬砌厚度、钢拱架承受的荷载、高柔性单元长度进行了敏感性分析。

1.3　本书主要内容

总体而言，以上研究可为工程岩体支护设计与施工提供依据和指导，具有一定的理论及实际意义。然而，这方面的设计理论与分析方法仍不够系统和完善。针对目前存在的一些问题，本书主要对深埋圆形隧道应变软化围岩开挖后的变形与受力、围岩与支护的相互作用机制、应变软化围岩临界应变与临界支护压力、全长黏结式锚杆在地下洞室中的支护效应展开了系统而深入的理论研究，主要内容如下。

（1）提出一种简便的有限差分方法计算程序来求解霍克-布朗屈服准则和莫尔-库仑屈服准则下深埋圆形隧道的围岩应力、应变与塑性区域范围。引入岩体临界塑性软化系数，基于岩体的不同峰后行为如理想弹塑性行为、应变软化行为、弹-脆-塑性行为，探讨岩体临界塑性软化系数、剪胀角对围岩稳定性的影响。

（2）利用既有文献中关于岩石剪胀角的拟合公式，提出一种受塑性软化系数与围压影响的非线性剪胀模型。将该模型嵌入有限差分计算程序中，在连续介质范畴内阐明深埋圆形隧道围岩的体积膨胀情况。通过一系列参数分析，探讨不同质量石灰岩的塑性软化区域与塑性残余区域内剪胀系数的分布，并深入分析其非线性变化机理，比较不同支护压力下的剪胀系数，探究恒定剪胀模型与非线性剪胀模型下围岩变形的差异，阐明在稳定性分析中考虑非线性剪胀模型的必要性。

（3）岩体峰后应变软化阶段的临界塑性软化系数受围压的影响显著。洞室开挖之后，由于应力释放，围岩围压在从深部到洞壁的过程中是减小的，所以临界塑性软化系数也是变化的。根据围压卸荷路径提出了一种变化的围压模型，比较了恒定围压与变围压条件下塑性软化与残余区域内临界塑性软化系数、塑性软化系数、强度参数、应力分量的分布规律，论证了在洞室开挖后考虑围压卸荷路径的重要性。

（4）基于统一强度理论，给出中间主应力效应下深埋圆形隧道围岩应力、应变场的半解析半数值解。探讨不同中间主应力参数下的围岩变形、塑性软化与残余区域半径，并与莫尔-库仑屈服准则下的计算结果进行对比，阐明考虑中间主应力对围岩稳定性的影响效果。

（5）基于围岩应变软化力学模型，提出岩体挤压大变形分类系统，主要将临界应变分为五个等级，分别为洞壁出现塑性软化区域时的围岩应变、洞壁出现塑性残余区域时的围岩应变及洞壁出现的 2.5%、5%与 10%的围岩应变；给出不同应变等级对应的围岩稳定状态与隧道工程支护建议；基于 GSI 与应变软化围岩各力学参数的关系，采用应变软化围岩应力、应变场计算程序得到临界支护压力，绘制临界支护压力关于 GSI 与初始应力的非线性响应面；将出现塑性软化和残余区域时的临界应变与现有临界应变水平及实测应变进行对比分析。

（6）根据全长黏结式锚杆-围岩分层简化模型，提出一种改进的简便计算全长黏结式锚杆-围岩作用弹塑性解的程序，并通过有限差分软件对计算程序进行验证，探讨界面剪切刚度、锚杆托盘刚度、初始地应力与围岩质量对锚杆支护效应的影响。

第 2 章　基于岩体应变软化行为的深埋圆形隧道弹塑性分析

2.1　引　　言

隧洞开挖之后，靠近隧洞洞壁的围岩将释放部分应力使得初始应力场重新分布，当围岩强度较小或初始应力较大时，洞壁围岩易发生塑性屈服破坏，进而形成塑性区。塑性区的范围、其内部的围岩强度与洞壁围岩变形对工程中的支护设计产生直接影响，因此，准确运用岩体力学模型、屈服准则和流动法则对围岩变形与塑性区域进行预测具有重大的工程意义。目前，已有众多学者从理论角度对圆形隧道弹塑性解进行了大量研究（相关研究成果已于第 1 章进行详细陈述）[4-9,75-92,99-102]。在根据弹塑性力学理论研究岩体的峰后力学行为时，常采用理想弹塑性模型、弹–脆–塑性模型与应变软化模型。岩体试验证明[29]，在外荷载作用下，大量岩石材料的应力达到强度极限后，会随着变形的增加而降低。因此，在三种模型中，应变软化模型在实际工程中的运用最为普遍[5-6,80-87]，而理想弹塑性模型[1,75-79]与弹–脆–塑性模型[7-9,82,88-92]可认为是其特例。目前，针对岩体较为常用的屈服准则是霍克–布朗屈服准则[67]与莫尔–库仑屈服准则，莫尔–库仑屈服准则可表示为线性方程，运用时简单方便，但岩体结构面、节理众多，霍克–布朗屈服准则可体现岩体的非线性特性，故更符合实际岩体情况。对于岩体的流动法则，其与岩体的剪胀角有关，在相关联流动法则中，剪胀角 ψ 等于内摩擦角 φ；在非关联流动法则中，一般可取 $\psi<\varphi$，在多数关于深埋圆形隧道弹塑性解的研究中，为便于计算，将 ψ 近似取为 0。

需要指出的是，目前基于应变软化模型的圆形隧道弹塑性解大多必须采用数值方法获取，求解过程较为烦琐、变量众多。针对此问题，本章基于 Lee 和 Pietruszczak[6]提出的围岩径向应力分层模型，根据有限差分方法给出一种改进的简便计算圆形隧道塑性软化与残余区域半径和围岩变形数值解的方法；同时，分析霍克–布朗屈服准则与莫尔–库仑屈服准则下采用本章方法算得的围岩变形曲线的差异；合理地考虑岩体的理想弹塑性行为、应变软化行为及弹–脆–塑性行为。

通过验证实例论述所提方法的合理性。最后，基于一系列参数分析，探讨临界应变软化系数对不同质量围岩的变形的影响规律，以及岩体剪胀性对围岩变形与塑性区域半径的影响规律。

2.2　隧洞开挖弹塑性分析的基本假定与相关力学模型

2.2.1　基本假定

在进行求解之前，为清晰起见，结合深埋圆形隧道开挖后的基本力学特性，给出如下假定。

（1）圆形隧道的半径为 R_0。

（2）因隧道埋深 $H \geqslant 20R_0$，且纵向无限长，可认为横断面无限远处作用有均匀的应力 σ_0。

（3）所研究断面在隧道开挖面 $4R_0$ 之外，并不考虑开挖面效应，故与该断面正交的方向（即隧道纵向方向）的应变可近似为 0，围岩处于平面应变状态。

（4）围岩为均质、各向同性的弹塑性材料；在开挖之前，研究断面内的围岩处于三向受压状态，所受压力为 σ_0，围岩在初始阶段呈现弹性状态；在开挖之后，可将隧道纵向方向的应力视为岩体所受的中间主应力 σ_2，相应地，在研究断面内，围岩的径向应力 σ_r 与切向应力 σ_θ 分别与岩体所受最小主应力 σ_3、最大主应力 σ_1 相等。

2.2.2　岩体不同峰后力学行为下的开挖模型

基于以上假定，图 2.1 给出了岩体不同峰后力学行为下的三种力学开挖模型。对于理想弹塑性岩体力学开挖模型与弹-脆-塑性岩体力学开挖模型，根据受力状态可将围岩划分为两个区域：深部为弹性区域，此处岩体并未受开挖卸荷的影响；接近于洞壁处为塑性区域或塑性残余区域，在此范围内岩体达到屈服状态。对于应变软化岩体力学开挖模型，围岩由内而外由三个区域组成：弹性区域、塑性软化区域与塑性残余区域。在这三种力学开挖模型中，支护压力 p_{i} 均匀作用于隧道洞壁，弹塑性区域交界处的径向与切向应力分别为 σ_{r2}、$\sigma_{\theta 2}$，塑性区域或塑性软化区域的半径为 R_p；特别地，在应变软化岩体力学开挖模型中，塑性软化区域与塑性残余区域交界处的径向和切向应力分别为 σ_{r1}、$\sigma_{\theta 1}$，塑性残余区域的半径为 R_r。ε_1 和 ε_3 分别为最大主应变与最小主应变。

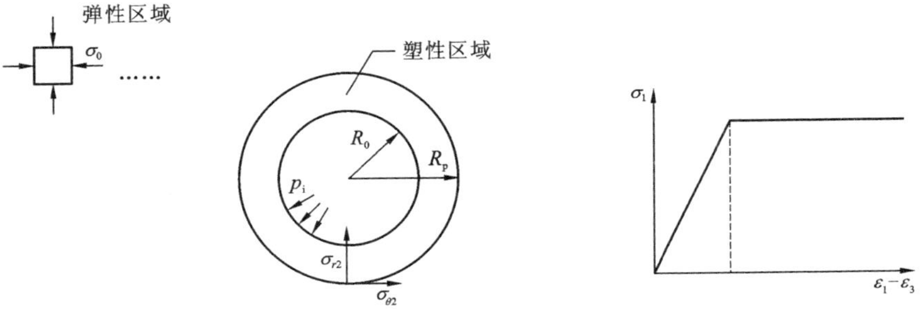

（a）理想弹塑性岩体力学开挖模型与相应的岩体全应力应变曲线

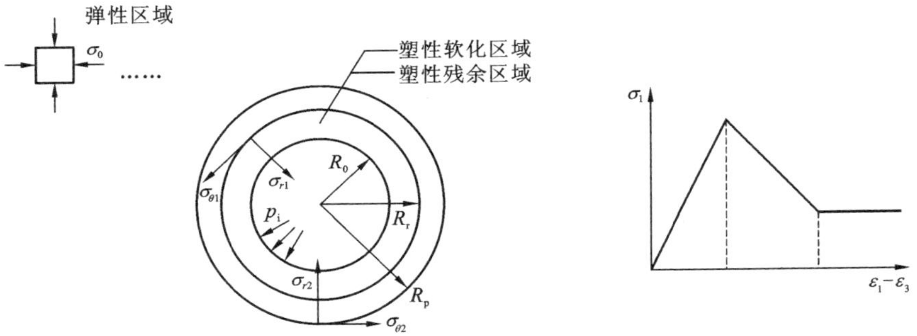

（b）应变软化岩体力学开挖模型与相应的岩体全应力应变曲线

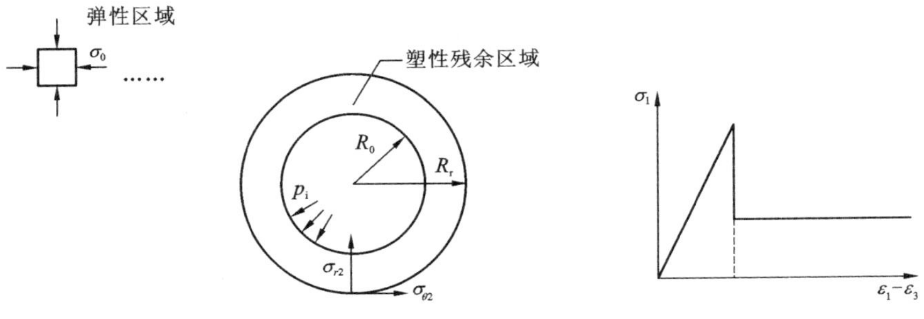

（c）弹-脆-塑性岩体力学开挖模型与相应的岩体全应力应变曲线

图 2.1 岩体力学开挖模型与全应力应变曲线示意图

2.3　屈服准则与流动法则

根据经典弹塑性理论[163]，岩土材料卸荷后的应力、应变受到屈服准则 f 和塑性势函数 g 的影响，而 f 与 g 依赖于应力张量 σ_{ij} 和塑性软化系数 η。其中，屈服准则可表达为

$$f(\sigma_{ij},\eta)=0 \tag{2.1}$$

霍克-布朗屈服准则[67]与莫尔-库仑屈服准则可分别表示为

$$f(\sigma_1,\sigma_3,\eta)=\sigma_1-\sigma_3-\sigma_{\text{ci}}(m_{\text{b}}\sigma_3/\sigma_{\text{ci}}+s)^a=0 \tag{2.2}$$

$$f(\sigma_1,\sigma_3,\eta)=\sigma_1-K_\varphi\sigma_3-2c\sqrt{K_\varphi}=0 \tag{2.3}$$

式中：σ_{ci} 为完整岩石的单轴抗压强度；m_{b}、s 与 a 为表征岩体强度的参数，均可通过试验获得；c 为岩体黏聚力；K_φ 为岩体摩擦系数，$K_\varphi=(1+\sin\varphi)/(1-\sin\varphi)$，$\varphi$ 为岩体内摩擦角。

根据 2.2.1 小节的基本假定，式（2.1）～式（2.3）可表示为

$$\sigma_\theta-\sigma_r-\sigma_{\text{ci}}\left[m_{\text{b}}(\eta)\sigma_r/\sigma_{\text{ci}}+s(\eta)\right]^{a(\eta)}=0 \tag{2.4}$$

$$\sigma_\theta-K_\varphi(\eta)\sigma_r-2c(\eta)\sqrt{K_\varphi(\eta)}=0 \tag{2.5}$$

其中，σ_θ 与 σ_r 分别等同于 σ_1 和 σ_3，且各强度参数 m_{b}、s、a、c、K_φ 均为塑性软化系数 η 的函数，在多数现有文献中[5-6,83-86]，塑性软化系数 η 可由塑性剪切应变表示，基于平面应变状态，η 等于最大塑性主应变 ε_1^{p} 与最小塑性主应变 ε_3^{p} 之差：

$$\eta=\varepsilon_1^{\text{p}}-\varepsilon_3^{\text{p}} \tag{2.6}$$

根据 2.2.1 小节的基本假定，围岩处于轴对称状态，那么式（2.6）可以转化为

$$\eta=\varepsilon_\theta^{\text{p}}-\varepsilon_r^{\text{p}} \tag{2.7}$$

式中：ε_r^{p} 与 $\varepsilon_\theta^{\text{p}}$ 分别为径向塑性应变和切向塑性应变。

根据大量现有研究中的假定[5-6,83-86]，强度参数 w（代表 m_{b}、s、a、c、K_φ 中的任一参数）与 η 的变化规律如图 2.2 所示，关系式如下。

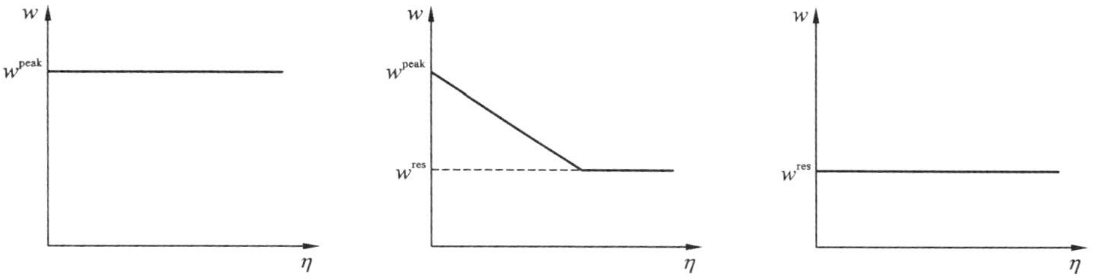

（a）理想弹塑性模型　（b）应变软化模型　（c）弹-脆-塑性模型

图 2.2　强度参数与塑性软化系数的变化规律

对于理想弹塑性模型：

$$w(\eta) = w^{\text{peak}} \tag{2.8a}$$

对于应变软化模型：

$$w(\eta) = \begin{cases} w^{\text{peak}} - (w^{\text{peak}} - w^{\text{res}})\dfrac{\eta}{\eta^*}, & 0<\eta<\eta^* \\ w^{\text{res}}, & \eta \geqslant \eta^* \end{cases} \tag{2.8b}$$

对于弹-脆-塑性模型：

$$w(\eta) = w^{\text{res}} \tag{2.8c}$$

在图 2.2 与式（2.8）中，η^* 为临界塑性软化系数（即临界塑性剪切应变）。在理想弹塑性模型中，η^* 为无穷大，w 为峰值 w^{peak}。在弹-脆-塑性模型中，η^* 为 0，w 为 w^{peak} 跌落之后的残余值 w^{res}。在应变软化模型中，η^* 控制着围岩从塑性软化区域向塑性残余区域的转换。当 $\eta = 0$ 时，围岩处于弹性阶段，此时 w 为 w^{peak}；当 $0<\eta<\eta^*$ 时，围岩处于塑性软化阶段，此时 w 随着 η 的增大而线性递减，当 η 由 0 增至 η^* 时，w 由 w^{peak} 减小至 w^{res}；当 $\eta \geqslant \eta^*$ 时，围岩处于塑性残余阶段，此时 w 为 w^{res}。

在本章假定下，当 $\sigma_3 = \sigma_r$，$\sigma_1 = \sigma_\theta$ 时，流动法则可表达为

$$g(\sigma_r, \sigma_\theta) = \sigma_\theta - K_\psi \sigma_r = 0 \tag{2.9a}$$

$$\varepsilon_r^{\text{p}} = \lambda \frac{\partial g}{\partial \sigma_r} \tag{2.9b}$$

$$\varepsilon_\theta^{\text{p}} = \lambda \frac{\partial g}{\partial \sigma_\theta} \tag{2.9c}$$

式中：K_ψ 为剪胀系数，$K_\psi = (1+\sin\psi)/(1-\sin\psi)$，$\psi$ 为岩体剪胀角，在本章中，假定 ψ 在塑性软化区域与塑性残余区域内为一定值；λ 为塑性乘子。根据式（2.9）可得径向塑性应变 ε_r^{p} 与切向塑性应变 $\varepsilon_\theta^{\text{p}}$ 的关系：

$$\varepsilon_r^{\text{p}} = -K_\psi \varepsilon_\theta^{\text{p}} \tag{2.10}$$

2.4 求解思路与具体求解流程

在本节中，首先基于经典弹塑性理论对弹性区域的应力、应变场进行求解[163]；在塑性区域内，则根据 Lee 和 Pietruszczak[6]提出的围岩径向应力分层模型，采用有限差分方法对应力、应变场进行分析。

2.4.1　基本控制方程

由弹性力学可知[163]，平面应变条件下的力学平衡微分方程可以表示为

$$\frac{\partial \sigma_r}{\partial r}+\frac{\sigma_r-\sigma_\theta}{r}=0 \tag{2.11}$$

式中：r 为围岩中某一处的半径，即其与圆形隧道圆心的距离。

在小变形假定条件下，位移协调方程为

$$\varepsilon_r=\frac{\mathrm{d}u}{\mathrm{d}r},\quad \varepsilon_\theta=\frac{u}{r} \tag{2.12}$$

式中：u 为半径 r 处围岩的径向位移；ε_r 和 ε_θ 分别为径向应变与切向应变。

2.4.2　弹性区域应力、应变的求解过程

由 2.2.2 小节的力学开挖模型可知，弹性区域的外边界应力为初始应力 σ_0，内边界应力分别为弹塑性区域交界处的应力分量 σ_{r2} 与 $\sigma_{\theta 2}$，相应的半径为 R_p，弹性区域内部某一处的径向应力 σ_r^e 与切向应力 σ_θ^e 及位移 u^e 可由式（2.13）与式（2.14）获得。

$$\sigma_r^\mathrm{e}=\sigma_0-(\sigma_0-\sigma_{r2})(R_\mathrm{p}/r)^2 \tag{2.13a}$$

$$\sigma_\theta^\mathrm{e}=\sigma_0+(\sigma_0-\sigma_{r2})(R_\mathrm{p}/r)^2 \tag{2.13b}$$

$$u^\mathrm{e}=\frac{(1+\mu)(\sigma_0-\sigma_{r2})}{E}\cdot\frac{R_\mathrm{p}^2}{r} \tag{2.14}$$

式中：E 为岩体弹性模量；μ 为岩体泊松比。

将式（2.13a）代入式（2.4）与式（2.5）中可得

$$\sigma_\mathrm{ci}(m_\mathrm{b}^\mathrm{peak}\sigma_{r2}/\sigma_\mathrm{ci}+s^\mathrm{peak})^{a^\mathrm{peak}}+2\sigma_{r2}-2\sigma_0=0 \tag{2.15}$$

$$\sigma_{r2}=(2\sigma_0-2c^\mathrm{peak}\sqrt{K_\varphi^\mathrm{peak}})/(K_\varphi^\mathrm{peak}+1) \tag{2.16}$$

其中：$m_\mathrm{b}^\mathrm{peak}$、$s^\mathrm{peak}$ 和 a^peak 为霍克-布朗屈服准则中 m_b、s 与 a 的峰值；σ_{r2} 能通过牛顿-拉弗森（Newton-Raphson）方法获得；c^peak 和 K_φ^peak 为莫尔-库仑屈服准则中 c 与 K_φ 的峰值。

需要指出的是，尽管 σ_{r2} 可由式（2.15）与式（2.16）计算得出，但由于塑性区域的半径 R_p 未知，目前弹性区域内其他位置的围岩应力分量仍然无法求出［见式（2.13）与式（2.14）］。

2.4.3 塑性区域应力、应变的求解过程

Lee 和 Pietruszczak[6]提出的围岩径向应力分层模型如图 2.3 所示，将围岩塑性区域（对于应变软化模型，包含塑性软化区域与塑性残余区域）分为 n 个圆环，$\sigma_{r(0)}$ 与 $\sigma_{\theta(0)}$ 为弹塑性区域交界处的径向与切向应力，分别与 σ_{r2} 和 $\sigma_{\theta 2}$ 相等，$\sigma_{r(n)}$ 与 $\sigma_{\theta(n)}$ 为洞壁处的径向与切向应力，$\sigma_{r(n)}$ 与支护压力 p_{i} 相等。第 i 环的内、外边界分别对应半径 $r_{(i-1)}$ 与 $r_{(i)}$，内、外边界的应力分量分别为 $\sigma_{r(i-1)}$、$\sigma_{\theta(i-1)}$ 与 $\sigma_{r(i)}$、$\sigma_{\theta(i)}$。塑性软化区域内圆环是通过相等的径向应力增量划分的，其划分准则为

$$\Delta\sigma_r = \sigma_{r(i-1)} - \sigma_{r(i)} = \frac{\sigma_{r2} - p_{\mathrm{i}}}{n} \tag{2.17}$$

式中：$\Delta\sigma_{r(i)}$ 为每一环的径向应力增量。

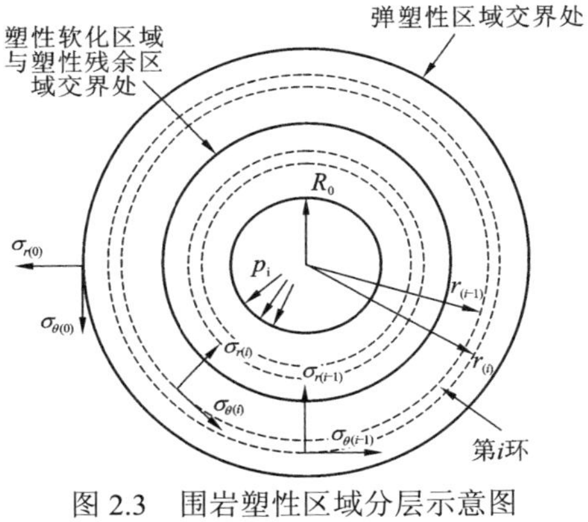

图 2.3　围岩塑性区域分层示意图

根据文献[6]，$r_{(i-1)}$与 $r_{(i)}$的关系式为

$$\frac{r_{(i)}}{r_{(i-1)}} = \frac{2H[\sigma'_{r(i)}] + \Delta\sigma_r}{2H[\sigma'_{r(i)}] - \Delta\sigma_r} \tag{2.18}$$

其中：$\sigma'_{r(i)} = [\sigma_{r(i)} + \sigma_{r(i-1)}]/2$；在本章力学开挖模型条件下，对于霍克-布朗屈服准则，$H[\sigma'_{r(i)}] = \sigma_{\mathrm{ci}}[m_{(i-1)}\sigma'_{r(i)}/\sigma_{\mathrm{ci}} + s_{(i-1)}]^{a_{(i-1)}}$，对于莫尔-库仑屈服准则，$H[\sigma'_{r(i)}] = c_{(i-1)}\sqrt{K_{\varphi(i-1)}} - \sigma'_{r(i)}[1 - K_{\varphi(i-1)}]$，$m_{(i-1)}$、$s_{(i-1)}$、$a_{(i-1)}$、$K_{\varphi(i-1)}$与 $c_{(i-1)}$ 表示 $r_{(i-1)}$处的岩体强度参数，可由式（2.8）获得。

若考虑岩体的卸荷路径，在塑性软化区域内弹性应变应存在增量。此时，第

i 环内各应变的分量表示如下：

$$\begin{Bmatrix}\varepsilon_{r(i)}\\ \varepsilon_{\theta(i)}\end{Bmatrix}=\begin{Bmatrix}\varepsilon_{r(i-1)}\\ \varepsilon_{\theta(i-1)}\end{Bmatrix}+\begin{Bmatrix}\Delta\varepsilon^{\mathrm{e}}_{r(i)}\\ \Delta\varepsilon^{\mathrm{e}}_{\theta(i)}\end{Bmatrix}+\begin{Bmatrix}\Delta\varepsilon^{\mathrm{p}}_{r(i)}\\ \Delta\varepsilon^{\mathrm{p}}_{\theta(i)}\end{Bmatrix} \tag{2.19}$$

式中：$\varepsilon_{r(i-1)}$、$\varepsilon_{\theta(i-1)}$ 与 $\varepsilon_{r(i)}$、$\varepsilon_{\theta(i)}$ 分别为第 i 环内、外边界处的应变分量；$\Delta\varepsilon^{\mathrm{e}}_{r(i)}$、$\Delta\varepsilon^{\mathrm{e}}_{\theta(i)}$ 为第 i 环弹性应变分量增量；$\Delta\varepsilon^{\mathrm{p}}_{r(i)}$、$\Delta\varepsilon^{\mathrm{p}}_{\theta(i)}$ 为第 i 环塑性应变分量增量。

根据胡克定律，$\Delta\varepsilon^{\mathrm{e}}_{r(i)}$ 与 $\Delta\varepsilon^{\mathrm{e}}_{\theta(i)}$ 可由式（2.20）求得。

$$\begin{Bmatrix}\Delta\varepsilon^{\mathrm{e}}_{r(i)}\\ \Delta\varepsilon^{\mathrm{e}}_{\theta(i)}\end{Bmatrix}=\frac{1+\mu}{E}\begin{bmatrix}1-\mu & -\mu\\ -\mu & 1-\mu\end{bmatrix}\begin{Bmatrix}\Delta\sigma_{r(i)}\\ \Delta\sigma_{\theta(i)}\end{Bmatrix} \tag{2.20}$$

式中：$\Delta\varepsilon^{\mathrm{e}}_{r(i)}$、$\Delta\varepsilon^{\mathrm{e}}_{\theta(i)}$ 为弹性应变分量增量；$\Delta\varepsilon^{\mathrm{p}}_{r(i)}$、$\Delta\varepsilon^{\mathrm{p}}_{\theta(i)}$ 为塑性应变分量增量。

根据式（2.7），第 i 环下 η 的增量可由式（2.21）求出：

$$\Delta\eta_{(i)}=\Delta\varepsilon^{\mathrm{p}}_{\theta(i)}-\Delta\varepsilon^{\mathrm{p}}_{r(i)} \tag{2.21}$$

由岩体流动法则可得

$$\Delta\varepsilon^{\mathrm{p}}_{r(i)}=-K_{\psi}\Delta\varepsilon^{\mathrm{p}}_{\theta(i)} \tag{2.22}$$

结合式（2.19）与式（2.22）可得

$$\varepsilon_{r(i)}+K_{\psi}\varepsilon_{\theta(i)}=\varepsilon_{r(i-1)}+K_{\psi}\varepsilon_{\theta(i-1)}+\Delta\varepsilon^{\mathrm{e}}_{r(i)}+K_{\psi}\Delta\varepsilon^{\mathrm{e}}_{\theta(i)} \tag{2.23}$$

现可将式（2.23）转化为

$$\varepsilon_{r(i)}=\frac{\Delta u_{(i)}}{\Delta r_{(i)}},\qquad \varepsilon_{\theta(i)}=\frac{u_{(i)}}{r_{(i)}} \tag{2.24}$$

结合式（2.20）、式（2.23）与式（2.24），可得塑性区域 $r=r_{(i)}$ 处的径向位移 $u_{(i)}$，为

$$u_{(i)}=\frac{A_{(i-1)}r_{(i)}[r_{(i)}-r_{(i-1)}]+u_{(i-1)}r_{(i)}}{r_{(i)}+K_{\psi}[r_{(i)}-r_{(i-1)}]} \tag{2.25}$$

其中，

$$A_{(i-1)}=\varepsilon_{r(i-1)}+K_{\psi}\varepsilon_{\theta(i-1)}+\frac{(1+\mu)}{E}[\Delta\sigma_{r(i)}(1-\mu-K_{\psi}\mu)+B_{(i-1)}(K_{\psi}-K_{\psi}\mu-\mu)]$$

$$B_{(i-1)}=-\Delta\sigma_{r}+H[\sigma_{r(i)}]-H[\sigma_{r(i-1)}]$$

将式（2.25）代入式（2.24）中，可得

$$\varepsilon_{\theta(i)}=\frac{u_{(i)}}{r_{(i)}}=\frac{A_{(i-1)}[r_{(i)}/r_{(i-1)}-1]+\varepsilon_{\theta(i-1)}}{r_{(i)}/r_{(i-1)}+K_{\psi}[r_{(i)}/r_{(i-1)}-1]} \tag{2.26a}$$

$$\varepsilon_{r(i)}=\frac{\Delta u_{(i)}}{\Delta r_{(i)}}=-K_{\psi(i)}\varepsilon_{\theta(i)}+A_{(i-1)}\cdot\frac{r_{(i)}/r_{(i-1)}-1}{1-r_{(i-1)}/r_{(i)}} \tag{2.26b}$$

在式（2.26）中，$r_{(i)}/r_{(i-1)}$、$A_{(i-1)}$ 与 $B_{(i-1)}$ 可由应力、应变分量直接求出，且 $\varepsilon_{\theta(i-1)}$ 的初始值 $\varepsilon_{\theta(0)}$ 等于 $(1+\mu)(\sigma_0-\sigma_{r2})/E$，故塑性区域内的应变分量 $\varepsilon_{\theta(i)}$、$\varepsilon_{r(i)}$ 可根据初始应变分量 $\varepsilon_{\theta(0)}$、$\varepsilon_{r(0)}$ 与应力分量 $\sigma_{\theta(0)}$、$\sigma_{r(0)}$ 逐步计算得到，与初始半径 $r_{(0)}$ 即 R_{p} 无关。然而，式（2.25）显示，求解塑性区域内的位移 $u_{(i)}$ 之前，还需计算得出 R_{p}。

2.4.4　塑性区域半径的求解过程

围岩进入塑性残余区域，由式（2.11）、式（2.4）、式（2.5）可得该区域内的平衡微分方程：

$$\frac{\partial\sigma_r}{\partial r}=\begin{cases}\sigma_{\mathrm{ci}}(m_{\mathrm{b}}^{\mathrm{peak}}\sigma_r/\sigma_{\mathrm{ci}}+s^{\mathrm{peak}})^{a^{\mathrm{peak}}}\\[(K_\psi^{\mathrm{peak}}-1)\sigma_r+2c^{\mathrm{peak}}\sqrt{K_\psi^{\mathrm{peak}}}]/r\end{cases}\tag{2.27}$$

将边界条件（$r=R_0$ 时，$\sigma_r=p_{\mathrm{i}}$；$r=R_{\mathrm{r}}$ 时，$\sigma_r=\sigma_{r1}$）代入式（2.27）中，可得塑性残余区域半径 R_{r} 的表达式：

$$R_{\mathrm{r}}=\begin{cases}R_0\cdot\exp\left[\dfrac{(\sigma_{r1}m_{\mathrm{b}}^{\mathrm{res}}/\sigma_{\mathrm{ci}}+s^{\mathrm{res}})^{1-a^{\mathrm{res}}}-(p_{\mathrm{i}}m_{\mathrm{b}}^{\mathrm{res}}/\sigma_{\mathrm{ci}}+s^{\mathrm{res}})^{1-a^{\mathrm{res}}}}{m_{\mathrm{b}}^{\mathrm{res}}(1-a^{\mathrm{res}})}\right]\\R_0\cdot\dfrac{\left[(K_\psi^{\mathrm{res}}-1)\sigma_{r1}+2c^{\mathrm{res}}\sqrt{K_\psi^{\mathrm{res}}}\right]^{1/(K_\psi^{\mathrm{res}}-1)}}{\left[(K_\psi^{\mathrm{res}}-1)p_{\mathrm{i}}+2c^{\mathrm{res}}\sqrt{K_\psi^{\mathrm{res}}}\right]^{1/(K_\psi^{\mathrm{res}}-1)}}\end{cases}\tag{2.28}$$

其中，塑性软化区域与塑性残余区域交界处的径向应力 σ_{r1} 需要通过计算得到，当根据式（2.26）与式（2.21）获得的塑性软化系数 $\eta_{(i)}$ 达到临界塑性软化系数 η^* 时，对应的 $\sigma_{r(i)}$ 即 σ_{r1}。

需要说明的是，式（2.27）与式（2.28）适用于应变软化模型，对于理想弹塑性模型和弹-脆-塑性模型下的 R_{p}，可通过同样的方法获得，表达式为

$$R_{\mathrm{p}}=\begin{cases}R_0\cdot\exp\left[\dfrac{(\sigma_{r2}m_{\mathrm{b}}^{\mathrm{peak}}/\sigma_{\mathrm{ci}}+s^{\mathrm{peak}})^{1-a^{\mathrm{peak}}}-(p_{\mathrm{i}}m_{\mathrm{b}}^{\mathrm{peak}}/\sigma_{\mathrm{ci}}+s^{\mathrm{peak}})^{1-a^{\mathrm{peak}}}}{m_{\mathrm{b}}^{\mathrm{peak}}(1-a^{\mathrm{peak}})}\right]\\R_0\cdot\dfrac{\left[(K_\psi^{\mathrm{peak}}-1)\sigma_{r2}+2c^{\mathrm{peak}}\sqrt{K_\psi^{\mathrm{peak}}}\right]^{1/(K_\psi^{\mathrm{peak}}-1)}}{\left[(K_\psi^{\mathrm{peak}}-1)p_{\mathrm{i}}+2c^{\mathrm{peak}}\sqrt{K_\psi^{\mathrm{peak}}}\right]^{1/(K_\psi^{\mathrm{peak}}-1)}}\end{cases}\tag{2.29a}$$

$$R_{\mathrm{p}}=\begin{cases}R_0\cdot\exp\left[\dfrac{(\sigma_{r2}m_{\mathrm{b}}^{\mathrm{res}}/\sigma_{\mathrm{ci}}+s^{\mathrm{res}})^{1-a^{\mathrm{res}}}-(p_{\mathrm{i}}m_{\mathrm{b}}^{\mathrm{res}}/\sigma_{\mathrm{ci}}+s^{\mathrm{res}})^{1-a^{\mathrm{res}}}}{m_{\mathrm{b}}^{\mathrm{res}}(1-a^{\mathrm{res}})}\right]\\ R_0\cdot\dfrac{\left[(K_{\psi}^{\mathrm{res}}-1)\sigma_{r2}+2c^{\mathrm{res}}\sqrt{K_{\psi}^{\mathrm{res}}}\right]^{1/(K_{\psi}^{\mathrm{res}}-1)}}{\left[(K_{\psi}^{\mathrm{res}}-1)p_{\mathrm{i}}+2c^{\mathrm{res}}\sqrt{K_{\psi}^{\mathrm{res}}}\right]^{1/(K_{\psi}^{\mathrm{res}}-1)}}\end{cases}\tag{2.29b}$$

假设围岩进入第 j 环时，开始发生塑性残余破坏，此时可通过式（2.18）得到 R_{r} 与 R_{p} 之间的关系：

$$\frac{R_{\mathrm{r}}}{R_{\mathrm{p}}}=\prod_{i=0}^{j}\frac{2H[\sigma'_{r(i)}]+\Delta\sigma_r}{2H[\sigma'_{r(i)}]-\Delta\sigma_r}\tag{2.30}$$

将式（2.30）代入式（2.28）中可得到 R_{p} 的表达式：

$$R_{\mathrm{p}}=\begin{cases}R_0\cdot\exp\left[\dfrac{(\sigma_{r1}m_{\mathrm{b}}^{\mathrm{res}}/\sigma_{\mathrm{ci}}+s^{\mathrm{res}})^{1-a^{\mathrm{res}}}-(p_{\mathrm{i}}m_{\mathrm{b}}^{\mathrm{res}}/\sigma_{\mathrm{ci}}+s^{\mathrm{res}})^{1-a^{\mathrm{res}}}}{m_{\mathrm{b}}^{\mathrm{res}}(1-a^{\mathrm{res}})}\right]\Bigg/\prod_{i=0}^{j}\dfrac{2H[\sigma'_{r(i)}]+\Delta\sigma_r}{2H[\sigma'_{r(i)}]-\Delta\sigma_r}\\ R_0\cdot\dfrac{\left[(K_{\psi}^{\mathrm{res}}-1)\sigma_{r1}+2c^{\mathrm{res}}\sqrt{K_{\psi}^{\mathrm{res}}}\right]^{1/(K_{\psi}^{\mathrm{res}}-1)}}{\left[(K_{\psi}^{\mathrm{res}}-1)p_{\mathrm{i}}+2c^{\mathrm{res}}\sqrt{K_{\psi}^{\mathrm{res}}}\right]^{1/(K_{\psi}^{\mathrm{res}}-1)}}\Bigg/\prod_{i=0}^{j}\dfrac{2H[\sigma'_{r(i)}]+\Delta\sigma_r}{2H[\sigma'_{r(i)}]-\Delta\sigma_r}\end{cases}\tag{2.31}$$

综上，通过式（2.29）和式（2.31）即可依次求得理想弹塑性模型、弹-脆-塑性模型与应变软化模型三种模型的塑性区域半径 R_{p}，将 R_{p} 代入式（2.13）与式（2.14）可得出三种模型下弹性区域内的应力分量 σ_r^{e}、$\sigma_\theta^{\mathrm{e}}$ 与位移 u^{e}。

2.4.5　求解流程及与其他研究的不同之处

2.4.1～2.4.4 小节的具体求解通过 MATLAB 编程实现，图 2.4 给出了应变软化模型的具体计算流程图。对于理想弹塑性模型与弹-脆-塑性模型，不需要考虑塑性软化系数 $\eta_{(i)}$，通过式（2.26）即可得到塑性区域内的应变分量，之后通过式（2.29）得到塑性区域半径 R_{p}，将 R_{p} 代入式（2.13）与式（2.14）即可得到应力分量与位移。

另外，需要说明的是，本章的求解思路与 Lee 和 Pietruszczak[6]提出的方法较为相似，但不同之处主要在于以下几点。

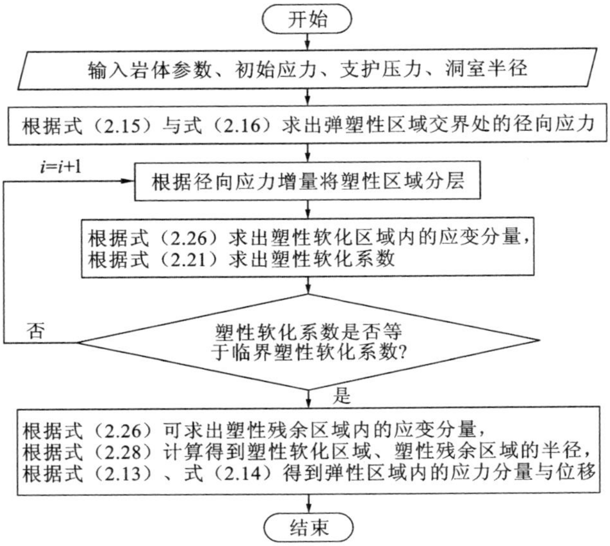

图 2.4　计算流程图

（1）在 Lee 和 Pietruszczak[6]的方法中，引入了一个新的变量 ρ（$\rho = r / R_0$，其中 r 为围岩所处的某一半径，R_0 为隧道半径），进而将围岩半径 r 标准化，这样增加了理解上的难度和计算的复杂性，故此处并未将 r 标准化。

（2）Lee 和 Pietruszczak[6]的方法与本章方法对于塑性区域应变分量的求法并不相同。前者采用的是位移协调方程：

$$\frac{\mathrm{d}\varepsilon_\theta}{\mathrm{d}r} + \frac{\varepsilon_\theta - \varepsilon_r}{r} = 0 \tag{2.32}$$

而本章采用的位移协调方程则是更为基本的形式[式（2.12）与式（2.24）]。根据这两种形式的位移协调方程，Lee 和 Pietruszczak[6]仅得出了计算模型中每一环的切向塑性应变增量 $\Delta\varepsilon_{\theta(i)}^{\mathrm{p}}$，因此无论是应变分量 $\varepsilon_{\theta(i)}^{\mathrm{p}}$、$\varepsilon_{r(i)}^{\mathrm{p}}$，还是位移 $u_{(i)}$，都需要在此基础上通过其他公式分步计算得到。然而，很明显地，本章方法已得出 $\varepsilon_{\theta(i)}^{\mathrm{p}}$、$\varepsilon_{r(i)}^{\mathrm{p}}$、$u_{(i)}$ 的表达式。从这方面来看，本章方法使得计算过程大为简化。

（3）塑性残余区域是围岩中最不稳定的一部分，故应对其半径 R_{r} 与弹塑性区域交界处的径向应力 σ_{r1} 进行深入讨论，特别是 σ_{r1}，其与塑性残余区域的出现有关（3.4.2 小节将详述），而在 Lee 和 Pietruszczak[6]的方法中少有提及。

2.5 算例验证

图 2.5 比较了理想弹塑性模型和弹-脆-塑性模型下 Carranza-Torres 和 Fairhurst[1] 的解析方法与本章方法得到的围岩变形分布曲线，纵、横坐标分别为围岩变形 u 与围岩半径 r 的无量纲形式。图 2.6 比较了应变软化模型下 Wang 等[83]的方法与本章方法计算得出的围岩位移特征曲线，纵、横坐标分别为支护压力 p_i 与围岩洞壁变形 u_0 的无量纲形式。需要指出的是，理想弹塑性模型与弹-脆-塑性模型下塑性区域的强度参数都为定值，故 Carranza-Torres 和 Fairhurst 的解析方法可直接得出围岩变形的封闭解，而 Wang 等[83]将岩体应变软化问题的求解归结为一系列脆性、塑性过程的分析。具体算例参数见表 2.1，所有算例均采用霍克-布朗屈服准则。算例 A3 中，认为单轴抗压强度 σ_{ci} 在塑性软化区域内是逐渐减小的，且满足式（2.8），σ_{ci}^{peak} 和 σ_{ci}^{res} 分别为 σ_{ci} 的峰值与残余值；算例 A3 和算例 A4 中，也认为剪胀系数 K_ψ 满足式（2.9），其峰值和残余值分别为 K_ψ^{peak} 与 K_ψ^{res}。算例 A1 与算例 A2 针对理想弹塑性模型与弹-脆-塑性模型，而算例 A3 与算例 A4 针对应变软化模型。另外，为保证计算精度，将本章方法中划分的环数 n 取为 5000。从图 2.5 中可以看出，两种较为简单模型下，基于本章方法与 Carranza-Torres 和 Fairhurst[1] 的解析方法的围岩变形分布曲线完全一致，验证了采用本章方法计算理想弹塑性模型与弹-脆-塑性模型的正确性。从图 2.6 中可以看出，应变软化模型的吻合性没有其他两种模型好，这可能是由于应变软化岩体无论是参数还是计算步骤都较为烦琐，故累计误差较大。但从整体上来说，基于本章方法与 Wang 等[83]的方法的围岩特征曲线基本相同，证明了本章方法计算应变软化模型围岩位移的正确性。

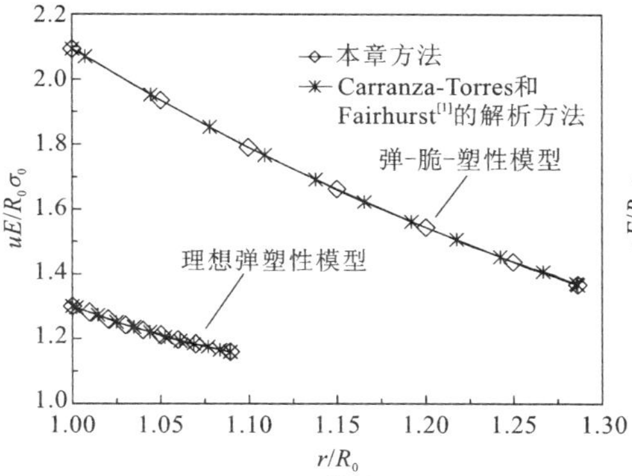

（a）算例A1

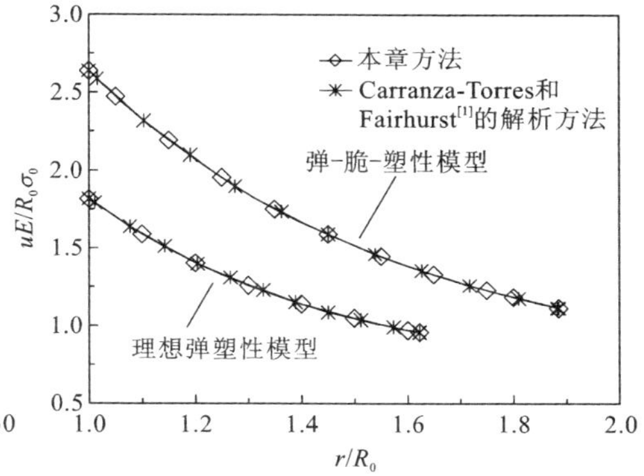

（b）算例A2

图 2.5 理想弹塑性模型与弹-脆-塑性模型下的围岩变形分布曲线

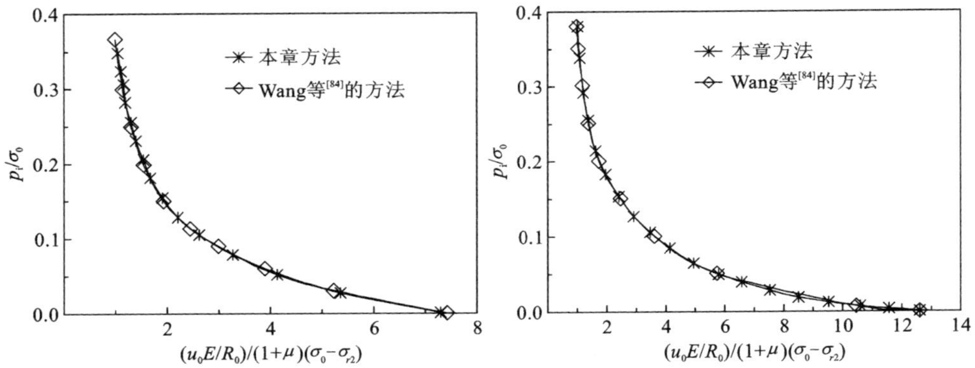

（a）算例A3　　（b）算例A4

图 2.6　应变软化模型的围岩位移特征曲线

表 2.1　算例基本参数

参数	算例 A1	算例 A2	算例 A3	算例 A4
m_b^{peak}	7.5	1.7	2	0.5
s^{peak}	100	3.9	4	1
m_b^{res}	1	1	0.6	0.1
s^{res}	10	0	2	0.5
K_ψ^{peak}	1	1	1.698	1.698
K_ψ^{res}	1	1	1.191	1.191
η^*	—	—	10	12.5
E /MPa	40	5.5	5.7	1.38
p_i /MPa	0	5	—	—
μ	0.2	0.25	0.25	0.25
R_0 / m	4	5	3	3
σ_{ci}^{peak} /MPa	300	30	30	27.5
σ_{ci}^{res} /MPa	300	30	25	27.5
σ_0 /MPa	108	30	15	3.31

2.6 分析与讨论

下面将基于两种圆形隧道工况，探讨临界塑性软化系数η^*对围岩特征曲线的影响规律，以及剪胀系数K_ψ对围岩变形与塑性区域半径的影响规律。工况一中，围岩为硬质岩体，洞室半径R_0=4 m，初始应力σ_0=108 MPa，支护压力p_i=0，岩体弹性模量E=40 GPa，单轴抗压强度σ_{ci}=300 MPa，泊松比μ=0.2，弹性区域的强度参数$m_b^{peak}=7.5$，$s^{peak}=0.1$，$a^{peak}=0.5$，塑性残余区域的强度参数$m_b^{res}=1$，$s^{res}=0.01$，$a^{res}=0.5$。工况二中，围岩为软岩，R_0=5 m，σ_0=30 MPa，p_i=5 MPa，E=5.5 GPa，σ_{ci}=30 MPa，μ=0.25，$m_b^{peak}=1.7$，$s^{peak}=0.003\,9$，$a^{peak}=0.5$，$m_b^{res}=1$，$s^{res}=0$，$a^{res}=0.5$。基于工况一与工况二，选取η^*由小到大分别为 0、0.000 012 5、0.001 25、0.025、0.05、2、∞，其中$\eta^*=0$表示弹-脆-塑性模型，$\eta^*=\infty$表示理想弹塑性模型。选取ψ由小到大分别为 0、$\varphi^{peak}/2$、φ^{peak}，根据文献[67]，峰值内摩擦角φ^{peak}可通过m_b^{peak}、s^{peak}、a^{peak}、σ_{ci}计算得到，根据此方法可得到φ^{peak}在工况一和工况二中分别为 37.7 与 24.43，故工况一中K_ψ分别取为 1、1.95、4.15，工况二中K_ψ分别取为 1、1.54、2.41。

2.6.1 临界塑性软化系数对围岩特征曲线的影响分析

图 2.7 分别给出了工况一和工况二的塑性区域在不同η^*下的围岩特征曲线，需要表明的是，曲线中的初始值对应围岩塑性变形刚刚产生的阶段，此时洞壁变形u_0最小且支护压力p_i最大。图 2.7 中显示，无论是硬岩还是软岩，围岩变形随着η^*的增大而减小，然而，p_i=0 时，对于软岩，弹-脆-塑性模型的u_0相比于理想弹塑性模型的增幅达 136%，而硬岩中前者相较于后者的增幅仅为 57.14%。这表明，硬岩由于η^*的减小产生的增幅较软岩小，即软岩较硬岩受η^*影响的程度大。出现该现象的原因包括：首先，硬岩较软岩的变形模量E大；然后，硬岩隧道的塑性区域范围较小，具备更好的整体稳定性。因此，对比软岩，其他因素对硬岩变形的影响较小。图 2.7 表明，硬岩和软岩的η^*均存在一个临界值，当η^*大于该临界值时，围岩变形会大幅减小至接近理想弹塑性模型对应的变形，然而，硬岩的该临界值（$\eta^*=0.025$）远小于软岩（$\eta^*=2$）。实际上，Hoek 和 Brown[29]指出，

GSI很大的岩体对应的岩体质量很好，其加载破坏过程中表现为弹-脆-塑性，且η^*较小；质量很差（对应的GSI小）的岩体，其破坏过程表现为理想弹塑性，此时η^*较大。这表明，若稍微高估硬岩的η^*，将使围岩变形的计算结果较大程度地低于实际值，支护设计的安全性较差；同理，若稍微低估软岩的η^*，将使计算出的围岩变形大于实际值，得出更为保守的支护设计。因此，在预测围岩变形与进行支护设计时应着重通过试验手段对岩体的η^*进行准确计算。

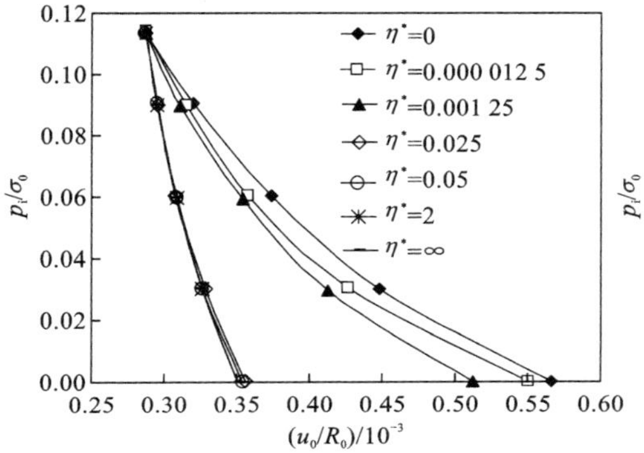

（a）工况一

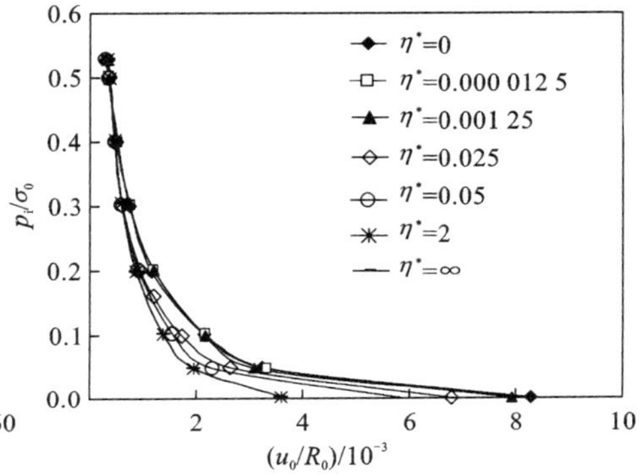

（b）工况二

图 2.7　不同临界塑性软化系数下的围岩特征曲线

2.6.2　剪胀系数对洞壁围岩变形与塑性区域半径的影响分析

图 2.8 反映了不同K_ψ（工况一与工况二的K_ψ在上面已给出，工况 B1～B7 分别指η^*为 0、0.000 012 5、0.001 25、0.025、0.05、2、∞）下η^*对围岩洞壁变形u_0的影响效果。图 2.9 描述了塑性区域或塑性软化区域半径R_p、塑性残余区域半径R_r在不同K_ψ下随η^*的变化过程。需要指出的是，图 2.8 与图 2.9 中，u_0、R_p、R_r对应的支护压力p_i为 0。图 2.8 显示，当ψ由 0° 增大到$\varphi/2$时，u_0的增长量并没有ψ由$\varphi/2$增大到φ时显著，这表明ψ的增大使得u_0的增长速率增大。此外，当ψ由$\varphi/2$增至φ时，硬岩与软岩的u_0在弹-脆-塑性模型下分别增大 97%和 213%，而在理想弹塑性模型下分别增大 10%和 99%。这表明，质量越差的岩体，u_0受ψ的影响在η^*越小时表现得越明显，对此，应根据多种试验手段详细校准岩体的剪胀性。

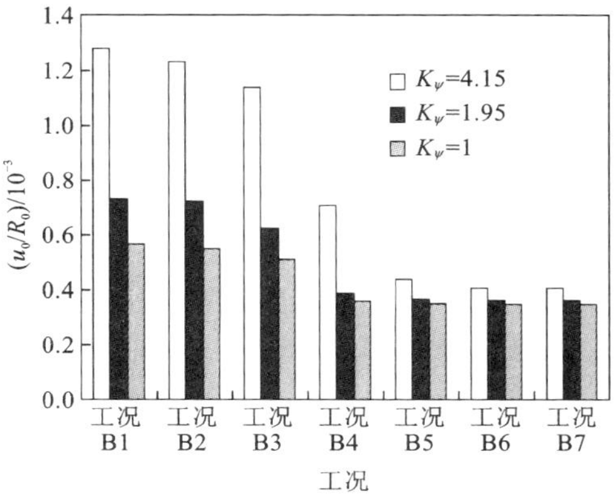

（a）工况一

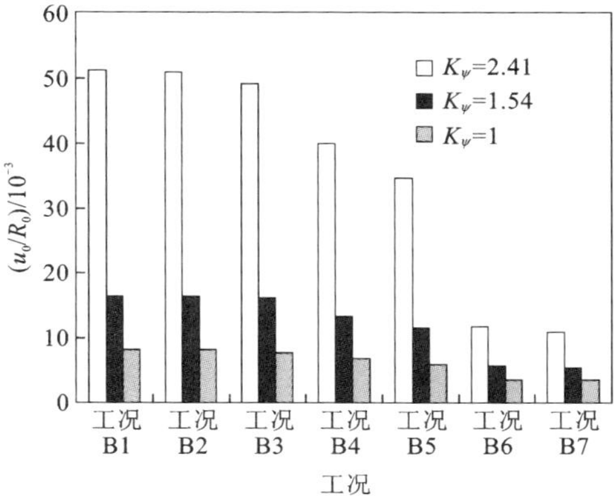

（b）工况二

图 2.8　不同临界塑性软化系数下的围岩洞壁变形

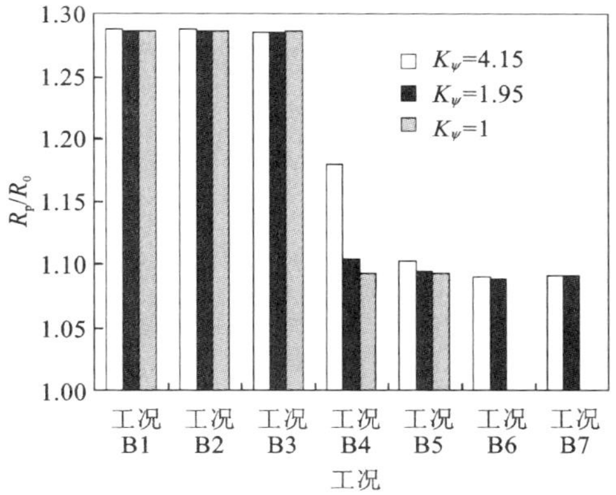

（a）工况一塑性软化区域半径

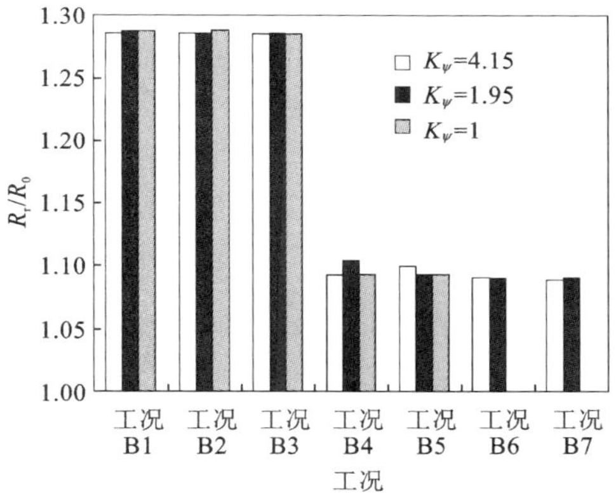

（b）工况一塑性残余区域半径

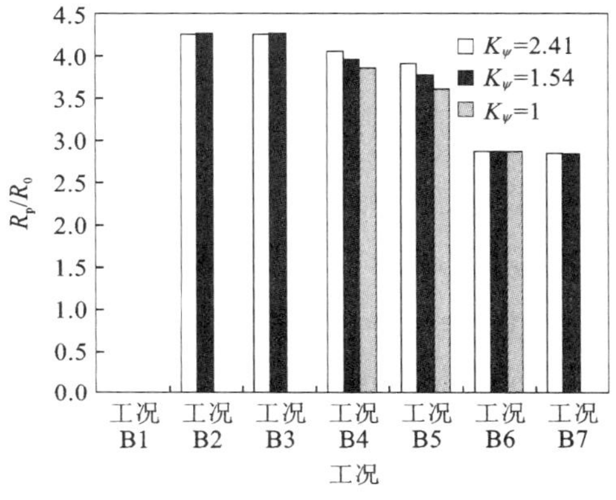

（c）工况二塑性软化区域半径

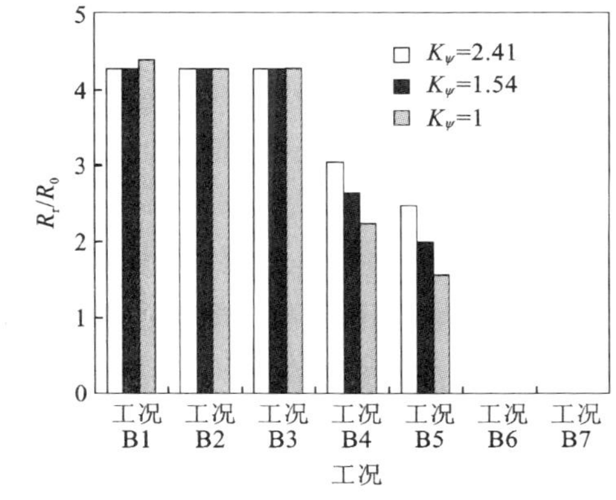

（d）工况二塑性残余区域半径

图 2.9　R_p 和 R_r 在不同 K_ψ 下随 η^* 的变化过程

从图 2.9 中可以看出，总体上，R_p 与 R_r 随 η^* 的增大逐渐减小。当 η^* 逐渐增大时，R_r 迅速减小且逐渐与 R_p 分离开来。对于硬岩，R_r 很快降至小于 R_0，即塑性残余区域不再出现。这表明，当硬岩未出现塑性残余区域时，ψ 与 η^* 相同的情况下软岩仍保有较大半径的塑性残余区域，为维持软岩塑性残余区域破碎岩体的稳定，应对支护结构进行加强。此外，R_p、R_r 受 ψ 的影响程度与 u_0 截然不同。具体来说：当 η^* 小于等于 0.001 25，或者 η^* 增大至大于等于 2 时，R_p 与 R_r 基本不受 ψ 的影响；当 η^* 处于中间范围时，R_p 与 R_r 随 ψ 的增大而增大，且 R_r 的变化幅度较大。这是因为，由式（2.28）～式（2.31）可知，R_p 与 R_r 受到塑性区域内强度参数与应力的影响，而 ψ 仅通过影响应变分量进而对塑性软化区域内的强度参数产生影响[式（2.8）]。当 η^* 很小时，塑性残余区域构成了塑性区域的主要部分，强度参数与残余强度相等；而当 η^* 很大时，由式（2.8b）可知强度参数与峰值强度趋近，在这种情况下，强度参数不受 ψ 的影响，从而无法影响 R_p 与 R_r。

2.7 本章小结

本章提出了一种简便的有限元方法来求解霍克-布朗屈服准则与莫尔-库仑屈服准则下圆形隧道的围岩应力、应变与塑性区域范围，并给出了具体的求解流程。通过引入临界塑性软化系数，合理地考虑了岩体的理想弹塑性行为、应变软化行为及弹-脆-塑性行为。通过验证实例论述了所提方法的合理性。最后，基于一系列参数研究，探讨了不同岩体质量下临界塑性软化系数对围岩变形的影响规律，以及围岩变形与塑性区域半径受岩体剪胀性影响的效果，得出了如下结论。

（1）临界塑性软化系数的减小会导致围岩变形的增大，但硬岩较软岩的增大幅度明显更小，表明临界塑性软化系数对软岩的影响较硬岩强。出现该现象的原因包括：硬岩较软岩的变形模量 E 大；此外，硬岩隧道的塑性区域范围较小，具备更好的整体稳定性。因此，对比软岩，其他因素对硬岩变形的影响较小。

（2）若稍微高估硬岩的 η^*，将使围岩变形的计算结果较大程度地低于实际值，支护设计的安全性较差；若稍微低估软岩的 η^*，将使计算出的围岩变形大于实际值，得出更为保守的支护设计。因此，在预测围岩变形与进行支护设计时应着重通过试验手段对岩体的 η^* 进行准确计算。

（3）增大剪胀角可促使围岩变形的增长率增大。质量越差的岩体，其破坏形式越趋近于弹-脆-塑性，此时剪胀角能对围岩变形产生更大的影响，对此，应根据多种试验手段详细校准岩体的剪胀性。总的来说，临界塑性软化系数的增大会使塑性软化区域与塑性残余区域的范围减小，当硬岩未出现塑性残余区域时，同一软化与剪胀特性下的软岩仍保有较大半径的塑性残余区域，为维持软岩塑性残余区域破碎岩体的稳定，应对支护结构进行加强。

（4）塑性区域范围受岩体剪胀角的影响程度与围岩变形截然不同。对于趋近于弹-脆-塑性破坏或理想弹塑性破坏的岩体，其塑性区域范围基本不受剪胀角的影响，但弹-脆-塑性破坏下的围岩变形极大程度上受到剪胀角的影响。对于具有典型应变软化行为的岩体，其对应的临界塑性软化系数处在中间值，此时，塑性软化区域与塑性残余区域的范围随剪胀角的增大而增大，且塑性残余区域范围的变化幅度较大。

第 3 章　隧洞开挖后应变软化围岩的非线性剪胀效应分析

3.1 引　言

目前，已有部分学者对不同种类岩石的剪胀效应展开了试验研究[45-48]，得出了如下基本结论：岩石在峰后变形过程中的体积膨胀是非线性的，且剪胀特性与岩体塑性剪切及其所受围压是密切联系的。然而，多数针对隧洞围岩稳定性的研究未对岩体非线性剪胀效应进行考虑。其中，一些研究认为在整个塑性区域内岩体的剪胀性不变[82,87,89-90]。例如，Hoek 和 Brown[29]在大量的工程实践基础上，建议采用不同的恒定剪胀角来分别描述岩体的弹-脆-塑性、应变软化及理想弹塑性行为。另外，部分学者提出，应变软化岩体从塑性软化阶段到残余阶段表现为双线性的剪胀特性[83-86,92]。还有研究虽然考虑了岩体体积变化的剪胀模型，但认为在岩体变形过程中剪胀角仅随塑性剪切应变的变化而线性变化。应当指出，无论是采用恒定剪胀模型，还是采用线性或双线性变化的剪胀模型，都仅仅是对剪胀效应的一种近似或假设。为更切合实际，结合岩体剪胀效应与围压及塑性剪切应变的关系，对隧道开挖后应变软化围岩的非线性剪胀效应进行深入且全面的分析具有重要意义。但这无疑增加了求解难度。原因主要归结于如下两方面：首先，岩体峰后软化，屈服面收缩，在圆形隧道围岩塑性区域内的某一位置处，剪胀特性与塑性剪切应变、强度参数是互相关联的；其次，在平面应变状态下，塑性区域内的围岩在不同位置各不相同，而岩石的三轴试验仅考虑在一定围压下岩石的非线性剪胀特性。因此，塑性区域内围岩的剪胀效应在变化的围压与塑性剪切应变的共同作用下显得更为复杂。

本章针对以上问题，将岩石非线性剪胀模型嵌入第 2 章提出的有限差分方法中，根据第 2 章中的基本假定，对深埋圆形隧道围岩的应力、应变场进行推导求解，探究不同质量石灰岩的剪胀系数在塑性区域内的分布规律及其影响因素，比较恒定剪胀模型与非线性剪胀模型下围岩变形的区别，阐明在稳定性计算中考虑非线性剪胀模型的必要性。

3.2 岩石非线性剪胀模型的理论推导

岩石的剪胀特性与其塑性剪切变形及所受围压是密切联系的[45-48]。Detournay[45]最早提出了关于岩石剪胀系数 K_ψ 与塑性软化系数 η（塑性软化系数在本章中等同于塑性剪切应变）及临界塑性软化系数 η^* 的拟合公式（η^* 在本章中等同于临界塑性剪切应变）：

$$K_\psi = 1 + (K_\psi^{\text{peak}} - 1) \cdot \mathrm{e}^{-\frac{\eta}{\eta^*}} \tag{3.1}$$

式中：K_ψ^{peak} 为峰值剪胀系数，$K_\psi^{\text{peak}} = (1 + \sin\psi^{\text{peak}}) / 1 - \sin\psi^{\text{peak}}$，$\psi^{\text{peak}}$ 为峰值剪胀角。

式（3.1）显示，K_ψ 随 η 的增大按指数衰减。Medhurst 和 Brown[31]与 Farmer[43]采用煤岩、砂岩、泥岩、粉砂岩与波特兰岩等进行三轴压缩试验，分析了 K_ψ 在不同试件大小与围压下随 η 的变化规律，验证了 Detournay[45]的观点。需要指出的是，式（3.1）仅表示三轴压缩循环荷载条件下，岩石达到 ψ^{peak} 后 K_ψ 的变化过程[46]，因此，在本章中，塑性区域与弹性区域交界处及其附近（剪切应变较小时）并未考虑岩石试验中 ψ 由裂隙贯通时接近于 0° 的值增大到 ψ^{peak} 的过程。

另外，K_ψ^{peak} 与围压 σ_3 是相关的，Alejano 和 Alonso[46]基于 Medhurst 和 Brown[31]、Ribacchi[44]和 Farmer[43]的大量三轴试验结果，给出了 ψ^{peak} 与 σ_3、峰值内摩擦角 φ^{peak} 的关系：

$$\psi^{\text{peak}} = \frac{\varphi^{\text{peak}}}{1 + \lg\sigma_{\text{ci}}} \lg\frac{\sigma_{\text{ci}}}{\sigma_3 + 0.1} \tag{3.2}$$

从式（3.2）可以看出，在低围压水平（σ_3 接近于 0）下，ψ^{peak} 与 φ^{peak} 几乎相同，然而随着围压的增大，两者的区别变得非常显著。将式（3.2）代入式（3.1）可得

$$K_\psi = 1 + \left[\frac{2\sin\left(\dfrac{\varphi^{\text{peak}}}{1 + \lg\sigma_{\text{ci}}} \lg\dfrac{\sigma_{\text{ci}}}{\sigma_3 + 0.1}\right)}{1 - \sin\left(\dfrac{\varphi^{\text{peak}}}{1 + \lg\sigma_{\text{ci}}} \lg\dfrac{\sigma_{\text{ci}}}{\sigma_3 + 0.1}\right)}\right] \cdot \mathrm{e}^{-\frac{\eta}{\eta^*}} \tag{3.3}$$

Hoek 等[67]提出，莫尔-库仑屈服准则与霍克-布朗屈服准则可进行等效处理：对霍克-布朗包络线在一定的 σ_3 范围下进行线性平均拟合，所得的直线型包络线可作为对应的莫尔-库仑包络线。据此，在本章中认为 K_φ^{peak} 在数值上与某一

围压 σ_3 下霍克-布朗包络线的斜率是相同的，式（3.3）中的峰值内摩擦角 φ^{peak} 表达为

$$\varphi^{\text{peak}}=\arcsin\left[\frac{a^{\text{peak}}m_{\text{b}}^{\text{peak}}(m_{\text{b}}^{\text{peak}}\sigma_3/\sigma_{\text{ci}}+s^{\text{peak}})^{(a^{\text{peak}}-1)}}{2+a^{\text{peak}}m_{\text{b}}^{\text{peak}}(m_{\text{b}}^{\text{peak}}\sigma_3/\sigma_{\text{ci}}+s^{\text{peak}})^{(a^{\text{peak}}-1)}}\right] \tag{3.4}$$

其中，φ^{peak} 对应的是岩石未破坏时的状态，应由峰值强度参数 $m_{\text{b}}^{\text{peak}}$、$a^{\text{peak}}$、$s^{\text{peak}}$ 求出。

结合式（3.4）与式（3.3），可得出在围压 σ_3、塑性软化系数 η、临界塑性软化系数 η^* 影响下的岩石剪胀系数 K_ψ：

$$K_\psi=1+[2\sin M_1/(1-\sin M_1)]\cdot \mathrm{e}^{-\frac{\eta}{\eta^*}} \tag{3.5a}$$

$$M_1=\frac{\arcsin\left[\dfrac{a^{\text{peak}}m_{\text{b}}^{\text{peak}}(m_{\text{b}}^{\text{peak}}\sigma_3/\sigma_{\text{ci}}+s^{\text{peak}})^{(a^{\text{peak}}-1)}}{2+a^{\text{peak}}m_{\text{b}}^{\text{peak}}(m_{\text{b}}^{\text{peak}}\sigma_3/\sigma_{\text{ci}}+s^{\text{peak}})^{(a^{\text{peak}}-1)}}\right]}{1+\lg\sigma_{\text{ci}}}\cdot\lg\frac{\sigma_{\text{ci}}}{\sigma_3+0.1} \tag{3.5b}$$

在本章中，定义式（3.5）为岩石非线性剪胀模型。

3.3 围岩应力、应变场的求解过程

基于岩石非线性剪胀模型的围岩应力、应变场仍由第 2 章中的有限差分方法计算得到，但因为每一环的剪胀系数 K_ψ 可能各不相同，所以第 2 章中涉及的关于剪胀系数 K_ψ 的计算步骤需要进行修正。式（2.25）与式（2.26）中的 K_ψ 应由 $K_{\psi(i)}$ 代替，代表在第 i 环处的 K_ψ，此时式（3.5）可转换为

$$K_{\psi(i)}=1+\{2\sin M_{(i)}/[1-\sin M_{(i)}]\}\cdot \mathrm{e}^{-\frac{\eta_{(i-1)}}{\eta^*}} \tag{3.6a}$$

$$M_{(i)}=\frac{\arcsin\left\{\dfrac{a^{\text{peak}}m_{\text{b}}^{\text{peak}}[m_{\text{b}}^{\text{peak}}\sigma_{r(i)}/\sigma_{\text{ci}}+s^{\text{peak}}]^{(a^{\text{peak}}-1)}}{2+a^{\text{peak}}m_{\text{b}}^{\text{peak}}[m_{\text{b}}^{\text{peak}}\sigma_{r(i)}/\sigma_{\text{ci}}+s^{\text{peak}}]^{(a^{\text{peak}}-1)}}\right\}}{1+\lg\sigma_{\text{ci}}}\cdot\lg\frac{\sigma_{\text{ci}}}{\sigma_{r(i)}+0.1} \tag{3.6b}$$

当塑性区域内的环数 n 足够大时，发现 $\eta_{(i-1)}$ 与 $\eta_{(i)}$ 的差值很小，因此式（3.6）中用 $\eta_{(i-1)}$ 代替 $\eta_{(i)}$ 进行求解引起的误差几乎可以忽略不计，说明用 $\eta_{(i-1)}$ 代替 $\eta_{(i)}$ 是可行的。

3.4　分析与讨论

文献[164]基于四种质量的石灰岩对四种隧道工况（工况 A1～D1）进行了设定，具体参数见表 3.1。通常采用 GSI 表征岩体质量的优劣，岩体质量较好时对应的 GSI 更大[29]，弹性区域的 GSI 用 GSI_{max} 表示，塑性残余区域的 GSI 则用 GSI_{min} 表示。需要说明的是，工况 A1～D1 中的强度参数、临界塑性软化系数 η^* 与弹性模量 E 是基于不同岩体质量的岩体力学试验得到的。隧道半径 R_0 为 3 m，隧道埋深为 600 m，初始应力 σ_0 为 15 MPa，单轴抗压强度 σ_{ci} 为 75 MPa，泊松比 μ 为 0.25。文献[29]中基于不同的恒定剪胀角 ψ（0°、$\varphi^{peak}/8$、$\varphi^{peak}/4$），分别描述了不同质量岩体的剪胀性，在此基础上，本章设定包括非线性剪胀模型与四种恒定剪胀模型（ψ=0°，$\varphi^{peak}/8$，$\varphi^{peak}/4$，$\varphi^{peak}/2$）在内的五种剪胀模型，具体参数见表 3.2。

表 3.1　石灰岩隧道基本参数

参数	工况 A1	工况 B1	工况 C1	工况 D1
GSI_{max}	75	60	50	40
GSI_{min}	40	35	30	27
m_b^{peak}	4.09	2.379	1.677	1.173
$s^{peak}/10^{-3}$	62.2	11.7	3.9	1.3
m_b^{res}	1.173	0.981	0.821	0.737
$s^{res}/10^{-3}$	1.3	0.7	0.4	0.3
$\eta^*/10^{-3}$	0.81	1.1	2.6	9.9
E/GPa	36.51	15.4	8.66	4.87

表 3.2　不同剪胀模型下的剪胀角

模型		工况 A1	工况 B1	工况 C1	工况 D1
非线性剪胀模型	（ψ 变化）	变化	变化	变化	变化
恒定剪胀模型	（$\psi=\varphi^{peak}/2$）	0.828	0.707	0.624	0.543
恒定剪胀模型	（$\psi=\varphi^{peak}/4$）	0.414	0.354	0.312	0.272
恒定剪胀模型	（$\psi=\varphi^{peak}/8$）	0.207	0.177	0.156	0.136
恒定剪胀模型	（ψ=0°）	0.000	0.000	0.000	0.000

3.4.1 不同质量石灰岩剪胀系数的比较

此处，p_i 取为 0，基于非线性剪胀模型对工况 A1～D1 下围岩洞壁处（$r=R_0$）、弹塑性区域交界处（$r=R_p$）及塑性软化区域与塑性残余区域交界处（$r=R_r$）的剪胀系数 K_ψ、塑性剪切应变 η 与围压 σ_3 展开了计算，其变化规律如图 3.1 所示。给出这三个位置处的 η 与 σ_3 的理由在于探讨 η 和 σ_3 对 K_ψ 的影响规律。从式（3.5）中可以看出，若仅有峰值强度参数 m_b^{peak}、s^{peak} 与 a^{peak} 对 K_ψ 产生影响，则质量越差的岩体对应的 K_ψ 越大；若仅有围压 σ_3 产生影响，K_ψ 随 σ_3 的增大逐渐减小，而 σ_3 又随岩体质量的变差而增大[图 3.1（c）]，则 K_ψ 随岩体质量的变差而减小。很明显地，当 $r=R_p$ 时，K_ψ 随岩体质量的变差而减小[图 3.1（a）]。这表明，对于离弹性区域较近的塑性区域，其扩容效应随着岩体质量的劣化而小，σ_3 对岩体剪胀性的影响更为显著。然而，当 $r=R_r$ 时，K_ψ 随岩体质量的变差呈现先减小后增大的趋势，原因在于 σ_3 的变化趋势发生改变[图 3.1（c）]，这说明 σ_3 仍主导 K_ψ 的变化规律，但 η 开始逐渐增大，使得 K_ψ 减小[式（3.5）]，因此 η 削减了 σ_3 对 K_ψ 的影响，K_ψ 的变化幅度并不显著。当 $r=R_0$ 时，K_ψ 与 $r=R_r$ 时的变化趋势相同，且表现出更大的变化幅度，这一情况表明，围岩质量好坏并未使洞壁的剪胀效应呈现单调的变化趋势。原因在于，此时的 η^* 为 0，且仅有峰值强度参数与 η^* 对 K_ψ 产生影响，对于质量较好的岩体（GSI_{max} 为 75 和 60），η^* 对 K_ψ 具有十分强烈的影响，K_ψ 随 η 的增大而减小；对于质量较差的岩体（GSI_{max} 为 50 和 40），峰值强度参数对 K_ψ 的影响更为显著，强度参数减小会使 K_ψ 剧烈增大，这在一定程度上符合工程实践，如加拿大一矿山深部的边墙因岩体膨胀而出现大变形现象[11]。

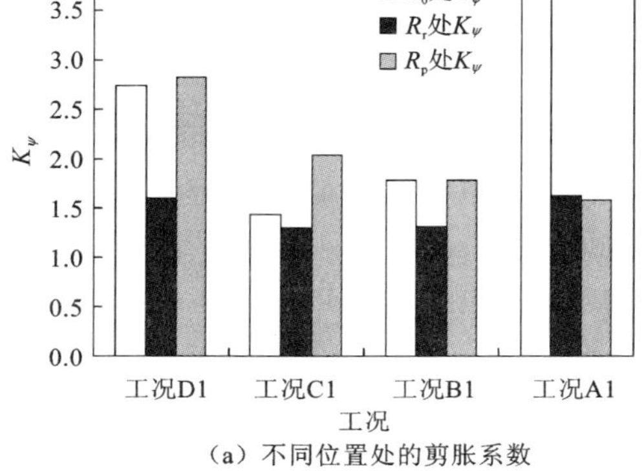

（a）不同位置处的剪胀系数

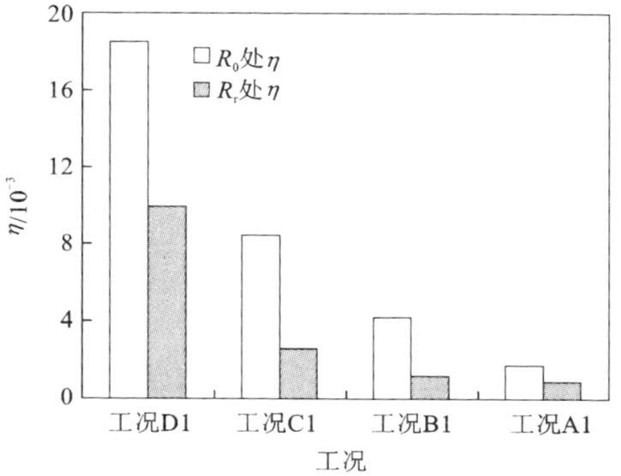

（b）不同位置处的塑性剪切应变

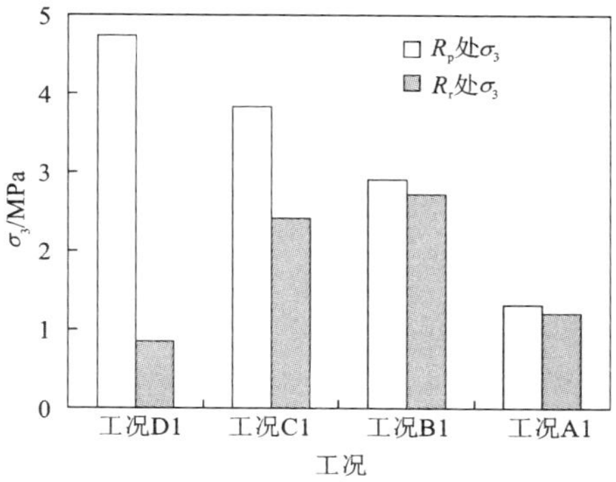

（c）不同位置处的围压

图 3.1　剪胀系数、围压与塑性剪切应变随围岩质量的变化规律

3.4.2 塑性软化区域与塑性残余区域剪胀系数的分布

图 3.2 反映了 K_ψ 在塑性软化区域与塑性残余区域内的分布情况。图 3.2 显示，除岩体质量很差的工况（$GSI_{min}=40$）外，K_ψ 从塑性软化区域进入塑性残余区域的过程中会先急剧减小，原因是此时 η^* 很小（表 3.1），强度会急剧减小，使得塑性剪切应变 η 显著增大，从式（3.6）可以看出，η 增大使得 K_ψ 减小。随着与洞壁的距离越来越近，这些工况之后进入平稳状态，到达洞壁区域时，会逐渐上升至较低水平。当岩体质量很差时，K_ψ 从塑性软化区域至塑性残余区域缓慢增大，在洞壁附近则显著增大。这说明，对于质量较好的岩体，塑性残余区域的剪胀性并不强，不会对隧道稳定性构成太大威胁，然而对于质量很差的岩体，越接近洞壁的位置剪胀性越大，此种情况应予以重视。需要说明的是，由 3.4.1 小节的分析可知，某一工况下某一位置处的 K_ψ 受到了围岩峰值强度参数与该位置处的 σ_3 与 η 的共同作用，对于质量较好的围岩，其在塑性软化区域内急剧减小主要是由于 η 的增长，而质量差的围岩洞壁处剪胀角的增长则主要取决于围岩本身的峰值强度。

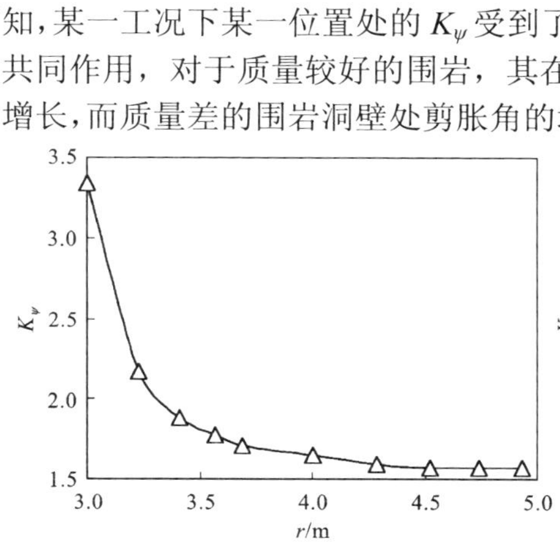

（a）工况D1

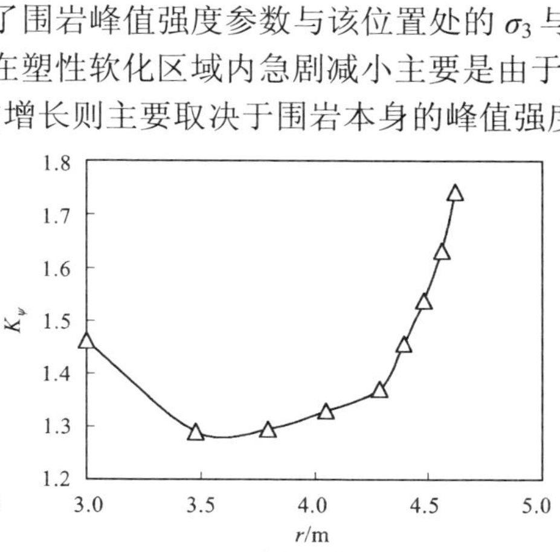

（b）工况C1

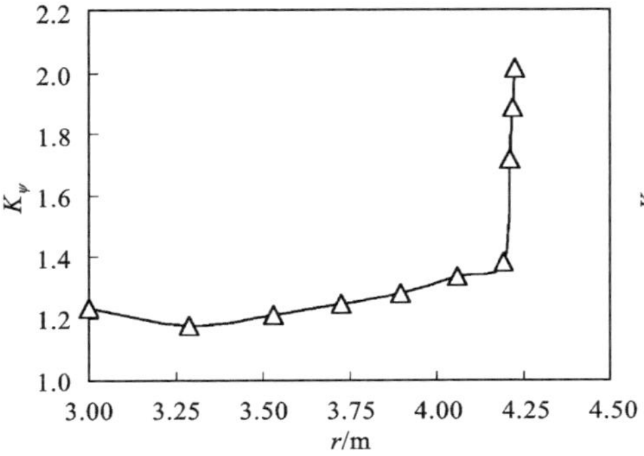

（c）工况B1

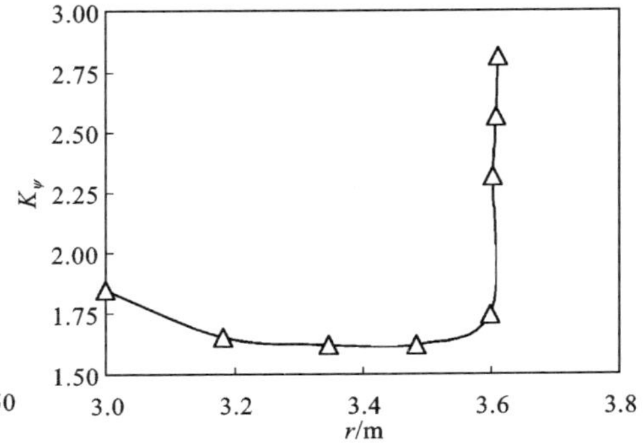

（d）工况A1

图 3.2　剪胀系数在围岩内部分布的规律

3.4.3　不同支护压力下剪胀系数的比较

为探讨不同 p_i 对 K_ψ 的影响，此处分别计算 p_i 为 0、1 MPa、2 MPa、3 MPa、4 MPa 时隧道洞壁处的 K_ψ，见表 3.3。从表 3.3 中可以看出，一般地，p_i 为 0 时，洞壁处 K_ψ 最大，在一定范围内，p_i 增大可有效削弱洞壁的膨胀作用，但超出某一范围后，反而使得剪胀效应在一定程度内变大。根据式（3.5）及 3.4.1 小节中的分析，由于 η 与 σ_3 共同影响 K_ψ，当 p_i 为 0 或接近于 0，且 GSI_{max} 较小时，σ_3 对 K_ψ 的影响较大，此种情况下，σ_3 或 p_i 增大时，K_ψ 减小；但当 p_i 增大，且 GSI_{max} 较大时，η 对 K_ψ 的影响较大，p_i 增大时岩体的剪切应变应是相对减小的，故 η 减小，相应地，K_ψ 是增大的。这也是 K_ψ 随着 p_i 的增大出现先减小后增大变化趋势的原因。综上所述，岩体的剪胀效应并非随着支护压力的增大而减弱，而是存在某一最优支护压力，使剪胀效应发挥得最小，且该最优支护压力随着岩体质量的变差而增大。

表 3.3　四种工况不同支护压力下洞壁处的剪胀系数

p_i/MPa	K_ψ			
	工况 A1	工况 B1	工况 C1	工况 D1
0	2.758	1.416	1.758	3.876
1	1.538	1.198	1.266	1.612
2	—	1.248	1.292	1.568
3	—	—	1.460	1.562
4	—	—	—	1.568

注：表中的若干剪胀系数无法求出，是由于围岩处于弹性状态。

3.4.4　恒定剪胀模型与非线性剪胀模型下围岩变形的比较

图 3.3 为非线性剪胀模型与不同恒定剪胀模型下塑性区域内围岩变形 u 随半径 r（围岩到圆形洞室圆心的距离）的变化曲线。从图 3.3 可以看出，当 GSI_{max} 分别为 75、60 与 50 时，非线性剪胀模型与恒定剪胀模型（$\psi=\varphi^{peak}/4$）算得的洞壁变形 u_0 基本相同，而剪胀角偏大或过小都可能高估或低估此变形。但当 GSI_{max} 为 40 时，四种恒定剪胀模型算得的结果与非线性剪胀模型算得的结果均相差较大。因此，当岩体质量较差时，正确选取剪胀模型对确定围岩变形及受力十分重要。另外，在围岩塑性区域接近于弹性区域处，五种模型下围岩的变形一致。这说明，相比于岩体非线性剪胀特性对洞壁的作用，该特性对围岩塑性区域靠近弹性区域处的稳定性基本无影响。

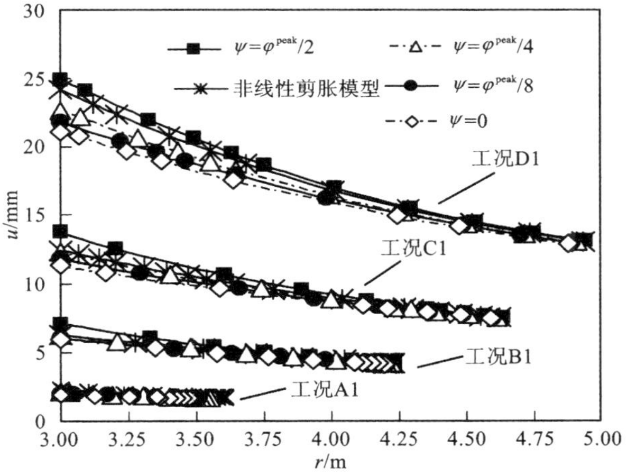

图 3.3　塑性区域内围岩变形随半径的变化曲线

3.5　本章小结

在工程实践中，人们通常基于恒定剪胀角假设预测隧道围岩的变形，这表明，目前尚未能充分了解峰值破坏后岩石的体积变化规律，且采用恒定剪胀角可以很大程度上简化计算过程。然而，在此假设基础上的计算并不能对岩体内部剪胀角的非线性变化机理很好地进行揭示，不具备准确的物理意义。本章利用既有文献中关于岩石剪胀角的拟合公式，提出了一种塑性软化系数与围压影响下的非线性剪胀模型。将该模型嵌入第 2 章的有限差分求解过程中，在连续介质范畴内阐明了圆形隧道围岩的体积变化情况。通过一系列参数分析，探讨了不同质量石灰岩塑性软化区域与塑性残余区域内剪胀系数的分布，并深入分析了其非线性变化机理，比较了不同支护压力下的剪胀系数，探究了恒定剪胀模型与非线性剪胀模型下围岩变形的不同，得出了如下结论。

（1）剪胀效应的强弱受到塑性区域内围岩峰值强度、围压与塑性剪切应变的综合影响，围岩峰值强度、围压与塑性剪切应变的减小会使剪胀角增大。对于无支护作用的围岩，围压对弹塑性区域交界处及附近的剪胀角存在较大的影响。在塑性软化区域内，围压对塑性剪切应变的影响会因后者的逐渐增大而被削弱。在洞壁处，对于质量和强度较好的岩体，其剪胀性主要受塑性剪切应变的影响，塑性残余区域的剪胀性较弱，不会很大程度地损害隧道的稳定性；然而，当岩体的质量和强度较差时，剪胀性受峰值强度的影响较大，由于峰值强度较小，接近洞壁处的体积膨胀显著提升，应着重关注这种情况。

（2）洞壁的剪胀效应并未随围岩质量或支护压力的变化单调增强或减弱，而是随着 GSI 的减小表现为先减弱后增强，剪胀角在 GSI 最小时达到最大。一般情况下，剪胀效应随着支护压力的增大先减弱后增强，基于此，针对深部隧道施工或者采矿过程，应存在通过加固岩体以有效控制围岩体积膨胀的最优支护设计。

（3）对于质量较差的岩体，若根据恒定剪胀模型展开计算，洞壁处的围岩变形可能因设定的剪胀角过大或过小而出现高估或低估，对此，如实考虑围岩变形受非线性剪胀特性的影响程度具有必要性。此外，越靠近弹性区域的围岩，围岩变形受非线性剪胀特性的影响越弱，但对围岩的稳定性基本无影响。

第 4 章　考虑围压卸荷路径的应变软化围岩的受力变形机理研究

4.1 引　言

对于围岩的应变软化特性，基于连续介质理论，在平面应变状态下对围岩的弹塑性进行分析的研究中，最为重要的参数为临界塑性软化系数 η^*，其一般指岩体在峰后破坏过程中从弹性峰值到达残余阶段时的塑性剪切应变，其与塑性区域内剪胀系数和强度参数的分布密切相关。为简化问题，目前多数研究根据岩石三轴试验从一定范围内选取 η^*，认为 η^*是恒定的。然而，事实上，多数试验研究证明[31,36,45-48]，不同围压下岩石的应力应变曲线差异明显，据此，图 4.1 给出了 η^*随围压变化的基本规律，从中可以看出，η^*一般随围压的增大而增大。在圆形洞室平面应变状态的分析当中，通常将隧洞断面的径向应力视为围压，隧道开挖后，围岩应力、应变重新进行分布，围压在围岩塑性区域是不断变化的。综合这两方面可知，若考虑围压卸荷路径，围岩在塑性区域内不同点处的应力应变曲线均不相同，故 η^*在塑性区域内并非定值。在既有文献中，仅有 Alejano 等[164]探讨了应变软化围岩在开挖之后的围压卸荷路径，如图 4.2 所示，并根据 Alonso 等[36]大量风化花岗岩的三轴试验结果首先建立了 η^*与围压的联系，然而，遗憾的是，Alejano 等[164]提出的卸荷路径并不能真实反映开挖边界的围压分布，另外，为简化计算，他们将 $\sigma_{3,cri}/2$ 视为塑性区域的平均围压（$\sigma_{3,cri}$ 为弹塑性区域交界处的径向应力），由此计算得到的 η^*是定值，仍未考虑变化围压在塑性区域内对 η^*的影响。

在本章中，根据第 2 章中的基本假定，给出围压在塑性软化区域与塑性残余区域内的卸荷路径，根据该卸荷路径，基于霍克-布朗屈服准则，通过 Alejano 等[164]提出的 η^*与 σ_3 的关系，建立一种变化围压模型，并在模型中引入一种判断 η^* 变化下应变软化围岩是否由塑性软化区域进入塑性残余区域的规则。另外，将 Alejano 等[164]根据 $\sigma_{3,cri}/2$ 计算得到的恒定 η^*视为恒定围压模型，采用第 1 章中的有限差分方法，分析并比较恒定围压模型与变化围压模型下塑性软化区域和塑性残余区域内临界塑性软化系数、塑性软化系数、强度参数、应力分量的分布规律。

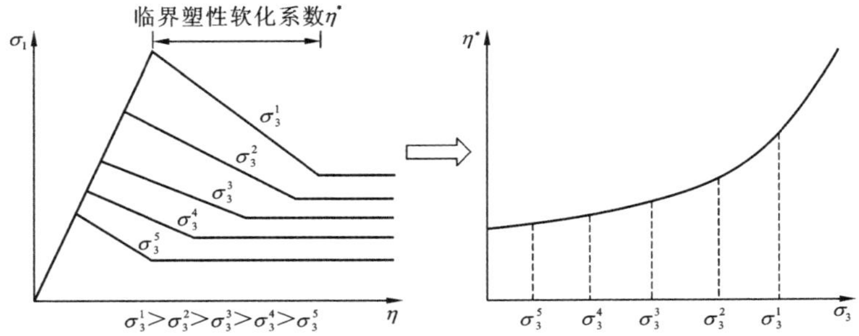

图 4.1　临界塑性软化系数随围压的变化规律示意图

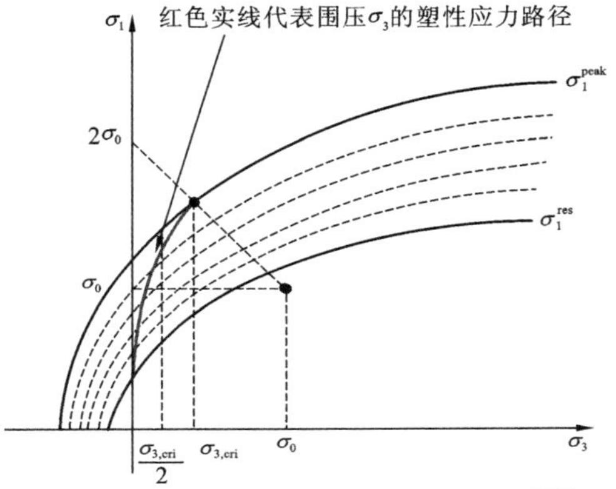

图 4.2　隧道开挖之后围岩的应力路径[164]

扫一扫　看彩图

4.2　变化围压模型的理论推导

4.2.1　临界塑性软化系数与围压之间的关系

Alejano 等[164]通过应变软化岩体的应力应变基本曲线（图 4.3）给出了一种预测临界塑性软化系数 η^*的方法：

$$\eta^* = (\sigma_1^{peak} - \sigma_1^{res})\left(\frac{1}{E} + \frac{1}{M}\right)(1 + K_\psi) \tag{4.1}$$

式中：E 为岩体的变形模量；M 为峰后强度衰减模量；σ_1^{peak} 和 σ_1^{res} 分别为在一定围压 σ_3 下岩体的峰值强度与残余强度；K_ψ 为岩体的剪胀系数。

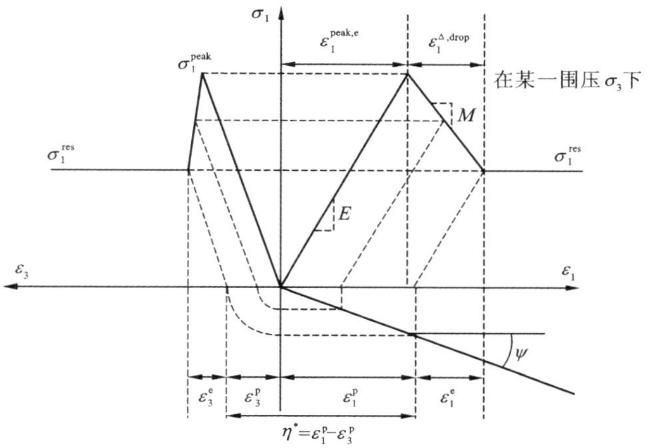

图 4.3 应变软化岩体的应力应变基本曲线[164]

$\varepsilon_1^{\text{peak,e}}$ 为最大主应力方向弹性应变；$\varepsilon_1^{\Delta,\text{drop}}$ 为最大主应力方向软化过程应变；ε_3^{e} 为最小主应力方向弹性应变；ε_1^{e} 为最大主应力方向弹性应变

根据式（2.4），σ_1^{peak} 与 σ_1^{res} 可由式（4.2）获得。

$$\sigma_1^{\text{peak}} = \sigma_3 + \sigma_{\text{ci}}(m_{\text{b}}^{\text{peak}}\sigma_r / \sigma_{\text{ci}} + s^{\text{peak}})^{a^{\text{peak}}} \tag{4.2a}$$

$$\sigma_1^{\text{res}} = \sigma_3 + \sigma_{\text{ci}}(m_{\text{b}}^{\text{res}}\sigma_r / \sigma_{\text{ci}} + s^{\text{res}})^{a^{\text{res}}} \tag{4.2b}$$

式中：$m_{\text{b}}^{\text{peak}}$、$s^{\text{peak}}$、$a^{\text{peak}}$ 和 $m_{\text{b}}^{\text{res}}$、$s^{\text{res}}$、$a^{\text{res}}$ 分别为霍克-布朗屈服准则中强度参数 m_{b}、s、a 的峰值与残余值。

对于式（4.1）中的 M，Alonso 等[36]根据大量风化岩石三轴试验结果，拟合出了它的表达式：

$$M = \begin{cases} E\cdot[0.004\,6\exp(0.076\,8\cdot \text{GSI}^{\text{peak}})]\cdot\left(\dfrac{\sigma_3}{2\sigma_{\text{ci}}\sqrt{s^{\text{peak}}}}+0.05\right)^{-1}, & \dfrac{\sigma_3}{2\sigma_{\text{ci}}\sqrt{s^{\text{peak}}}} \leqslant 0.1 \\ E\cdot[0.004\,6\exp(0.076\,8\cdot \text{GSI}^{\text{peak}})]\cdot\left(\dfrac{\sigma_3}{2\sigma_{\text{ci}}\sqrt{s^{\text{peak}}}}+0.05\right)^{-1}, & \dfrac{\sigma_3}{2\sigma_{\text{ci}}\sqrt{s^{\text{peak}}}} \geqslant 0.1 \end{cases} \tag{4.3}$$

式中：GSI^{peak} 为岩体发生破坏之前的 GSI。

将式（4.3）与式（4.2）代入式（4.1）中，得到如下 η^* 的表达式：

$$
\eta^* = \begin{cases} F_1 \cdot \left[1 + \dfrac{(\sigma_3 + 0.1\sigma_{ci}\sqrt{s^{peak}})}{0.0092 \cdot \exp(0.0768 \cdot \mathrm{GSI}^{peak}\sigma_{ci}\sqrt{s^{peak}})} \right], & \dfrac{\sigma_3}{\sigma_{ci}\sqrt{s^{peak}}} \leqslant 0.1 \\ F_1 \cdot \left[1 + \dfrac{\sigma_3}{0.0046 \cdot \exp(0.0768 \cdot \mathrm{GSI}^{peak}\sigma_{ci}\sqrt{s^{peak}})} \right], & \dfrac{\sigma_3}{\sigma_{ci}\sqrt{s^{peak}}} \geqslant 0.1 \end{cases} \tag{4.4a}
$$

$$
F_1 = (\sigma_{ci} / E)(1 + K_\psi)[(m_b^{peak}\sigma_3 / \sigma_{ci} + s^{peak})^{a^{peak}} - (m_b^{res}\sigma_3 / \sigma_{ci} + s^{res})^{a^{res}}] \tag{4.4b}
$$

从式(4.4)中可以看出，η^*随围压 σ_3 的增大而增大，且受强度参数 σ_{ci}、GSI^{peak}、s^{peak}、m_b^{peak}、a^{peak} 的影响。

4.2.2　隧道开挖后围压的卸荷路径

Alejano 等[164]所指出的卸荷路径并不符合真实情况。首先，由于支护压力 p_i 可视为洞壁处的径向应力 σ_r，那么横坐标中 σ_3 的最小值应为 p_i，而非图 4.2 中的最小值 0；其次，介于峰值与残余强度包络线之间的卸荷路径，只能表示塑性软化区域内的应力分量，当围岩出现塑性残余区域时，并不能描述塑性残余区域的卸荷路径。针对这些问题，图 4.4 给出了改进的围压卸荷路径。图 4.4 中位于上、下两侧的两条实线分别表示基于霍克-布朗屈服准则的峰值与残余强度包络线，而中间的虚线则是在塑性软化区域内，各强度参数不断发生变化时对应的强度包络线。在围岩由弹性状态过渡到塑性流动状态的过程中，最大主应力 σ_1 与最小主应力 σ_3（围压）分别由弹塑性区域交界处的应力分量 $\sigma_{\theta 2}$、σ_{r2}“跌落”至 $\sigma_{\theta 1}$、σ_{r1}，在塑性残余区域，σ_3 由塑性软化区域与塑性残余区域交界处的径向应力 σ_{r1} 降至洞壁处的应力 p_i。

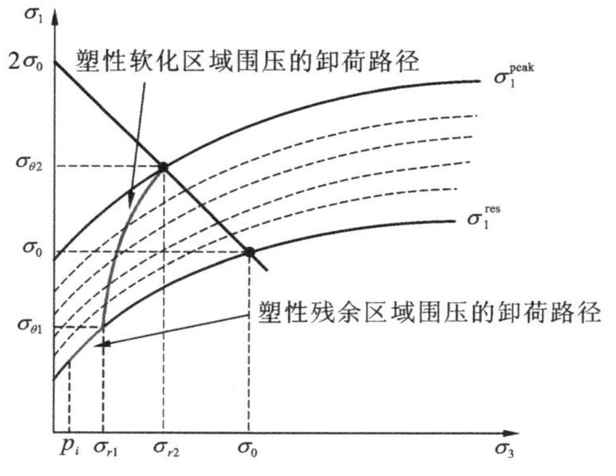

扫一扫　看彩图

图 4.4　隧道开挖之后围岩内改进的应力路径

4.2.3 围岩进入塑性残余区域的判断准则

根据围压卸荷路径，塑性软化区域内不同半径 r 处的岩体应力应变关系示意图如图 4.5 所示。图 4.5 中最上层曲线表示弹塑性区域交界处岩体的应力应变关系，此时的初始临界塑性软化系数 $\eta^*_{(0)}$是最大的，图中虚线表示塑性软化区域内岩体的应力应变关系，在此区域内，随着 r 与 σ_3 的减小，第 i 环对应的临界塑性软化系数 $\eta^*_{(i)}$逐渐减小，而在此过程中，岩体在初始时无塑性应变，但随着岩体的不断破坏，第 i 环对应的塑性软化系数 $\eta_{(i)}$由 0 开始增大。

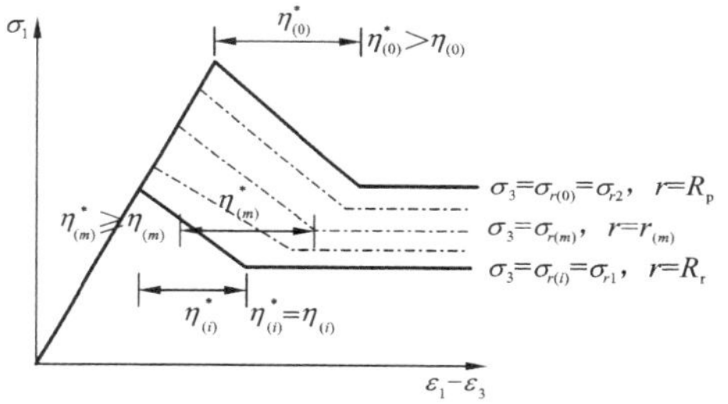

图 4.5 岩体不同半径处的应力应变关系示意图

那么，在 $\eta^*_{(i)}$减小、$\eta_{(i)}$增大的过程中，总存在某一半径 r 或围压 σ_3，使得 $\eta^*_{(i)}$等于 $\eta_{(i)}$，图 4.5 中的最下层曲线即塑性软化区域与塑性残余区域交界处的应力应变曲线对应这一状态。$\eta_{(i)}$大于 $\eta^*_{(i)}$后，随着 r 的减小，$\eta^*_{(i)}$继续减小，而 $\eta_{(i)}$继续增大，这可以证明之后围岩将一直处于塑性残余区域。综合以上分析，本章提出了一种改进的判断围岩是否由塑性软化区域进入塑性残余区域的准则，如图 4.6 所示，与既有文献相同的是，本章也是根据 $\eta_{(i)}$是否等于 $\eta^*_{(i)}$确定围岩是否

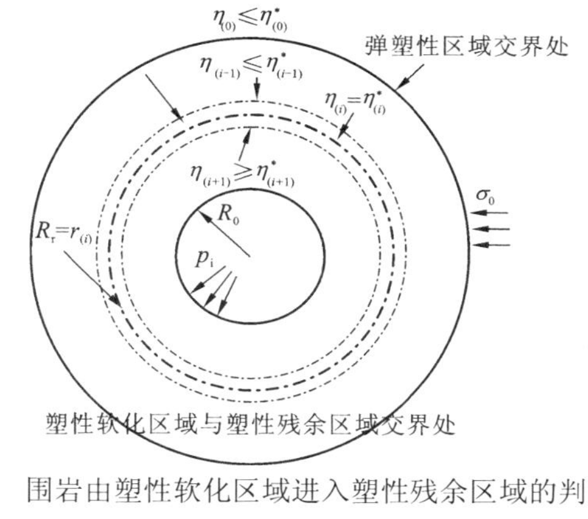

图 4.6 围岩由塑性软化区域进入塑性残余区域的判断准则

到达塑性软化区域与塑性残余区域边界，但不同的是，无论是在塑性软化区域内还是在塑性残余区域内，本章判断准则中 $\eta^*_{(i)}$随 σ_3 是不断变化的，而其他文献则认为 $\eta^*_{(i)}$一直不变。

4.3 分析与讨论

本章设定了五种基于不同质量石灰岩的隧道工况（工况 A1～E1），表 4.1 给出了具体参数。表 4.1 中，弹性区域的 GSI 由 GSI_{max} 表示，塑性残余区域的 GSI 则由 GSI_{min} 表示。隧道半径 R_0 为 3 m，隧道埋深为 600 m，初始应力 σ_0 为 15 MPa，单轴抗压强度 σ_{ci} 为 75 MPa，泊松比 μ 为 0.25。基于 Alejano 等[164]提出的恒定围压模型，可由式（2.16）算得 $\sigma_{3,cri}$（指弹塑性区域交界处的径向应力），而后，恒定的临界塑性软化系数 η^*_{aver}可通过将 $\sigma_{3,crit}/2$ 代入式（4.4）得到，由计算可知，工况 A1～E1 下相应的 η^*_{aver}分别为 0.000 76、0.001 1、0.002 76、0.009 74、0.203 79。在本节中，将基于恒定围压模型与变化围压模型，对塑性区域内的塑性软化系数 η^*、η，强度参数 m_b，应力分量 σ_r、σ_θ 的分布规律展开分析，并探究支护压力 p_i 对洞壁围岩变形 u_0 与塑性区域半径 R_p 影响的关系曲线。

表 4.1 石灰岩隧道基本参数

工况	GSI_{max}	GSI_{min}	m_b^{peak}	s^{peak} / 10^{-3}	m_b^{res}	s^{res} / 10^{-3}	ψ / (°)	E / GPa
A1	75	40	4.090	62.2	1.173	1.3	9.42	36.51
B1	60	35	2.379	11.7	0.981	0.7	5.75	15.40
C1	50	30	1.677	3.90	0.821	0.4	3.81	8.66
D1	40	27	1.173	1.30	0.737	0.3	1.72	4.87
E1	25	18	0.629 4	0.1	0.368 1	0.1	0	2.053

4.3.1 临界塑性软化系数与塑性软化系数的变化规律

图 4.7 给出了恒定围压模型与变化围压模型下塑性软化区域内 η^*、η 随 σ_r 的变化趋势，其中，弹塑性区域交界处的径向应力 σ_{r2} 表示 σ_r 的最大值，塑性软化区域与塑性残余区域交界处的径向应力 σ_{r1} 表示 σ_r 的最小值。由图 4.7 可知，变化围压模型下，η 从弹塑性区域交界处由 0 开始增加，对应的 η^*由初始值开始减小，

两者最终在塑性软化区域与塑性残余区域交界处达到相等。对于质量较好的岩体（GSI_{max} 为 75、60、50），η 在恒定围压模型下的值均大于变化围压模型下的值；但是，对于质量较差的岩体（GSI_{max} 为 40、25），到达塑性软化区域的某一位置后，η 在变化围压模型下的值稍大于恒定围压模型下的值，这主要是由 η 受 η^* 的影响导致的。对于岩体质量较好的工况（GSI_{max} 为 75、60、50），η^* 在变化围压模型下减小较慢，而恒定围压模型在同一径向应力下的 η^* 更大，受此影响，变化围压模型的强度参数相较于恒定围压模型更大，故相较于恒定围压模型塑性剪切应变 η 小；相反地，对于岩体质量较差的工况（GSI_{max} 为 40、25），η^* 在变化围压模型中下降更为迅速，最终 η^* 较恒定围压模型更低，此后，变化围压模型累计的 η 更大。除此之外，η^* 及其变化趋势也显著影响了 σ_{r1} 的大小，由图 4.7 可知，对于同种工况，η 的增速随 η^* 及其变化速率的增大而增大，从而越早达到塑性软化区域与塑性残余区域的交界处，σ_{r1} 越大。例如，当 GSI_{max} 为 40 与 25 时，变化围压模型的 η^* 更大，则其相应的 σ_{r1} 较恒定围压模型大。

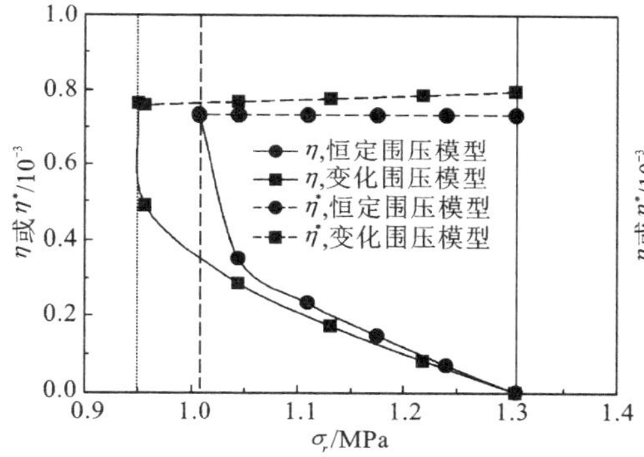

（a）工况A1

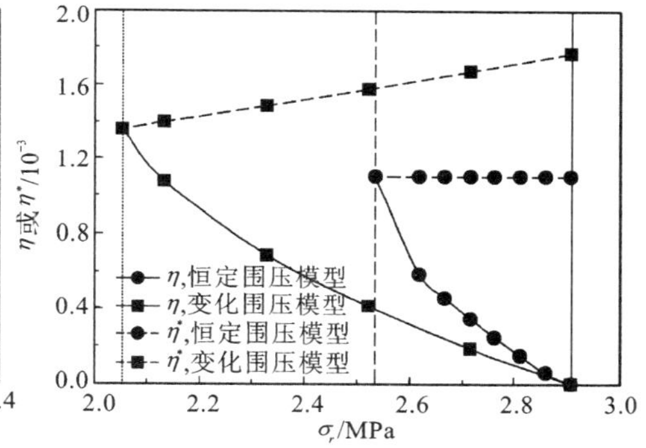

（b）工况B1

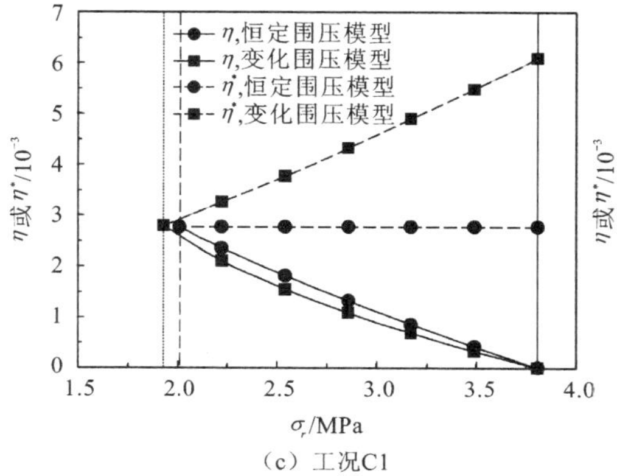

（c）工况C1

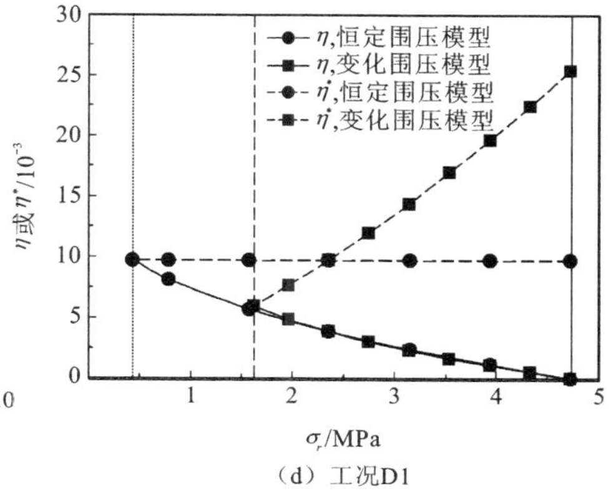

（d）工况D1

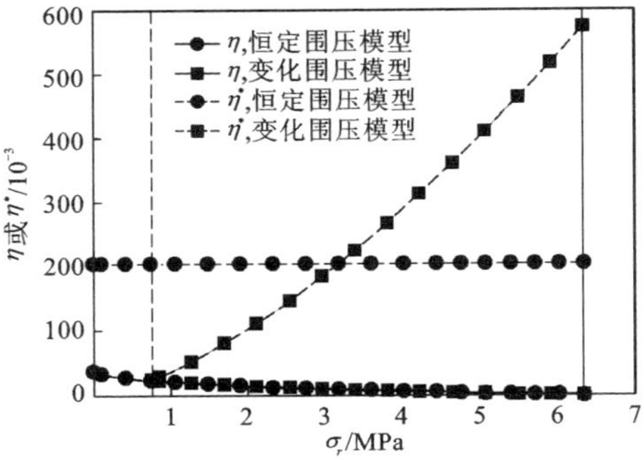

（e）工况E1

图 4.7　临界塑性软化系数与塑性软化系数随径向应力的变化曲线

4.3.2　强度参数在塑性软化区域内的变化规律

恒定围压模型与变化围压模型下塑性区域内的强度参数 m_b 随 η 的变化规律如图 4.8 所示。因为霍克-布朗屈服准则中的强度参数 m_b、s 与 a 均由式（2.8）计算得到，所以 m_b 的变化规律应与 s、a 完全相同。从图 4.8 中可以看出，恒定围压模型下 m_b 随 η 是线性变化的，这是由于此时 η^*为定值，根据式（2.8）可知，m_b 随 η 线性减小。然而，变化围压模型下，m_b 大体上随 η 非线性变化，当岩体质量很好（GSI_{max} 为 75、60 与 50）时，m_b 的变化曲线接近于线性；在岩体质量较差的情况（GSI_{max} 为 40 与 25）下，m_b 的变化曲线表现出更为显著的非线性，η 增大使得其斜率也不断增大。当 GSI_{max} 为 75、60、50 时，变化围压模型下的 m_b 在塑性软化区域内一直比恒定围压模型大；然而，当 GSI_{max} 为 40 与 25 时，η 增至某一值时，变化围压模型下的 m_b 降至低于恒定围压模型，此后，变化围压模型的 m_b 会明显减小。对比可知，两种模型基于 GSI_{max} 为 40 与 25 时的 m_b 曲线的"交叉" 现象表现出与 4.3.1 中 η^*曲线相似的变化规律。

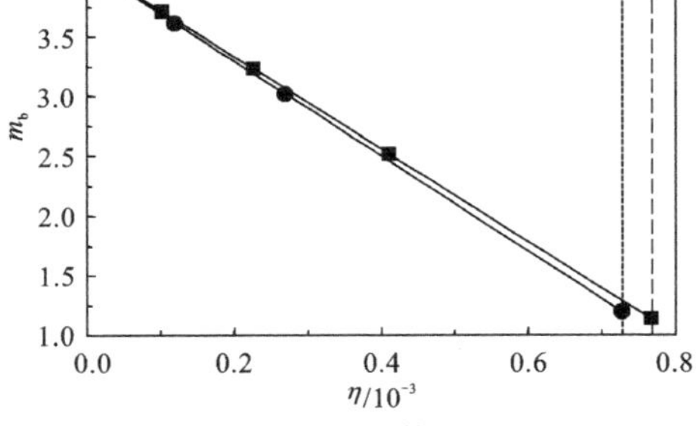

（a）工况A1

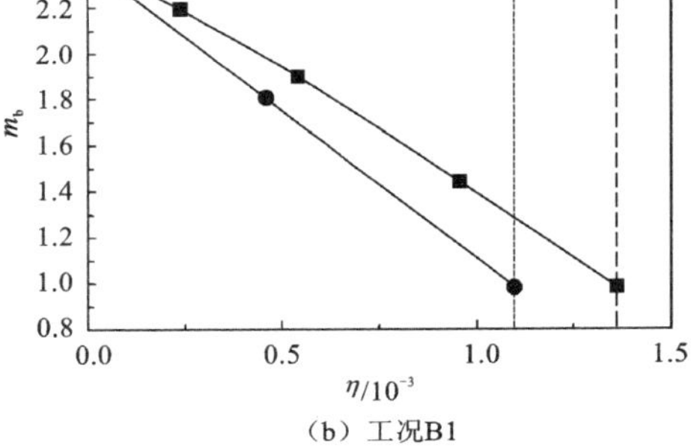

（b）工况B1

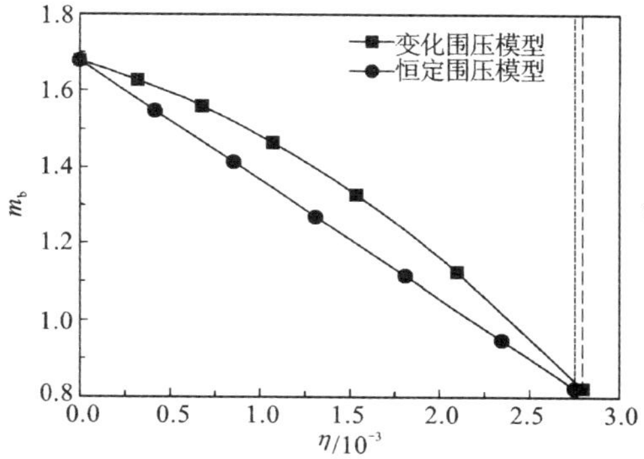

(c) 工况C1

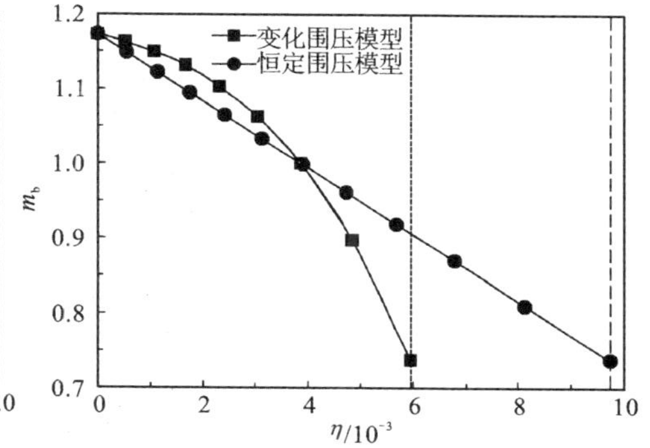

(d) 工况D1

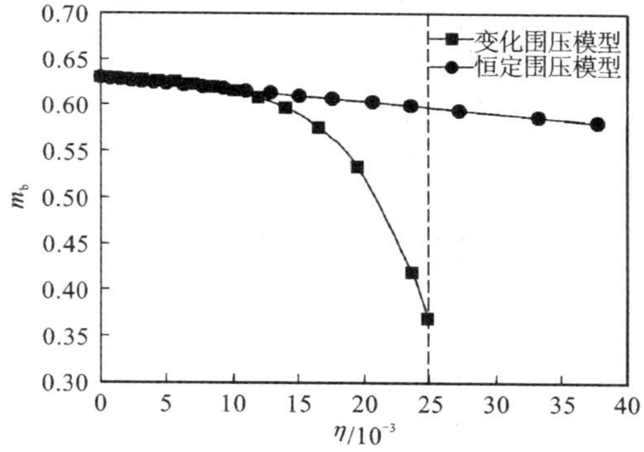

(e) 工况E1

图 4.8　强度参数随塑性软化系数的变化规律

4.3.3　径向应力与切向应力在塑性区域内的分布规律

图 4.9 展示了恒定围压模型与变化围压模型下塑性软化区域和塑性残余区域内应力分量 σ_r、σ_θ 的分布规律。图 4.9 中不同曲线起始处的半径 r 对应于塑性软化区域半径 R_p，而 σ_θ 斜率变化处的半径 r 对应于塑性残余区域半径 R_r。图 4.9 显示，当 GSI_{max} 减小时，σ_r 增大，但 σ_θ 减小。由式（2.15）可知，σ_{r2} 与弹性区域的岩体峰值强度参数有关，当岩体质量较差时，在强度参数的影响下，σ_{r2} 较大，σ_{r2} 决定了 σ_r 的变化范围，故 σ_r 随着 GSI_{max} 的减小而增大；另外，由式（2.4）可知，σ_r 与塑性区域各强度参数的减小会导致 σ_θ 减小。因此，随着 GSI_{max} 的减小，σ_r 增大，而塑性区域的强度参数减小，但是 σ_θ 表现为随 GSI_{max} 的减小而减小。这表明，σ_θ 受塑性区域强度参数的影响相较于 σ_r 对其的影响更为明显。综上可知，弹性区域峰值强度参数对围岩塑性区域内 σ_r 的影响非常显著，而塑性区域强度参数

则主要对 σ_θ 产生影响。

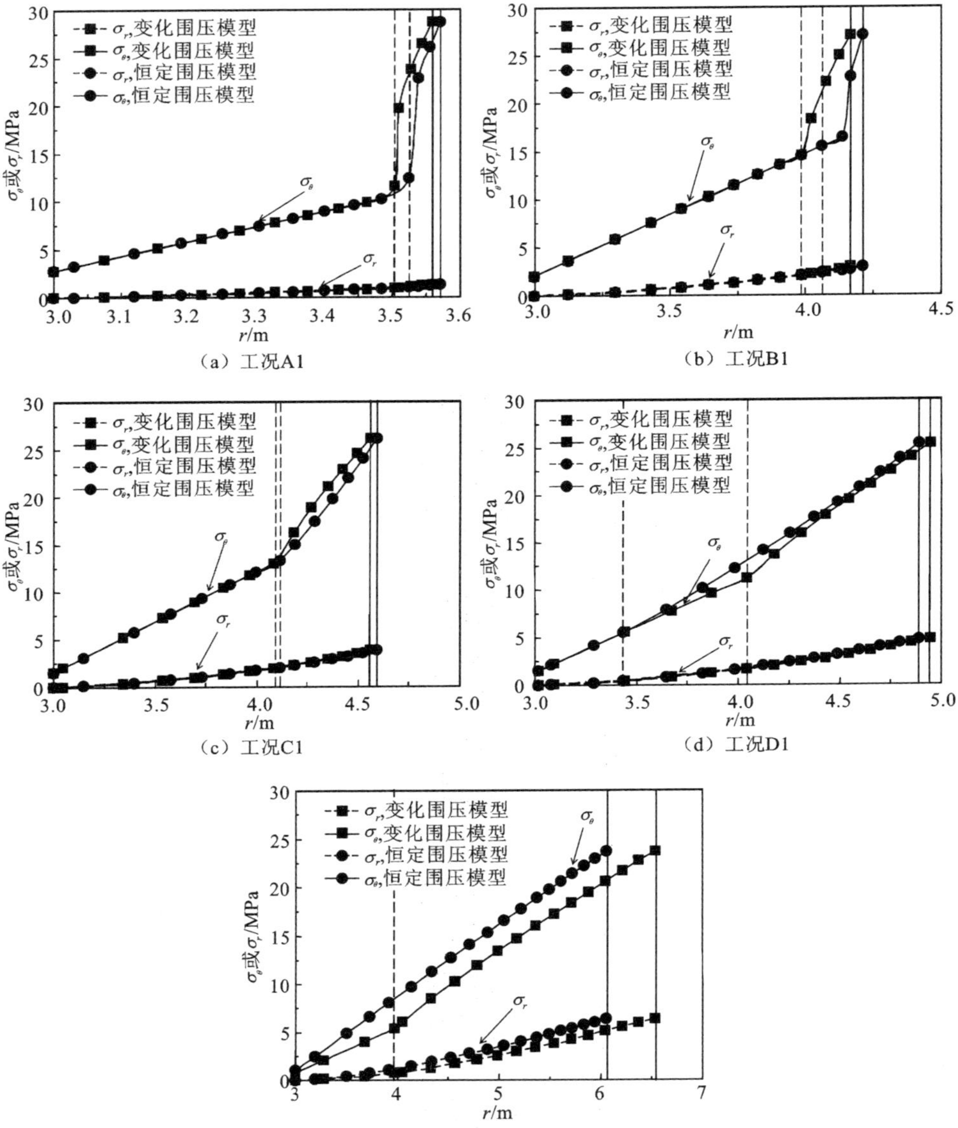

（a）工况A1

（b）工况B1

（c）工况C1

（d）工况D1

（e）工况E1

图 4.9　应力分量随围岩半径的变化规律

另外，从图 4.9 中还可以看出，不同工况的恒定围压模型与变化围压模型下，σ_r 在塑性区域内的分布基本相同，σ_θ 在塑性残余区域内的分布基本相同；然而，R_p 与 R_r 的变化规律不同，σ_θ 在塑性软化区域内的分布也不同，当岩体质量较好

（GSI_{max} 为 75、60、50）时，恒定围压模型下的 R_p 与 R_r 较变化围压模型大，而当 GSI_{max} 为 40 与 25 时，这些变化趋势是相反的。实际上，R_p、R_r 主要与塑性软化区域和塑性残余区域交界处的径向应力 σ_{r1} 有关，对比图 4.9 与图 4.7 可以发现，不同工况下两种围压模型的 σ_{r1} 的变化趋势与 R_p 和 R_r 的变化趋势完全相同。根据之前的分析，塑性软化区域内的 σ_θ 主要与塑性区域内的强度参数有关，从图 4.9 与图 4.8 的对比发现，在塑性软化区域内，不同工况下两种围压模型的 σ_θ 与 m_b 的变化趋势相同，而在塑性残余区域内，由于两种围压模型对应的强度参数相同，故相应的 σ_θ 的分布规律差别并不大。

4.3.4　洞壁围岩变形与塑性区域半径随支护压力的变化曲线

图 4.10 给出了洞壁围岩变形 u_0 与塑性区域半径 R_p 随支护压力 p_i 的变化曲线。在每种工况下，p_i 由 0 增至 1 MPa。图 4.10 显示，恒定围压模型与变化围压模型

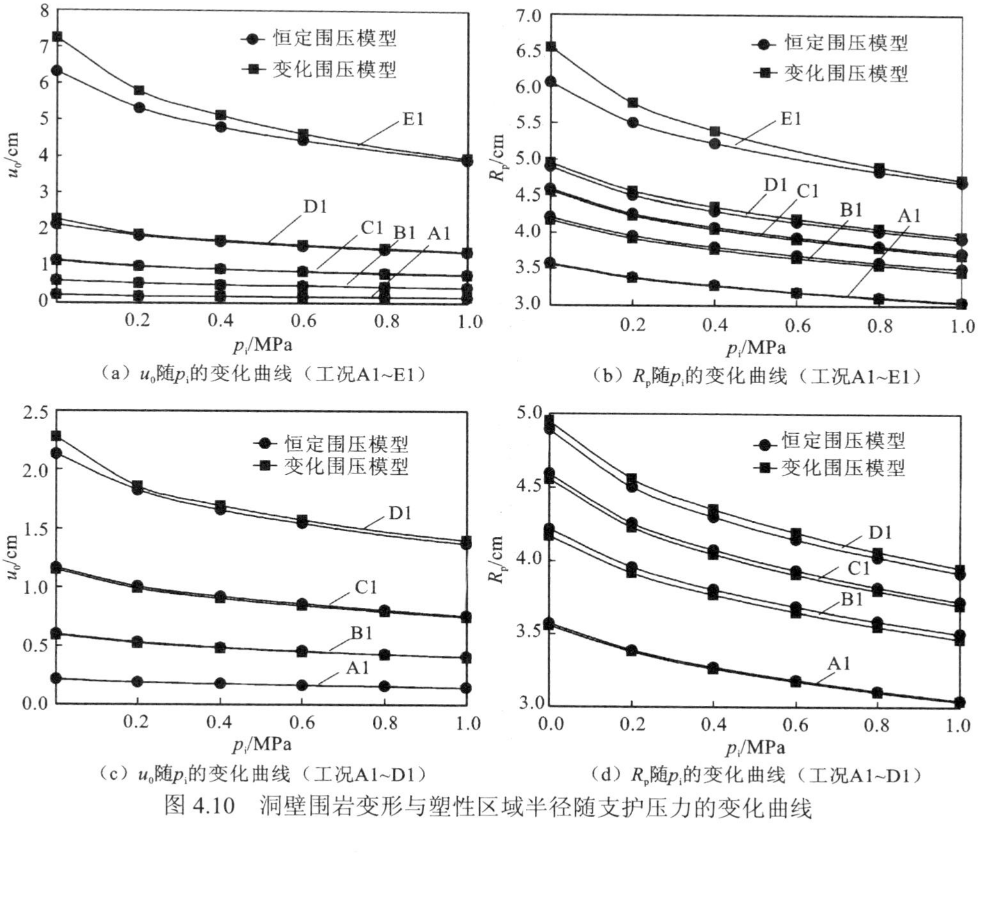

（a）u_0随p_i的变化曲线（工况A1~E1）　（b）R_p随p_i的变化曲线（工况A1~E1）

（c）u_0随p_i的变化曲线（工况A1~D1）　（d）R_p随p_i的变化曲线（工况A1~D1）

图 4.10　洞壁围岩变形与塑性区域半径随支护压力的变化曲线

下 u_0 或 R_p 的差别随着 p_i 与 GSI_{max} 的减小而增大。无支护作用下，当 GSI_{max} 分别为 40 与 25 时，变化围压模型的 u_0 较恒定围压模型多出 6.83%和 14.4%，R_p 较恒定围压模型多出 1.23%和 7.83%；相比之下，当 GSI_{max} 为 50 时，变化围压模型下的 u_0 与 R_p 均略低于恒定围压模型下的 u_0 与 R_p；当 GSI_{max} 达到 75 时，两种围压模型下的 u_0 与 R_p 基本相同。两种围压模型下 u_0 之间的差别取决于围岩的力学参数，如 η^*、η、σ_r、σ_θ、m_b、s 与 a。

实质上，η^* 是控制应变软化围岩变形的最重要的参数，当 GSI_{max} 为 40 与 25 时，围压与 η^* 较小，此时变化围压模型下的 η^* 随围岩半径的减小而迅速减小，故在塑性软化区域的某一位置处，变化围压模型的 η^* 将低于恒定围压模型的 η^*，这使得变化围压模型下的围岩能更快到达塑性残余阶段，相应地，其塑性残余区域的半径 R_r 更大；因为 R_r 与 R_p 的变化规律是一致的，所以变化围压模型的 R_p 较恒定围压模型的 R_p 更大。因此，总的来说，较小的 η^* 使得 R_r 与 R_p 增大。另外，当 GSI_{max} 为 40 与 25 时，在变化围压模型的 η^* 低于恒定围压模型的 η^* 之后，变化围压模型下的强度参数在塑性软化区域内显著减小，因此，较小的 η^* 使得强度参数减小。很明显地，若围岩强度参数较小且塑性区域范围较大，则围岩容易失稳，并且 u_0 增大，因此，当岩体质量很差时，变化围压模型的围岩变形较恒定围压模型大。Lee 和 Pietruszczak[6]、Wang 等[83-84]、Zhang 等[85]曾指出，η^* 越小，u_0 越大，尽管他们认为 η^* 不变，但该结论可从一定程度上验证此处的分析。基于以上分析可知，当岩体质量较差时，对比变化围压模型，恒定围压模型对围岩变形的估计略微偏低；而当岩体质量较好时，围岩变形在两种围压模型下的表现基本一致。围岩的 η^* 受到峰值强度参数与围压的综合影响，η^* 对围岩变形施加作用主要通过影响围岩塑性区域的强度参数与塑性区域范围来实现，相关影响过程见图 4.11。

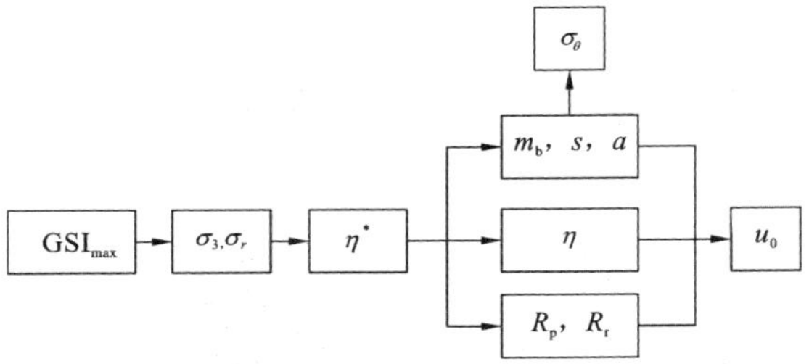

图 4.11　临界塑性软化系数对洞壁围岩变形的影响过程

4.4 本章小结

在应变软化围岩隧道的开挖过程中，靠近洞壁处的围压并非是恒定不变的，且围压对岩体峰后软化阶段的临界塑性软化系数有着非常显著的影响，故洞壁附近的临界塑性软化系数受围岩的影响而不断变化。本章提出了一种考虑围岩卸荷后应力路径的变化围压模型，针对围岩是否进入塑性残余区域给出了改进的判断准则，并对恒定围压模型和变化围压模型下塑性软化区域与塑性残余区域内临界塑性软化系数、塑性软化系数、强度参数、应力分量的分布规律进行了对比，得出如下重要结论。

（1）围岩临界塑性软化系数受到强度参数与围压的综合影响。一般地，质量越差的岩体，所受的围压越大，对应的临界塑性软化系数越大，且其在塑性区域内沿洞壁方向的减小速率越大。

（2）应变软化围岩变形主要受临界塑性软化系数的控制，塑性区域内的强度参数随着临界塑性软化系数的增大而逐渐减小，并且塑性区域范围的增大也会导致围岩变形的增大。因此，临界塑性软化系数对围岩变形施加作用主要通过影响围岩塑性区域的强度参数与塑性区域范围来实现。

（3）基于变化围压模型与恒定围压模型得到的围岩变形存在一定的差异，当围岩质量较差、支护压力较小时，这种差异将被放大。对于质量中等的岩体，恒定围压模型相较于变化围压模型对围岩变形的估计略微偏高；而对于质量很差的岩体，相较而言，恒定围压模型对围岩变形的估计略微偏低，工程实践中应对这种情况予以高度重视。

（4）在塑性区域内，质量越好的岩体，围岩的径向应力（或围压）越小，而切向应力越大。变化围压模型与恒定围压模型下围岩内的径向应力基本一致，然而，在塑性软化区域内，围岩的切向应力在两种围压模型下表现出了较大的差异，这种差异在岩体质量较差时尤为显著。

第5章　考虑中间主应力影响的应变软化围岩稳定性分析

5.1　引　　言

工程界对深埋圆形洞室的弹塑性分析[75-92]普遍基于莫尔-库仑屈服准则与霍克-布朗屈服准则，然而，这两种屈服准则仅对材料强度受最大与最小主应力的影响范围进行了考虑，均属于单剪强度理论范畴。试验表明，中间主应力对岩石强度的影响效果非常显著[93-95]，俞茂宏[2]在充分考虑中间主应力效应的基础上提出了统一强度理论，并进一步构建了统一强度理论体系。

目前，众多学者基于统一强度理论运用不同的数值与解析方法探讨了如隧道、边坡、基础工程中的岩土体变形、桩基承载力等问题，并考虑了围岩不同的峰后力学行为，如应变软化、剪胀特性等，为实际工程设计提供了有力的理论基础[96-102]。在这些研究中，具备代表性的包括张常光及其团队做的大量基础而细致的工作[12,97,100,124]，他们探究了统一强度理论下非饱和土的地基极限承载力的三剪统一解与深埋圆形隧道的位移释放系数等，然而这些研究基本采用理想弹塑性模型与弹-脆-塑性模型推导围岩的应力、应变场，未对应变软化模型进行讨论，即使考虑岩体的峰后软化效应，也做了很大程度的简化。例如，张强等[101]将峰后软化特性视为“台阶”形式的跌减，这与实际岩体的力学特性出入较大。另外，Fan 等[98]、范文等[99]给出了岩体应变软化行为关于围岩受力、变形的解析解，但计算过程中未考虑塑性区域内的弹性应变增量，且他们所运用的关于应力应变关系的公式及定义岩体塑性软化程度的参数并不常用，因此适用性非常有限。实际上，多数关于岩体应变软化行为的研究，均将岩体从峰值状态到达塑性残余状态的塑性剪切应变视为临界塑性软化系数，在此基础上，很难采用解析方法对应变软化岩体进行求解。因此，Fan 等[98]、范文等[99]所提出的解析方法并不十分妥当。针对以上问题，本章将基于第 2 章的基本假定，运用较为常用的临界塑性软化系数来定义岩体的峰后应变软化程度，提出一种半解析半数值方法对统一强度理论下深埋圆形隧道围岩的应力、应变场进行推导求解。通过具体计算实例验证该计算方法的合理性。在此基础上，通过变化统一强度理论中的中间主应力参数，探讨中间主应力对深埋圆形隧道围岩稳定性评价的作用，分析不同中间主应力参数对围岩变形、塑性软化区域与塑性残余区域半径的影响规律，并与未考虑中间主应力的莫尔-库仑屈服准则进行对比，论证考虑中间主应力对围岩稳定性评价的必要性。

5.2　统一强度理论介绍

俞茂宏[2]在 20 世纪 90 年代提出了统一强度理论的理论公式，当时也称之为广义双剪强度理论，该理论可以退化为莫尔-库仑屈服准则与特雷斯卡屈服准则、米泽斯-施莱克尔屈服准则与德鲁克-布拉格屈服准则，以及很多曲线准则的线性逼近式，称为广义双剪强度理论已不太合适，因而称之为统一强度理论，该理论的表达式为

$$F=\begin{cases}\sigma_1-\dfrac{\alpha_1}{1+b}(b\sigma_2+\sigma_3)-\sigma_t, & \sigma_2\leqslant\dfrac{\sigma_1+\alpha_1\sigma_3}{1+\alpha_1}\\ \dfrac{\alpha_1}{1+b}(\sigma_1+b\sigma_2)-\sigma_3-\sigma_t, & \sigma_2\geqslant\dfrac{\sigma_1+\alpha_1\sigma_3}{1+\alpha_1}\end{cases}\tag{5.1}$$

式中：σ_t 为材料的单轴抗压强度；σ_1、σ_2 和 σ_3 分别为最大、中间与最小主应力；α_1 为材料的单轴拉压强度比（$\alpha_1=\sigma_c/\sigma_t$，$\sigma_c$ 为极限抗压强度）；$b(0\leqslant b\leqslant 1)$为材料参数，也称为中间主应力参数，反映了中间主应力 σ_2 对材料破坏的影响，其值由材料试验确定。

当统一强度理论应用于隧道工程中时，σ_t 与 α_1 均可由岩体的内摩擦角 φ 与黏聚力 c 表示，式（5.1）可以转化为

$$F=\begin{cases}\left[\sigma_1-\dfrac{1}{1+b}(b\sigma_2+\sigma_3)\right]+\left[\sigma_1+\dfrac{1}{1+b}(b\sigma_2+\sigma_3)\right]\sin\varphi-2c\cos\varphi,\\ \qquad \sigma_2\leqslant\dfrac{\sigma_1+\sigma_3}{2}+\dfrac{\sigma_1-\sigma_3}{2}\sin\varphi\\ \left[\dfrac{1}{1+b}(b\sigma_1+\sigma_2)-\sigma_3\right]+\left[\sigma_3+\dfrac{1}{1+b}(b\sigma_2+\sigma_1)\right]\sin\varphi-2c\cos\varphi,\\ \qquad \sigma_2\geqslant\dfrac{\sigma_1+\sigma_3}{2}+\dfrac{\sigma_1-\sigma_3}{2}\sin\varphi\end{cases}\tag{5.2}$$

根据第 2 章中的基本假定，最大主应力 σ_1 和最小主应力 σ_3 分别对应切向应力 σ_θ 与径向应力 σ_r，基于平面应变假定，中间主应力 σ_2 应等于 $\mu(\sigma_1+\sigma_3)$，在本章中假设泊松比 μ 为 0.5，可得

$$\sigma_2=\frac{\sigma_1+\sigma_3}{2}\tag{5.3}$$

将式（5.3）代入式（5.2）中可得到仅关于 σ_1 与 σ_3 的统一强度理论，具体如下：

$$F = \sigma_1 - A\sigma_3 - B \tag{5.4a}$$

$$A(b,\eta) = \frac{(2+b)+(2+3b)\sin\varphi(\eta)}{(2+b)[1-\sin\varphi(\eta)]} \tag{5.4b}$$

$$B(b,\eta) = \frac{4(1+b)c(\eta)\cos\varphi(\eta)}{(2+b)[1-\sin\varphi(\eta)]} \tag{5.4c}$$

式中：A、B 为参量；η 为塑性软化系数，根据式（2.7）给出的计算方法，η 与临界塑性软化系数 η^* 共同对岩体的内摩擦角 φ 和黏聚力 c 产生影响，此外，由式（2.8）可以分别得到在弹-脆-塑性模型、理想弹塑性模型与应变软化模型下两者在塑性区域的变化规律。

5.3　半解析半数值方法与计算流程

前面均为基于数值方法的计算理论，为进一步提高计算准确度，此处根据半解析半数值方法分析了统一强度理论下圆形洞室的应力、应变特性，模型展示见图 5.1，图中塑性软化区域采用第 2 章中的有限差分数值解法，而塑性残余区域则通过解析方法得到。原因在于：当工况一定时，塑性软化区域内的强度参数 φ 与

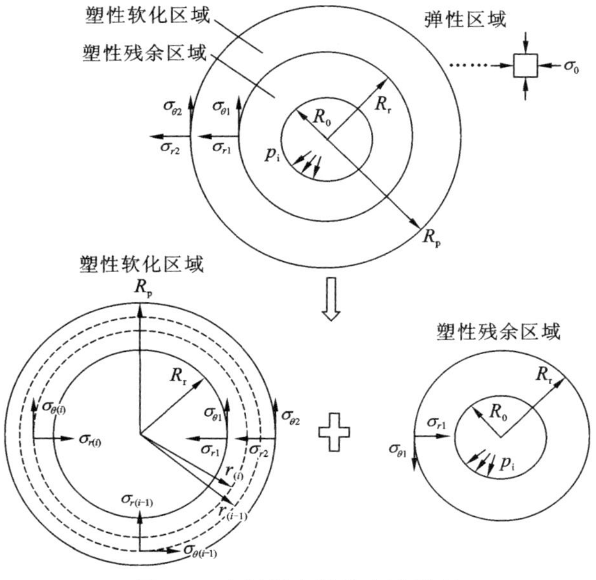

图 5.1　半解析半数值方法模型

c 随塑性剪切应变 η 变化，且最终累计的塑性剪切应变 η 也受到 φ 与 c 的影响，这表明，η、c 及 φ 之间存在相互作用的关系，因此，若基于第 2 章给出的基本假定，则数值方法将是求解塑性软化区域应力、应变场的唯一手段。

不同于塑性软化区域，塑性残余区域内的 c、φ 是定值，且由第 2 章的计算可知，对于塑性软化区域与塑性残余区域交界处的岩体，其在一定的工况和支护压力下的应力分量 σ_{r1}、$\sigma_{\theta 1}$ 与应变分量 ε_{r1}、$\varepsilon_{\theta 1}$ 均恒定不变，因此可直接根据微分方程得到塑性残余区域内的应力、应变场。

5.3.1 塑性软化区域内的围岩变形

本章采用和第 2 章中相同的控制方程，塑性软化区域内的数值解法则完全参考第 2 章中提到的有限差分方法，在此不再赘述。下面将先给出弹塑性区域交界处的径向应力及塑性软化区域内的围岩变形数值解，然后给出塑性软化区域与塑性残余区域的半径，最后给出塑性残余区域（包含洞壁）处围岩变形的解析解。

将式（2.13a）代入式（5.4a）中可得到弹塑性区域交界处的径向应力 σ_{r2}：

$$\sigma_{r2}=\frac{2\sigma_0-B(b,\eta)}{1+A(b,\eta)} \tag{5.5}$$

之后，塑性软化区域内 $r=r_{(i)}$处的径向应力 $\sigma_{r(i)}$可由 σ_{r2} 与应力增量$\Delta\sigma_r$ 逐步求得，即

$$\sigma_{r(i)}=\sigma_{r(i-1)}-\Delta\sigma_r \tag{5.6}$$

$r=r_{(i)}$处的应变分量 $\varepsilon_{r(i)}$、$\varepsilon_{\theta(i)}$与位移 $u_{(i)}$可通过式（2.26）与式（2.25）求得。

5.3.2 塑性软化区域与塑性残余区域半径

塑性软化区域与塑性残余区域半径的计算过程与第 2 章相同，此处不再赘述，仅给出塑性软化区域半径 R_{p} 与塑性残余区域半径 R_{r} 的计算公式，具体如下：

$$R_{\mathrm{r}}=R_0\left(\frac{\sigma_{r1}+c^{\mathrm{res}}\cot\varphi^{\mathrm{res}}}{p_{\mathrm{i}}+c^{\mathrm{res}}\cot\varphi^{\mathrm{res}}}\right)^{\frac{(2+b)(1-\sin\varphi^{\mathrm{res}})}{4(1+b)\sin\varphi^{\mathrm{res}}}} \tag{5.7}$$

$$R_{\mathrm{p}} = R_0 \left(\frac{\sigma_{r1} + c^{\mathrm{res}} \cot \varphi^{\mathrm{res}}}{p_{\mathrm{i}} + c^{\mathrm{res}} \cot \varphi^{\mathrm{res}}} \right)^{\frac{(2+b)(1-\sin\varphi^{\mathrm{res}})}{4(1+b)\sin\varphi^{\mathrm{res}}}} \Bigg/ \prod_{i=0}^{j} \frac{2H[\sigma'_{r(i)}] + \Delta\sigma_r}{2H[\sigma'_{r(i)}] - \Delta\sigma_r} \tag{5.8}$$

式中：φ^{res} 与 c^{res} 为塑性残余区域内的残余强度参数；j 为围岩进入该环时开始发生塑性残余破坏；$\sigma'_{r(i)}$ 为第 i 环径向应力的平均值 $\{\sigma'_{r(i)} = [\sigma_{r(i)} + \sigma_{r(i-1)}]/2\}$。

5.3.3　塑性残余区域内的围岩变形

应变软化模型中塑性残余区域的求解方法可等同于弹-脆-塑性模型中塑性区域的求解方法，不同之处在于，前者的初始条件为塑性软化区域与塑性残余区域交界处的应力分量（σ_{r1}、$\sigma_{\theta 1}$）和应变分量（ε_{r1}、$\varepsilon_{\theta 1}$），而后者的初始条件则为弹塑性区域交界处的应力分量（σ_{r2}、$\sigma_{\theta 2}$）与应变分量（ε_{r2}、$\varepsilon_{\theta 2}$）。目前，Park 和 Kim[89]已给出弹-脆-塑性模型围岩变形的解析解，在其表达式中涉及的关于弹塑性区域交界处的变量有塑性软化区域半径 R_{p}、弹塑性区域交界处的径向应力 σ_{r2} 与岩体变形 u_{r2}，若要求得应变软化模型中塑性残余区域的围岩变形，应将 R_{p}、σ_{r2}、u_{r2} 替换成塑性残余区域半径 R_{r}、塑性软化区域与塑性残余区域交界处的径向应力 σ_{r1} 与岩体变形 u_{r1}，此时 Park 和 Kim[89]关于围岩变形的原有表达式则替换为

$$u = \frac{1}{2Gr^{K_\psi}}[D_1 f_1(r) + D_2 f_2(r) + 2R_{\mathrm{r}}^{K_\psi} G u_{r1} - D_1 f_1(R_{\mathrm{r}}) - D_2 f_2(R_{\mathrm{r}})] \tag{5.9}$$

式中：G 为剪切模量；

$$D_1 = (1-2\mu)(K_\psi + 1)(F - \sigma_{r1}), \qquad F_2 = -B^{\mathrm{res}}/(A^{\mathrm{res}} - 1),$$

$$A^{\mathrm{res}} = \frac{(2+b) + (2+3b)\sin\varphi^{\mathrm{res}}}{(2+b)(1-\sin\varphi^{\mathrm{res}})}, \qquad B^{\mathrm{res}} = \frac{4(1+b)c^{\mathrm{res}}\cos\varphi^{\mathrm{res}}}{(2+b)(1-\sin\varphi^{\mathrm{res}})};$$

$$D_2 = (1-\mu-\mu K_\psi) + JA^{\mathrm{res}}(K_\psi - \mu K_\psi - \mu), \qquad J = p_{\mathrm{i}} + B^{\mathrm{res}}/(A^{\mathrm{res}} - 1);$$

$$f_1(r) = \frac{r^{K_\psi + 1}}{K_\psi + 1}; \qquad f_2(r) = \frac{1}{R_0^{A^{\mathrm{res}} - 1}} \frac{r^{A^{\mathrm{res}} + K_\psi}}{A^{\mathrm{res}} + K_\psi}.$$

5.3.4　计算流程

综上所述，统一强度理论下围岩变形的计算流程如图 5.2 所示。

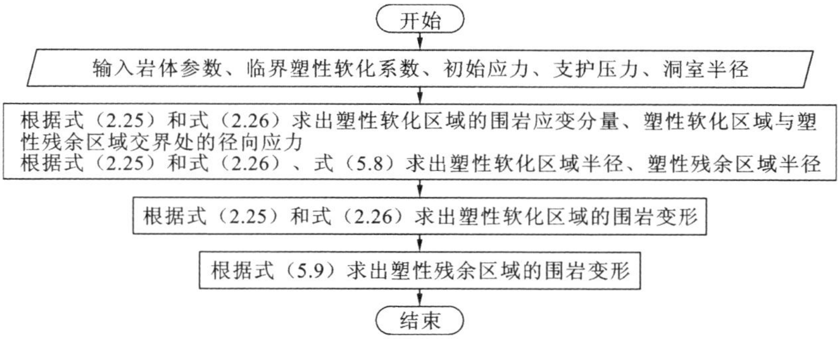

图 5.2　统一强度理论下围岩变形的计算流程图

5.4　算 例 验 证

基于莫尔-库仑屈服准则，Park 和 Kim[89]给出了弹-脆-塑性模型下考虑塑性区域内弹性应变增量的围岩变形解析解，Alonso 等[5]根据自相似原理给出了应变软化模型下围岩变形的数值解。为了便于比较，此处将统一强度理论中的中间主应力参数 b 设为 0，统一强度理论退化为莫尔-库仑屈服准则。基于两种隧道工况，通过与 Park 和 Kim 方法[89]、Alonso 等方法[5]进行比较来验证本章方法的适用性和合理性。工况一为弹-脆-塑性岩体，其中，$R_0=1$ m，$\sigma_0=1$ MPa，$p_i=0$，$E=50$ GPa，$\mu=0.2$，$c^{peak}=0.276$ MPa，$c^{res}=0.055$ MPa，$\varphi^{peak}=35°$，$\varphi^{res}=30°$，$\eta^*=0$。工况二为弹塑性应变软化岩体，其中，$R_0=3$ m，$\sigma_0=20$ MPa，$p_i=0$，$E=10$ GPa，$\mu=0.25$，$c^{peak}=1$ MPa，$c^{res}=0.75$ MPa，$\varphi^{peak}=3.75°$，$\varphi^{res}=3.75°$，$\eta^*=0.008$。图 5.3 给出了本章方法与 Park 和 Kim 方法[89]下洞壁附近随围岩半径变化的弹-脆-塑性岩体变形，其中岩体表现出不同的剪胀特性，剪胀系数 K_ψ 分别为 1 和 3，围岩半径与围岩变形均采用无量纲形式。图 5.4 给出了本章方法与 Alonso 等方法[5]下的围岩特征曲线，其中围岩变形与支护压力均采用无量纲形式。从图 5.3 可以看出，弹-脆-塑性模型下，对于不同的剪胀性岩体，本章方法与 Park 和 Kim 方法[89]的计算结果完全吻合。从图 5.4 可以看出，应变软化模型下，本章方法与 Alonso 等方法[5]计算得到的围岩变形大体相等，但是很明显地，支护压力 p_i 越小，两种方法算得的差距越大，这可能是因为变形越大，结果的非线性程度越大。但总的来说，图 5.3 和图 5.4 从一定程度上证明了本章方法计算统一强度理论下应变软化模型围岩变形的正确性。

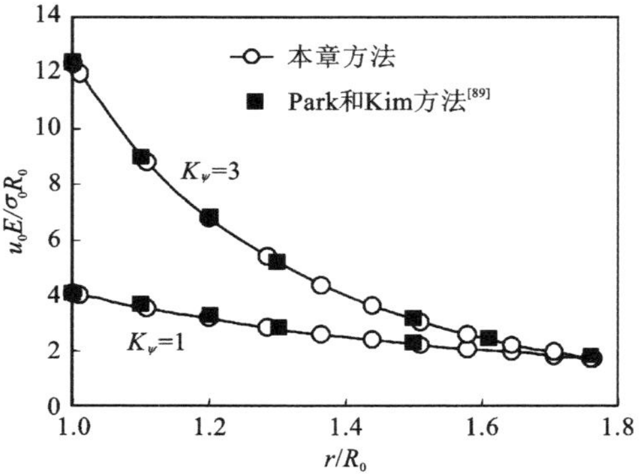

图 5.3　围岩变形随围岩半径的变化曲线

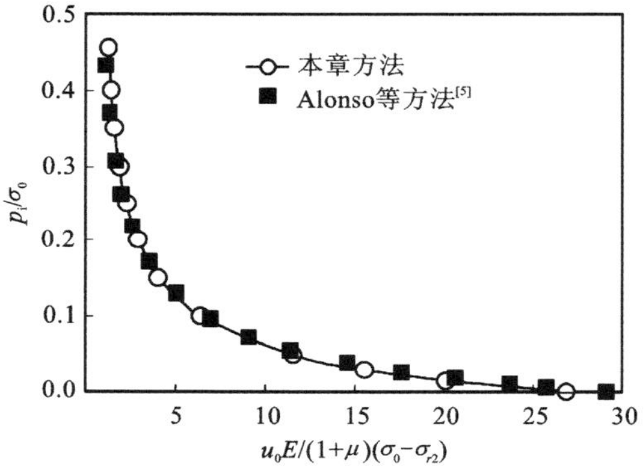

图 5.4　围岩特征曲线

5.5　参数分析

中间主应力参数 b 在统一强度理论中具有极其重要的意义，它反映了中间主应力 σ_2 对材料破坏的影响。当 b 为 0 时，统一强度理论退化为莫尔-库仑屈服准则，此时统一强度理论不考虑 σ_2 的影响；当 b 大于 0 时，统一强度理论考虑 σ_2 的影响，且 b 越大，σ_2 对材料的影响效果越显著。为揭示 σ_2 对围岩稳定性的影响，现分别取 b 为 0.00、0.25、0.50、0.75、1.00，探讨 b 对围岩特征曲线、不同临界塑性软化系数 η^*下的洞壁围岩变形 u_0、塑性软化区域与塑性残余区域半径 R_p 和 R_r、弹塑性区域交界处的径向应力 σ_{r2}、塑性软化区域与塑性残余区域交界处的径向应力 σ_{r1} 的影响规律。

5.5.1　中间主应力影响下的围岩变形

基于不同的中间主应力参数 b，图 5.5 给出了工况一的围岩特征曲线。图 5.5 显示，u_0 随着 b 的减小而增大，且当 p_i 降至 0 时，b 为 1.00 时的 u_0 是 b 为 0 时的 1.43 倍，此时 b 对 u_0 的影响最为显著。因此，若考虑中间主应力对岩体的影响，岩体强度能得到较大程度的发挥，且岩体强度随着中间主应力影响的增强或支护压力的减小而增大。另外，莫尔-库仑屈服准则等并未考虑中间主应力的影响，所算得的围岩变形偏高，相应的支护设计偏于保守。

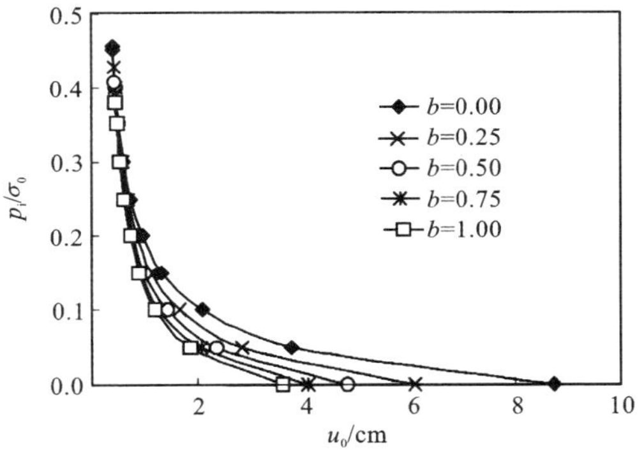

图 5.5　不同中间主应力参数下的围岩特征曲线

图 5.6 给出了基于工况二的不同 η^* 下的 u_0，其中 η^* 分别取为 0、0.000 8、0.008、0.08、0.8、8、80、800、8 000、∞，u_0 是支护压力 p_i 为 0 时的洞壁围岩变形。从图 5.6 中可以看出，u_0 随着 η^* 的增大而减小，η^* 增大至 0.08 后，u_0 基本维持不变。这是由于 η^* 增至 0.08 后围岩中的塑性残余区域完全消失。而事实上，相比于塑性软化区域，塑性残余区域的存在使得围岩变形大幅增长，所以若塑性残余区域不存在，则围岩变形保持稳定。另外，图 5.6 显示，η^* 越小，b 对 u_0 的影响越大；u_0 维持平稳之后，b 对 u_0 的影响减弱。这说明，塑性残余区域存在且范围越广时，b 对 u_0 的影响越显著。当围岩中存在较大范围的塑性残余区域时，若不考虑中间主应力效应，围岩变形将大幅度高于实际值。

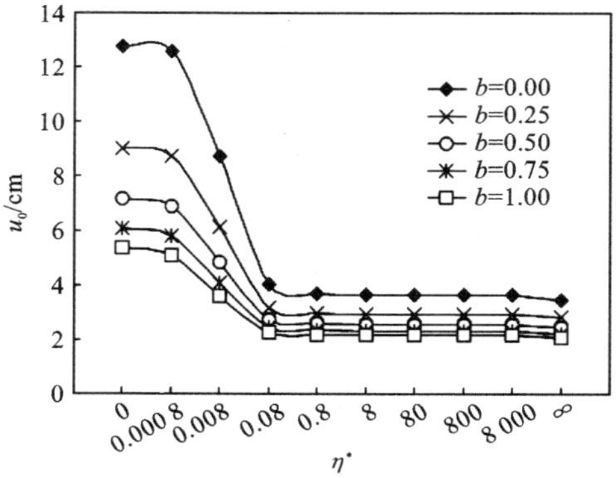

图 5.6　不同中间主应力参数与临界塑性软化系数下的洞壁围岩变形

5.5.2　中间主应力影响下的围岩稳定性

由图 5.6 可知，在工况二的基础上，只有当 η^* 小于 0.08 时，围岩中才存在塑性残余区域。因此，为能显示中间主应力影响下的 σ_{r1} 与 R_r，本小节基于工况二选用 η^* 为 0.000 8 与 0.008 来探究中间主应力对围岩稳定性的影响。图 5.7 给出了 σ_{r2} 与 σ_{r1} 随 b 的变化曲线，图 5.8 给出了 R_p 与 R_r 随 b 的变形曲线。如图 5.7 与图 5.8 所示，σ_{r2} 与 σ_{r1}、R_p 与 R_r 随着 b 的增大而逐渐减小。当 b 为 1，η^* 为 0.000 8 时，R_p、R_r 分别比 b 为 0 时减小了 37.59%和 43.48%。这说明，考虑中间主应力效应时，围岩塑性区域的范围显著减小，故围岩更加稳定。如图 5.7 所示，两种 η^* 下 σ_{r2} 是完全不变的，这是因为式（2.15）与式（2.16）表明 σ_{r2} 与塑性区域内的各项参数无关。在计算中发现，σ_{r2}、σ_{r1} 分别与围岩出现塑性软化区域与塑性残余

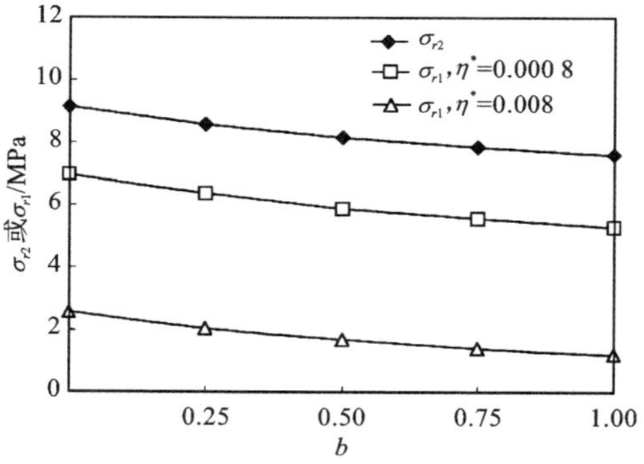

图 5.7　不同中间主应力参数下弹塑性区域交界处、塑性软化区域与塑性残余区域交界处的径向应力

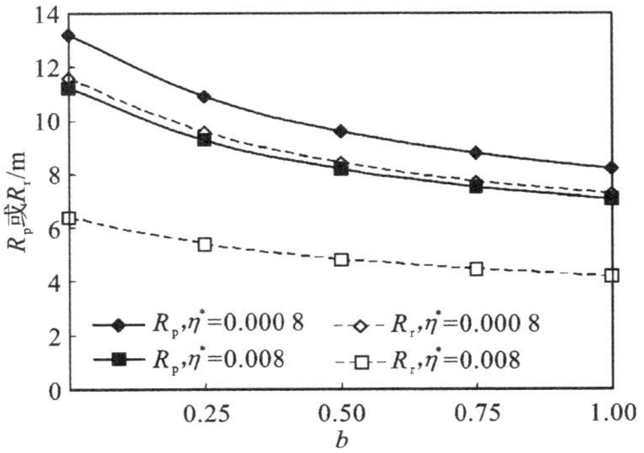

图 5.8 不同中间主应力参数下的塑性软化区域半径与塑性残余区域半径

区域的临界支护压力相等（第 7 章将详述），故图 5.7 也反映了两种临界支护压力随 b 的变化曲线，可以看出：当 b 为 1 时，σ_{r2} 比 b 为 0 时减小了 16.67%；当 η^* 为 0.000 8 与 0.008 时，σ_{r1} 比 b 为 0 时分别减小了 28.57%和 52.17%。这说明，中间主应力对出现塑性软化区域的临界支护压力的影响较小，而对出现塑性残余区域的临界支护压力的影响较大，且这种影响随着 η^*的增大变得更加显著，在现场施工过程中，若考虑中间主应力效应，相比于莫尔-库仑屈服准则所计算得到的支护设计，使用较简单的支护设计、提供较小的支护压力即可维持围岩稳定。

5.6 本章小结

俞茂宏[2]提出的统一强度理论目前在工程中广泛运用，但基于该理论所推导出的圆形隧道弹塑性解仍存在诸多不足。统一强度理论下应变软化围岩的弹塑性分析存在问题是因为：首先，应变应力关系的定义并不常见；其次，在推导过程中一些公式并不符合实际情况。据此，本章选用常见的方法对峰后围岩应变软化行为进行定义，采用半解析半数值方法重新推导出了统一强度理论下的围岩应力、应变解，对隧道围岩稳定性受中间主应力的影响规律进行了揭示，得出了以下重要结论。

（1）若考虑中间主应力对岩体的影响，岩体强度能得到较大程度的发挥，且岩体强度随着中间主应力影响的增强或支护压力的减小而增大，莫尔-库仑屈服准则等并未考虑中间主应力的影响，所算得的围岩变形偏高，相应的支护设计偏于保守。

（2）围岩中仅存在塑性软化区域时，围岩变形随临界塑性软化系数的变化基本保持稳定。不同于塑性软化区域，围岩变形因存在塑性残余区域而大幅增长，且其范围越大时，中间主应力参数对围岩变形的影响越显著，故当围岩中存在较大范围的塑性残余区域时，若不考虑中间主应力效应，围岩变形将大幅度高于实际值。

（3）中间主应力对出现塑性软化区域的临界支护压力的影响较小，而对出现塑性残余区域的临界支护压力的影响较大，且这种影响随着临界塑性软化系数的增大变得更加显著。

第 6 章 考虑开挖面空间效应的围岩虚拟支护力分析

6.1 引　　言

隧道约束收敛法在隧道支护设计中应用十分广泛，可用来预测某一支护时机下围岩释放应力后施加于支护体系上的荷载。约束收敛法的核心在于表示岩体自身的承载作用，即在隧道开挖面附近，因隧道开挖而释放的部分荷载由开挖面承担[13]。围岩 LDP 与位移特征曲线是隧道约束收敛法的重要组成部分。其中，围岩 LDP 反映了开挖面附近由隧道开挖引起的围岩收敛位移；而位移特征曲线描述了平面状态下圆形隧道支护力与围岩横断面变形的关系。当对两者进行耦合时，可得出开挖面附近某一位置处的虚拟支护力。虚拟支护力对开挖面效应进行量化，为支护结构的架设时机及受力大小提供一定的理论基础。

根据是否考虑虚拟支护力，目前关于隧道约束收敛法的研究可分为两类。一类是传统方法[1,12-14,65,110,116-117]，在围岩 LDP 中，首先根据支护的施加位置确定围岩洞壁变形，据此，将位移特征曲线与支护特征曲线结合起来，两者的交叉点对应支护最终承受的荷载。传统方法使工程人员能够非常便捷地进行支护优化设计。然而，其存在一定的局限性：首先，在隧道掘进过程中，空间效应对确定支护最终所受的荷载至关重要，但这无法在传统方法中显示出来；其次，尽管目前的诸多文献[150,153,155]给出了描述喷射混凝土、钢拱架、锚杆系统力学特性的支护特征曲线，但实际工程中的支护系统复杂多变，支护特征曲线的适用性并不强，如锚杆并未均匀分布在圆形隧道周边，此时支护特征曲线的弹性刚度无法确定，或者施加复合型支护系统时，基于支护特征曲线按照传统的叠加刚度方法进行计算往往与实际情况相差甚远。

另一类方法为考虑开挖面空间效应的两阶段分析法[15-23,105,108,118-124]，其考虑了虚拟支护力的影响，在一定程度上可克服上述局限性。在第一阶段未施加支护时，可认为围岩依靠虚拟支护力维持稳定；在第二阶段施加支护后，随着开挖面的掘进，原虚拟支护力逐步施加于支护系统上，引起支护系统的受力与变形。一般地，第二阶段可使用数值方法来实现，相比于传统方法，其可以更为真实地反映支护与围岩的相互作用。在两阶段分析法的相关研究中，通常基于弹性假定，认为开挖面处的位移释放率为 30%～50%，相应的虚拟支护力为初始应力的 50%～70%[13,17,19-22,65,151]。然而，这种假定虽然简便却并不符合实际，事实上，虚拟支护力受到开挖面周围不同位置、岩体应变软化行为、剪胀性、岩体质量、初始应力多种因素的影响。若想更为准确地计算施加于支护上的荷载，应对不同影响因素下的虚拟支护力展开分析。

本章正是着眼于这一点，首先提出一种预测圆形隧道下理想弹塑性岩体、应变软化岩体、弹-脆-塑性岩体的虚拟支护力的数值方法，之后基于大量参数分析，研究在开挖面不同位置处岩体临界塑性软化系数、剪胀系数、初始应力影响下的虚拟支护力的变化规律。完善围岩与支护相互作用的两阶段分析法中第一阶段对虚拟支护力的分析，为对第二阶段的全面分析提供理论基础，同时，对设计合理的支护体系具有一定的工程指导意义。

6.2　考虑开挖面空间效应的两阶段分析法

目前，国外如 Carranza-Torres 和 Diederichs[151]、Einstein 和 Schwartz[15-16]、Hoek[65]，国内如孙钧和朱合华[24]、侯公羽和李晶晶[19]、侯公羽等[22]均采用两阶段分析法对围岩与支护之间的相互作用展开分析，图 6.1 揭示了表征圆形隧道与支护间作用关系的两阶段分析法，其假定条件与第 2 章完全一致。在图 6.1 中，围岩 LDP 指的是沿隧道纵向洞壁处的围岩变形，位移特征曲线表示平面应变条件下洞壁处变形与支护压力的相互关系，基于莫尔-库仑屈服准则与霍克-布朗屈服准则，位移特征曲线可由第 2 章的基本方法计算得到。如图 6.1 所示，对于未施加支护的第一阶段，一般认为由虚拟支护力 p_f 对围岩产生作用，虚拟支护力表示一种在开挖面附近洞壁处的假想力，随着与开挖面之间距离的增大而逐渐减小，体现了隧道开挖过程的空间效应与围岩的自承作用。对于受到静水压力的圆形隧道，虚拟支护力可根据围岩 LDP 与位移特征曲线耦合而来。在第二阶段，当支护系统架设于距离隧道开挖面某一长度的 A-A' 处时，该位置的围岩与支护的相互作用进入第二阶段，在此阶段中，虚拟支护力 p_f（如 $p_{f,int}$、$p_{f,fin}$）与支护系统支护力 p_s（如 $p_{s,int}$、$p_{s,fin}$）共同提供了 A-A' 处的支护力（下标“int”和“fin”分别对应第二阶段的中间状态与最终状态），开挖面对该位置的空间效应随着开挖面的向前掘进逐渐减弱，对应的 p_f 也逐渐减小；相对地，随着围岩变形 u_0 的增大，支护结构对围岩的挤压作用更为严重，p_s 逐渐增大。对于离开挖面较远位置处的围岩，其空间效应基本消失，此时洞壁处的 $p_{f,fin}$ 为 0，而 $p_{s,fin}$ 增至最大值，基于此，当不对岩石流变作用进行考虑时，随后过程中的最大支护力将不再改变。

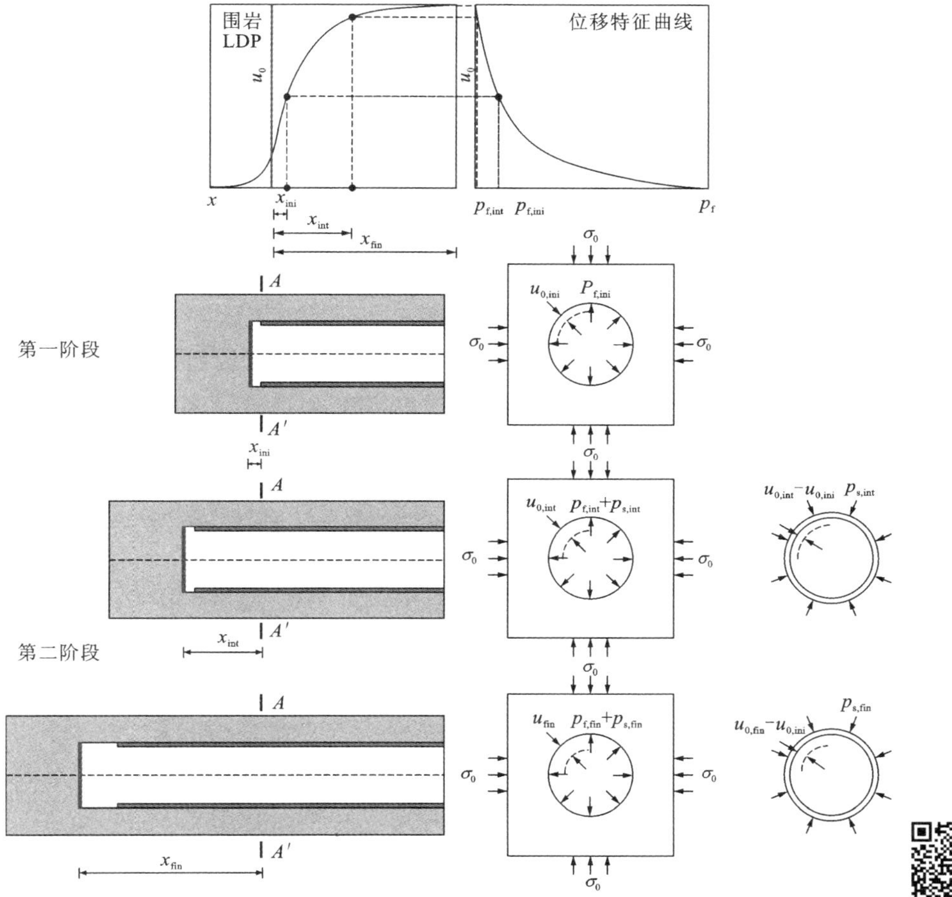

图 6.1　围岩与支护相互作用两阶段分析法

ini 为第一阶段未施加支护时的虚拟支护力

扫一扫　看彩图

实质上，在隧道与支护相互作用的某一横断面处，第一阶段未施加支护结构时的虚拟支护力 $p_{f,ini}$ 是求解第二阶段的虚拟支护力 p_f（如 $p_{f,int}$、$p_{f,fin}$）、支护系统支护力 p_s（如 $p_{s,int}$、$p_{s,fin}$）、围岩变形 u_0（如 $u_{0,int}$、$u_{0,fin}$）的基础；且第一阶段的虚拟支护力 $p_{f,ini}$ 是从数学角度对开挖面效应的一种量化。因此，准确预测第一阶段的虚拟支护力 $p_{f,ini}$（也可称为 p_f）十分重要。p_f 的解法如图 6.2 所示，在开挖面后某一位置 x 处，由围岩 LDP 可知 x 对应的洞壁围岩变形为 u_0；由位移特征曲线可知 u_0 对应的支护压力为 p_i（此时支护压力与虚拟支护力相等）。因此，基于围岩 LDP 与位移特征曲线可得到开挖面周围任意位置处的虚拟支护力 p_f。在此处将首先计算不同质量围岩、临界塑性软化系数、剪胀角与初始应力下的围岩 LDP 与位移特征曲线。

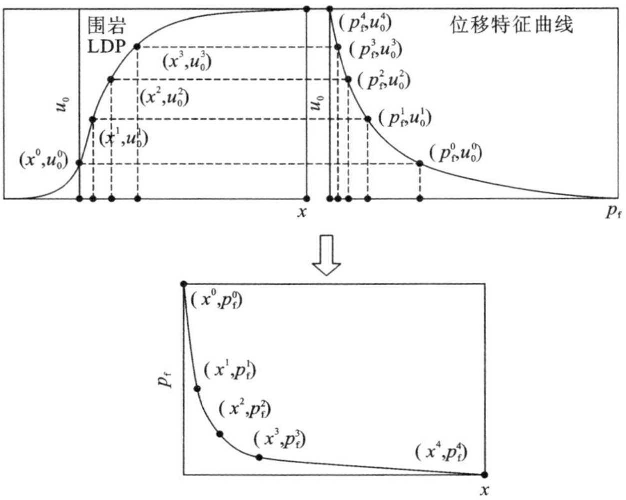

图 6.2　虚拟支护力的求解方法

6.3　围岩虚拟支护力的求解过程

6.3.1　位移特征曲线的求解过程

首先根据第 2 章，将围岩塑性区域划分为 n 个有限圆环，可得到洞周围岩 $r=r_{(i)}$处的切向和径向应变分量 $\varepsilon_{\theta(i)}$、$\varepsilon_{r(i)}$与应力分量 $\sigma_{\theta(i)}$、$\sigma_{r(i)}$，表达式见式（2.26）和式（6.1）：

$$\sigma_{\theta(i)}=\begin{cases}\sigma_{r(i)}+\sigma_{\mathrm{ci}}[m_{(i-1)}\sigma_{r(i)}/\sigma_{\mathrm{ci}}+s_{(i-1)}]^{a^{(i-1)}}\\ K_{\varphi(i-1)}\sigma_{r(i)}+2c_{(i-1)}\sqrt{K_{\varphi(i-1)}}\end{cases}\tag{6.1a}$$

$$\sigma_{r(i)}=\sigma_{r(i-1)}+\frac{p_{\mathrm{i}}-\sigma_{r(0)}}{n}\tag{6.1b}$$

其中，

$$\frac{r_{(i)}}{r_{(i-1)}}=\frac{2H[\sigma'_{r(i)}]+\Delta\sigma_r}{2H[\sigma'_{r(i)}]-\Delta\sigma_r},\qquad H[\sigma'_{r(i)}]=\sigma_{\mathrm{ci}}[m_{(i-1)}\sigma'_{r(i)}/\sigma_{\mathrm{ci}}+s_{(i-1)}]^{a_{(i-1)}}$$

$$\sigma'_{r(i)}=\frac{\sigma_{r(i)}+\sigma_{r(i-1)}}{2},\qquad B_{(i-1)}=-\Delta\sigma_r+H[\sigma_{r(i)}]-H[\sigma_{r(i-1)}]$$

$$A_{(i-1)}=\varepsilon_{r(i-1)}+K_\psi\varepsilon_{\theta(i-1)}+\frac{(1+\mu)}{E}[\Delta\sigma_{r(i)}(1-\mu-K_\psi\mu)+B_{(i-1)}(K_\psi-K_\psi\mu-\mu)]$$

式中：$m_{(i-1)}$、$s_{(i-1)}$、$a_{(i-1)}$、$K_{\varphi(i-1)}$、$c_{(i-1)}$分别为 $r=r_{(i-1)}$处的强度参数；$\sigma_{r(0)}$为弹塑性区域交界处的径向应力，根据第 2 章，霍克–布朗屈服准则与莫尔–库仑屈服准则下的 $\sigma_{r(0)}$可由式（2.15）与式（2.16）计算得到。

对于围岩塑性软化区域半径与塑性残余区域半径，通过式（2.29a）、式（2.29b）和式（2.31）可依次求得理想弹塑性模型、弹–脆–塑性模型与应变软化模型三种模型的塑性软化区域半径 R_p，通过式（2.28）可得到这三种模型的塑性残余区域半径 R_r。

6.3.2　围岩 LDP 的求解过程

目前，研究人员主要采用数值与经验方法预测围岩 LDP，Panet[105]与 Chern 等[109]基于不同隧道的现场监测得出了关于隧道纵向变形的经验公式，Unlu 和 Gercek[106]与 Panet[105]通过弹性分析给出了隧道纵向变形公式。对于理想弹塑性岩体的隧道纵向变形，目前学者主要通过三维数值模型[107,111,165-166]与二维轴对称平面模型[34]进行预测。其中，应用比较广泛的是 Vlachopoulos 和 Diederichs [110]根据二维有限元方法提出的理想弹塑性围岩 LDP：

$$u^* = \begin{cases} u_0^* \cdot \mathrm{e}^{X^*}, & X^* < 0 \\ 1-(1-u_0^*)\cdot \mathrm{e}^{-\frac{3X^*}{2R^*}}, & X^* \geqslant 0 \end{cases}, \quad u_0^* = \frac{u_0}{u_0^{\max}} = \frac{1}{3}\mathrm{e}^{-0.15R^*} \tag{6.2}$$

其中，围岩变形 u^*、塑性区域半径 R^*、纵向方向与开挖面的距离 X^*均为标准化形式，且 $u_0^*=u_0 / u_0^{\max}$，$R^*=R_p^{\max} / R_p$，$X^*=x / R_0$。X^*小于 0，指的是开挖面前方尚未开挖的部分；X^*大于 0，指的是开挖面后部。$u_0^{\max}$指的是地应力完全释放后开挖面后部较远处围岩的最大变形。$R_p^{\max}$为最大变形下的最大塑性区域半径，此时支护压力 p_i 为 0。

围岩在峰后阶段可能表现出理想弹塑性、应变软化、弹–脆–塑性行为，故式（6.2）显得并不全面。为预测不同力学行为下的围岩 LDP，Alejano 等[114]开展了一系列的研究工作，他们假定式（6.2）也适用于应变软化岩体，首先根据文献[5]中大量关于围岩 LDP 的数值计算结果，采用非线性回归方法得到 $R_p^{\max}$的拟合结果，然后将 $R_p^{\max}$代入式（6.2）即可得到应变软化岩体与理想弹塑性岩体的围岩 LDP（以下称此方法为 Alejano 解析方法），最后通过与应变软化条件下有限差分软件 FLAC2D 与 FLAC3D 的围岩 LDP 计算结果进行对比，验证了式（6.2）对应变软化岩体同样适用。因此，此处将采用式（6.2）预测理想弹塑性岩体、应变软化岩体、弹–脆–塑性岩体的围岩 LDP。

需要说明的是，此处围岩 LDP 的计算方法与 Alejano 解析方法完全不同，在 Alejano 解析方法中，R_p^{max} 是通过大量工程实例下的拟合公式获取的，而此处可根据式（2.29a）、式（2.29b）和式（2.31）计算得到。更重要的是，相比于 Alejano 解析方法下 R_p^{max} 的计算结果，本章方法与 Alejano 等[114]采用 FLAC2D 和 FLAC3D 的计算结果更为接近，在 6.4.1 小节中将对此进行验证。

6.3.3　位移特征曲线与围岩 LDP 的耦合

1. 同一工况下围岩应力、应变的一致性

当初始应力 σ_0、峰值强度参数 w^{peak} 与单轴抗压强度 σ_{ci} 确定时，应变软化岩体、理想弹塑性岩体与弹-脆-塑性岩体下弹塑性区域交界处的径向应力 σ_{r2} 即可求出。由第 2 章的计算过程可知，对于应变软化岩体，当 σ_0、w^{peak}、w^{res}、σ_{ci}、η^* 一定时，通过逐步计算，即可得到洞室周围某一半径 $r=r_{(i)}$处的应力分量[$\sigma_{r(i)}$、$\sigma_{\theta(i)}$]与应变分量[$\varepsilon_{r(i)}$、$\varepsilon_{\theta(i)}$]。这说明，当某一工况的基本参数（σ_0、w^{peak}、w^{res}、σ_{ci}、η^*）确定时，隧道开挖后围岩中的应力、应变分布是唯一的，与原圆形洞室的半径无关，且 $\sigma_{r(i)}$、$\sigma_{\theta(i)}$与 $\varepsilon_{r(i)}$、$\varepsilon_{\theta(i)}$应属于一一对应的关系。若塑性残余区域存在，当塑性软化系数增量 $\Delta\eta_{(i)}$累计至等同于临界塑性软化系数 η^*时，塑性残余区域即可达到，且 σ_{r2} 减小至 σ_{r1}，由于 η^*是某一半径 $r=r_{(i)}$处 $\varepsilon_{\theta(i)}$与 $\varepsilon_{r(i)}$的差值，该半径处的应变分量对应于塑性软化区域与塑性残余区域交界处的径向应力 σ_{r1}。在计算过程中发现：当支护压力 $p_i<\sigma_{r1}$ 时，塑性软化区域与塑性残余区域同时存在；当 $\sigma_{r1}<p_i<\sigma_{r2}$ 时，只有塑性软化区域存在；当 $p_i>\sigma_{r2}$ 时，无塑性区域存在。由此可知，对于某一应变软化岩体工况，σ_{r2}、σ_{r1} 分别为塑性软化区域与塑性残余区域出现的临界支护压力 $p_{i,cri1}$、$p_{i,cri2}$；相应地，对于理想弹塑性岩体与弹-脆-塑性岩体，σ_{r2} 为塑性区域出现的临界支护压力。

2. 虚拟支护力耦合求解的简便方法

6.2 节中已提到，对应某一开挖面距离 x，根据围岩 LDP 可算得洞壁变形 u_0；基于位移特征曲线，可根据 u_0 求得对应的支护压力 p_i（等同于 p_f）。然而，第 2 章中给出的围岩应力、应变场及塑性区域半径均需通过代入 p_i 而获取，与上述耦合围岩 LDP 与位移特征曲线求解 p_f 的计算过程正好相逆，这无疑增大了求取 p_f 的计算难度。在此处，基于应力、应变场的唯一性与一一对应关系，利用一种简

便方法对 p_f 进行围岩 LDP 与位移特征曲线的耦合求解，图 6.3 给出了该方法的示意图，当某一工况基本参数（σ_0、w^{peak}、w^{res}、σ_{ci}、η^*）一定、p_i 为 0 时，在计算精度得到保证的前提下，任意半径 $r=r_{(i)}$处的 $\varepsilon_{\theta(i)}$、$\sigma_{r(i)}$ 与最大塑性区域半径 R_p^{max} 均可得到，将其代入式（6.2）可得到某一 X^*下的 u_0。由第 2 章的基本假定可知，u_0 可表示为某一半径处 $\varepsilon_{\theta(i)}$ 与 $r_{(i)}$的比值，故 u_0 对应于围岩内某处的切向应变 $\varepsilon_{\theta(i)}$，另外，$\varepsilon_{\theta(i)}$ 与 $\sigma_{r(i)}$ 对应，可以认为 u_0 对应于 $\sigma_{r(i)}$。由于 u_0 表示洞壁处的围岩变形，$\sigma_{r(i)}$ 等同于洞壁处的支护压力 p_i 或虚拟支护力 p_f。

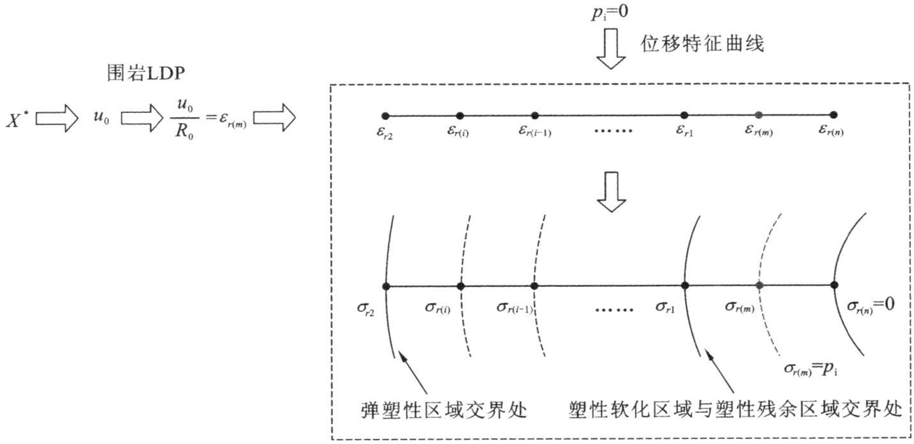

图 6.3　预测虚拟支护力的简便方法

扫一扫　看彩图

综上所述，求解 p_f 的基本步骤如下。

（1）假定 p_i 为 0，根据位移特征曲线获取 $\varepsilon_{\theta(i)}$、$\sigma_{r(i)}$ 与 R_p^{max}。

（2）将 R_p^{max} 代入围岩 LDP[式（6.2）]中得到某一 X^* 下的 u_0。

（3）根据 u_0 与 R_0 的比值求得洞壁处的切向应变 $\varepsilon_{\theta(m)}$，在第（1）步计算得到的众多 $\varepsilon_{\theta(i)}$ 与 $\sigma_{r(i)}$ 中“捕捉”到对应于 $\varepsilon_{\theta(m)}$ 的 $\sigma_{r(m)}$，$\sigma_{r(m)}$ 即某一 X^* 下的 p_f。

6.4　算例验证

6.4.1　围岩 LDP 的解法验证

针对围岩特征曲线的求解方法已于第 2 章中进行验证，在此不再赘述。此处主要对利用本章方法计算得到的应变软化岩体、理想弹塑性岩体、弹-脆-塑性岩体下的围岩 LDP 进行验证。在文献[114]中，Alejano 等分别采用数值方法与解析方法对应变软化岩体和理想弹塑性岩体的围岩 LDP 进行了求解。数值方法主要通过 FLAC2D 与 FLAC3D 实现；而在解析方法中，首先对 400 个隧道工况的 R_p^{max} 进行数值求解，之后基于计算结果，根据回归分析法给出 R_p^{max} 的拟合公式，将 R_p^{max} 代入式（6.2）中获得围岩 LDP。Alejano 等将数值方法与解析方法下的围岩 LDP 进行对比，发现吻合效果较好。下面将基于两种隧道工况，对采用本章方法、Alejano 等解析方法[114]与 FLAC2D[114]、FLAC3D[114]计算得到的围岩 LDP 进行比较，以验证本章方法的合理性与正确性。工况 D1 为应变软化岩体，其中 $m^{peak}=0.821$，$s^{peak}=0.001\,3$，$m^{res}=0.516$，$s^{res}=0.000\,3$，$a^{peak}=a^{res}=0.5$，$\varphi^{peak}=20.64°$，$c^{peak}=1.878$ MPa，$\varphi^{res}=17.49°$，$c^{res}=1.432$ MPa，$\psi=1.55°$，$\eta^*=0.11$，$E=4.87$ GPa，$\mu=0.25$，$R_0=2.5$ m，$\sigma_{ci}=35$ MPa，$\sigma_0=37.5$ MPa。工况 E1 为理想弹塑性岩体，其中 $m^{peak}=0.821$，$s^{peak}=0.001\,3$，$\varphi^{peak}=20.64°$，$c^{peak}=1.878$ MPa，$a^{peak}=0.5$，$E=4.87$ GPa，$\mu=0.25$，$R_0=2.5$ m，$\sigma_{ci}=35$ MPa，$\sigma_0=37.5$ MPa。图 6.4 给出了基于莫尔-库仑屈服准则与霍克-布朗屈服准则，采用本章方法、Alejano 等解析方法[114]、FLAC2D[114]和 FLAC3D[114]得到的理想弹塑性岩体与应变软化岩体的围岩 LDP。图 6.4 显示，对于理想弹塑性岩体，采用本章方法与 FLAC2D[114]、FLAC3D[114]得到的围岩 LDP 完全吻合。对于应变软化岩体，基于霍克-布朗屈服准则，采用本章方法与 FLAC3D[114]得到的围岩 LDP 基本一致；基于莫尔-库仑屈服准则，相比于 Alejanoden 等解析方法[114]，本章方法比 FLAC2D 算得的围岩 LDP 更为接近。

为了体现本章方法相对于 Alejanoden 等解析方法[114]的优势，将基于四种隧道工况（工况 A2、B2、C2、D2），对采用本章方法、Alejano 等解析方法[114]、FLAC2D[114]、FLAC3D[114]、Alonso 等自相似方法[5]计算得到的 R_p^{max} 进行比较，以验证本章方法的合理性与正确性。需要指出的是，Alonso 等自相似方法[5]是一种解析方法，可较为精确地计算莫尔-库仑屈服准则的 R_p^{max}。工况 A2 的基本参数如下：$m^{peak}=2.87$，$s^{peak}=0.062\,2$，$m^{res}=0.821$，$s^{res}=0.001\,3$，$\varphi^{peak}=29.52°$，$\varphi^{res}=20.64°$，$c^{peak}=3.637$ MPa，$c^{res}=1.878$ MPa，$\psi=7.38°$，$\eta^*=1.08$，$E=36.5$ GPa。工况 B2 的基本参数如下：$m^{peak}=1.68$，$s^{peak}=0.011\,7$，$m^{res}=0.687$，$s^{res}=0.000\,7$，$\varphi^{peak}=25.68°$，$\varphi^{res}=19.42°$，$c^{peak}=2.673$ MPa，$c^{res}=1.707$ MPa，$\psi=4.49°$，$\eta^*=0.006\,22$，$E=15.4$ GPa。工况 C2 的基本参数如下：$m^{peak}=1.17$，$s^{peak}=0.003\,9$，$m^{res}=0.575$，$s^{res}=0.000\,4$，$\varphi^{peak}=23.13°$，$\varphi^{res}=18.21°$，$c^{peak}=2.242$ MPa，$c^{res}=1.536$ MPa，$\psi=2.89°$，$\eta^*=0.028\,8$，$E=8.66$ GPa。工况 D2 的基本参数如下：$m^{peak}=0.821$，$s^{peak}=0.001\,3$，$m^{res}=0.516$，$s^{res}=0.000\,3$，$\varphi^{peak}=20.64°$，$\varphi^{res}=17.49°$，$c^{peak}=1.878$ MPa，$c^{res}=1.432$ MPa，$\psi=1.55°$，$\eta^*=0.119$，$E=4.87$ GPa。需要说明的是，四种工况下，$\mu=0.25$，$R_0=2.5$ m，$\sigma_{ci}=35$ MPa，$\sigma_0=37.5$ MPa。四种工况下，围岩均为应变软

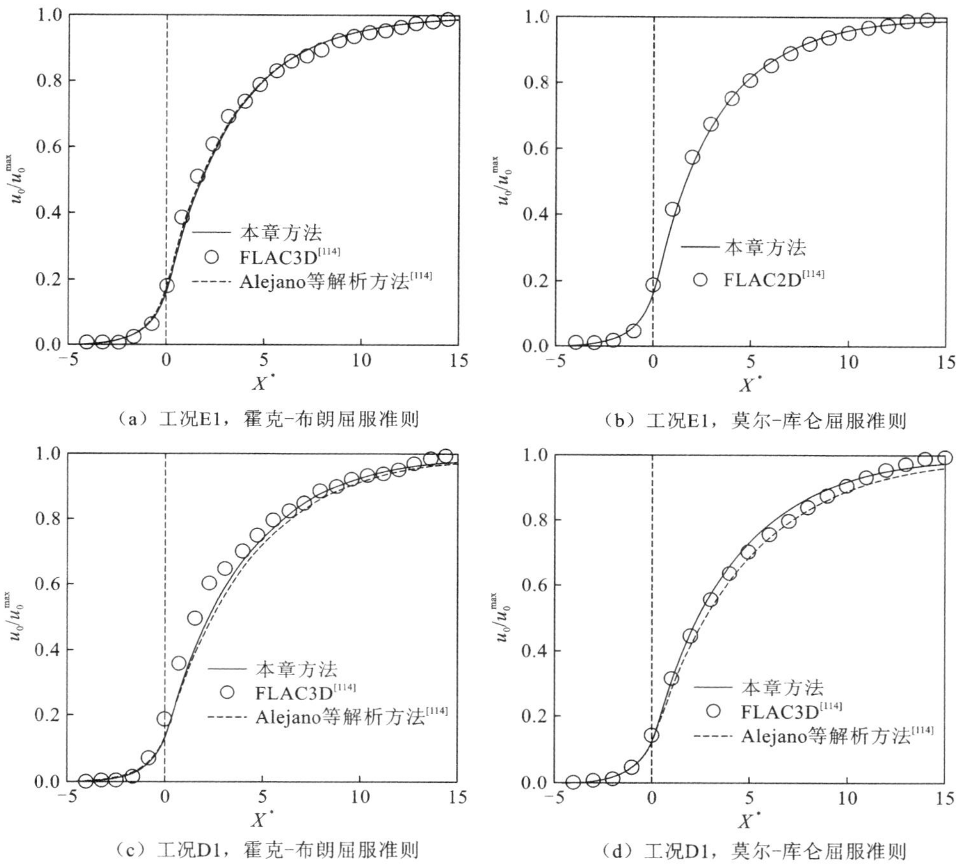

（a）工况E1，霍克-布朗屈服准则　（b）工况E1，莫尔-库仑屈服准则

（c）工况D1，霍克-布朗屈服准则　（d）工况D1，莫尔-库仑屈服准则

图 6.4　不同方法下围岩 LDP 计算结果

化岩体，从工况 A2 到工况 D2，围岩的 GSI 逐渐变小，即岩体质量依次变差，同时临界塑性软化系数 η^*逐渐变大。图 6.5 给出了基于莫尔-库仑屈服准则与霍克-布朗屈服准则，采用不同方法时四种隧道工况的 R_p^{max}。大体上，相比于 Alejano 等解析方法[114]，采用本章方法与 FLAC2D[114]、Alonso 等自相似方法[5]得出的 R_p^{max} 较为接近。当围岩质量较差时，Alejano 等解析方法[114]在一定程度上高估了 R_p^{max}；对于霍克-布朗屈服准则，采用本章方法与 FLAC3D[114]得出的 R_p^{max} 差距较为明显，可能与 FLAC3D 所采用的三维模型的边界条件与网格划分有关。但总的来说，相比于 Alejano 等解析方法[114]，本章方法与 FLAC2D[114]、FLAC3D[114]、Alonso 等自相似方法[5]的计算结果更为接近。

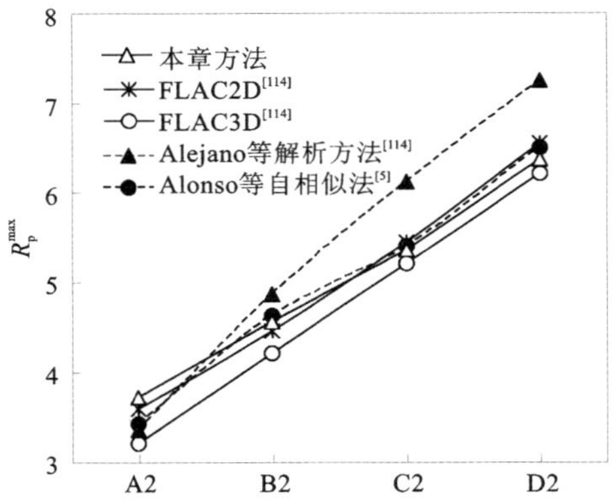

（a）莫尔-库仑屈服准则

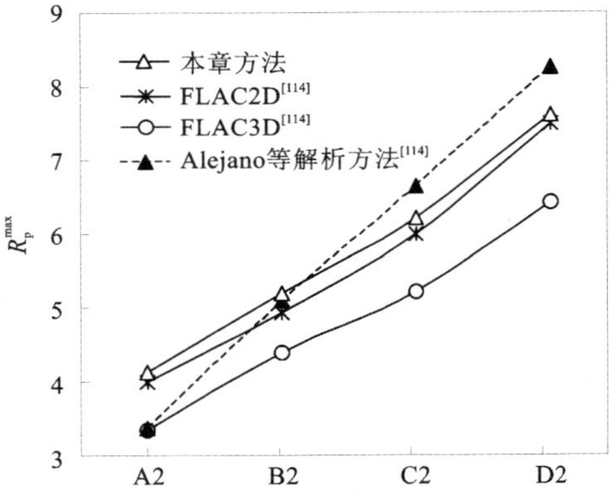

（b）霍克-布朗屈服准则

图 6.5　不同方法下最大塑性区域半径

6.4.2　虚拟支护力的解法验证

在 6.3.3 小节中，基于围岩的应力、应变一致性从理论角度推导出了虚拟支护力 p_f 的简便求法。实质上，对虚拟支护力 $p_{f,1}$ 的验证主要在于探究岩体的应力、应变分量是否一一对应。由 6.3.3 小节的分析可知，当精度达到要求时，若应力、应变分量都保持不变，则可保证它们之间的一致性。因此，对虚拟支护力简便方法的验证可归结于验证位移特征曲线的精度，若当有限差分方法中的层数 n 达到一定值时，围岩可能的最大变形（此时支护压力 p_i 为 0）基本不变，说明应力、应变分量是不变且一一对应的。此处基于莫尔-库仑屈服准则与霍克-布朗屈服准则，选用两个隧道工况（工况 A3 与工况 B3）对位移特征曲线的精度进行分析。工况 A3 的基本参数如下：$m^{peak}=6.044$，$s^{peak}=0.051$，$m^{res}=0.916$，$s^{res}=0.001\ 78$，$\varphi^{peak}=45.359°$，$\varphi^{res}=29.827°$，$c^{peak}=6.216$ MPa，$c^{res}=2.489$ MPa，$a^{peak}=0.501$，$a^{res}=0.527$，$E=30.0$ GPa，$\mu=0.25$，$R_0=5$ m，$\sigma_{ci}=110$ MPa，$\sigma_0=35$ MPa。工况 B3 的基本参数如下：$m^{peak}=1.65$，$s^{peak}=0.002\ 6$，$m^{res}=0.626$，$s^{res}=0.001\ 42$，$\varphi^{peak}=32.474°$，$\varphi^{res}=24.405°$，$c^{peak}=3.077$ MPa，$c^{res}=1.896$ MPa，$a^{peak}=0.506$，$a^{res}=0.530$，$E=9.0$ GPa，$\mu=0.25$，$R_0=5$ m，$\sigma_{ci}=80$ MPa，$\sigma_0=35$ MPa。基于工况 A3 与工况 B3，分别指定 η^* 为∞、0.01、0，以此代表理想弹塑性岩体、应变软化岩体、弹-脆-塑性岩体；两种工况的剪胀系数 $K_\psi=1$。表 6.1～表 6.3 列出了不同工况、不同屈服准则下三种类型岩体的最大变形 u_0^{max} 随围岩层数 n 的变化规律，n 从 25 变到

5 000。结果显示，不同岩体类型下 u_0^{max} 的减小速率随着 n 的增大而显著减小，当 n 大于 3 000 时，在绝大部分情况下 u_0^{max} 基本不变。也存在某些情况下当 n 增至 5 000 时 u_0^{max} 仍未收敛，但是此时 u_0^{max} 的减小速率已非常小，仍可说明 u_0^{max} 基本保持不变。总的来说，表 6.1～表 6.3 验证了岩体应力、应变分量的一致性，从而说明了虚拟支护力简便求法的正确性与合理性。

表 6.1　理想弹塑性岩体（$\eta^*=\infty$）最大变形 u_0^{max} 随 n 的变化规律　（单位：mm）

n	工况 A3（霍克-布朗屈服准则）	工况 A3（莫尔-库仑屈服准则）	工况 B3(霍克-布朗屈服准则)	工况 B3(莫尔-库仑屈服准则)
25	8.157 2	8.308 8	62.108	58.177
50	8.149 1	8.299 0	61.532	57.437
75	8.146 4	8.295 7	61.308	57.194
100	8.145 0	8.294 0	61.185	57.073
125	8.144 2	8.293 0	61.107	57.000
250	8.142 6	8.291 1	60.940	56.856
500	8.141 7	8.290 1	60.849	56.784
750	8.141 5	8.289 7	60.818	56.758
1 500	8.141 2	8.289 4	60.788	56.736
2 000	8.141 1	8.289 3	60.788	56.730
3 000	8.141 1	8.289 2	60.770	56.724
5 000	8.141 1	8.289 2	60.764	56.719

表 6.2　理想弹塑性岩体（$\eta^*=0.01$）最大变形 u_0^{max} 随 n 的变化规律　（单位：mm）

n	工况 A3（霍克-布朗屈服准则）	工况 A3（莫尔-库仑屈服准则）	工况 B3(霍克-布朗屈服准则)	工况 B3(莫尔-库仑屈服准则)
25	8.424 1	8.362 9	151.05	104.940
50	8.424 1	8.353 8	152.80	101.740
75	8.424 0	8.350 8	153.99	100.480
100	8.424 0	8.349 3	154.69	100.060

续表

n	工况 A3（霍克-布朗屈服准则）	工况 A3（莫尔-库仑屈服准则）	工况 B3（霍克-布朗屈服准则）	工况 B3（莫尔-库仑屈服准则）
125	8.423 9	8.348 4	155.41	100.080
250	8.423 9	8.346 5	156.32	99.817
500	8.423 8	8.345 6	156.63	99.740
750	8.423 8	8.345 3	156.77	99.700
1 500	8.423 8	8.345 0	156.45	99.671
2 000	8.423 8	8.344 9	156.59	99.672
3 000	8.423 8	8.344 8	156.63	99.653
5 000	8.423 8	8.344 8	156.59	99.644

表 6.3　弹-脆-塑性岩体（$\eta^*=0$）最大变形 $u_0^{\max}$ 随 n 的变化规律　（单位：mm）

n	工况 A3（霍克-布朗屈服准则）	工况 A3（莫尔-库仑屈服准则）	工况 B3（霍克-布朗屈服准则）	工况 B3（莫尔-库仑屈服准则）
25	16.887	15.120	12.554	144.09
50	16.872	15.042	12.287	139.54
75	16.863	15.017	12.204	138.09
100	16.856	15.004	12.164	137.38
125	16.850	14.996	12.139	136.96
250	16.835	14.981	12.082	136.13
500	16.824	14.973	12.045	135.72
750	16.820	14.971	12.030	135.58
1 500	16.814	14.968	12.012	135.44
2 000	16.814	14.967	12.007	135.41
3 000	16.814	14.967	12.002	135.38
5 000	16.814	14.967	12.002	135.35

6.5　分析与讨论

下面将对临界塑性软化系数 η^*、岩体质量、初始应力 σ_0、剪胀系数 K_ψ 对虚拟支护力 p_f 与隧道空间效应的影响规律展开分析。需要说明的是，此处通过三个无量纲变量描述隧道空间效应，分别为 X_1^*、X_2^*、X_3^*。伴随开挖面的向前掘进，围岩上作用的 p_f 会逐渐减小，在 p_f 减至 0 的某一位置处，空间效应完全消失，X_1^* 表示空间效应消失时该位置与开挖面的距离；当某一位置处的 p_f 减至弹塑性区域交界处的临界支护压力 $p_{i,cri2}$ 时，随着开挖面的继续掘进，该位置的围岩力学状态由弹性转变为塑性，X_2^* 表示开始出现围岩塑性状态的位置与开挖面的距离；当某一位置的处的 p_f 减至塑性软化区域与塑性残余区域交界处的临界支护压力 $p_{i,cri1}$ 时，若开挖面向前继续掘进，则该位置处围岩的力学状态由塑性软化转变为塑性流动，X_3^* 表示开始出现围岩流动状态时的位置与开挖面的距离。实质上，X_1^*、X_2^*、X_3^* 反映了隧道在不同支护时机下围岩的稳定性，可为工程实践提供一定的理论基础。

6.5.1　临界塑性软化系数的影响

基于工况 A3，将 η^* 取为 8 个不同的数值，分别为 0、0.002、0.003、0.005、0.05、0.5、5、∞。基于工况 B3，将 η^* 取为 8 个不同的数值，分别为 0、0.001、0.01、0.03、0.05、0.5、5、∞。两种工况下，剪胀系数 K_ψ 均为 1.13。工况 A3 为质量较好的岩体，工况 B3 为质量中等的岩体。

1. 不同 η^* 下 p_f/σ_0 随 X^* 的变化规律

需要说明的是，X^* 指的是某位置与开挖面的无量纲距离，为真实距离与隧道半径 R_0 的比值。图 6.6 与图 6.7 分别给出了基于工况 A3 和工况 B3 不同 η^* 下 p_f 随 X^* 的变化规律，表明了无支护作用时距离开挖面某一位置虚拟支护力的大小，也反映了在某一位置施加支护后支护最终所受的围岩压力，可为支护设计提供理论指导。表 6.4、表 6.5 给出了 X^* 为 0 时 p_f/σ_0 的百分比，表示了隧道开挖面处的应力释放率。从图 6.6、图 6.7 中可以看出，对于 η^* 较大的岩体，在某一 η^* 下 p_f 较大。通过比较工况 A3 与工况 B3 可知，对于质量较好的岩体，p_f 较大。这表明，

当岩体质量较好或 η^*较大时，位于开挖面后方的围岩具有更强的自承能力，稳定性更好。由表 6.4、表 6.5 可知，工况 A3 条件下，理想弹塑性岩体较弹-脆-塑性岩体的开挖面应力释放率下降了 42.52%，而工况 B3 条件下，应力释放率下降了 20.66%。这表明，η^*对质量较好岩体的虚拟支护力（或应力释放率）有着更为显著的影响。因此，当岩体质量较好时，更应在支护设计中对临界塑性软化系数的影响进行充分考虑，避免出现因支护压力计算有误而支护不当的情况。

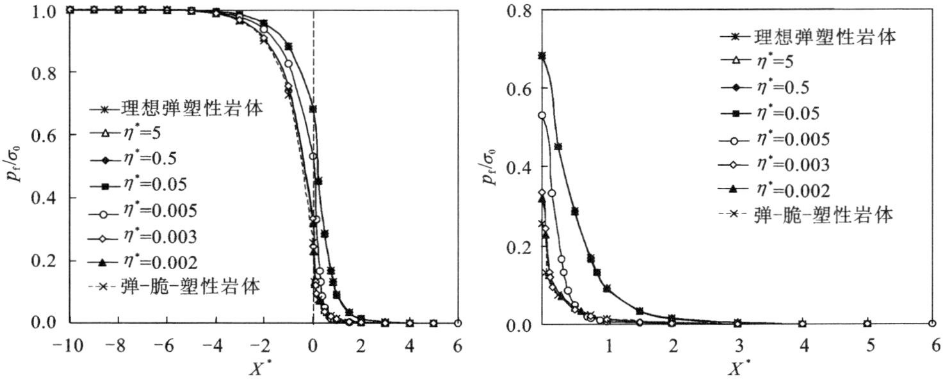

（a）X^*的变化范围为-10~6　　（b）图（a）的局部放大图

图 6.6　工况 A3 虚拟支护力随与开挖面距离的变化规律

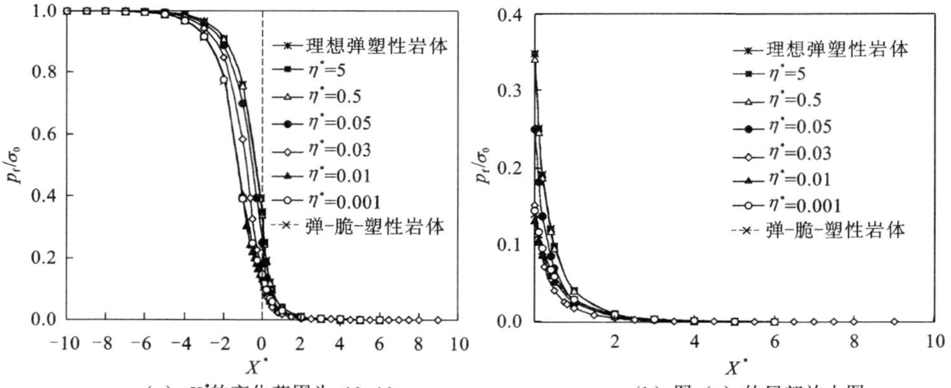

（a）X^*的变化范围为-10~10　　（b）图（a）的局部放大图

图 6.7　工况 B3 虚拟支护力随与开挖面距离的变化规律

表 6.4　工况 A3 隧道开挖面处的应力释放率　　（单位：%）

	η^*							
	∞	5	0.5	0.05	0.005	0.003	0.002	0
p_f/σ_0	68.3	68.3	68.28	68.12	53.09	33.38	31.9	25.78

表 6.5　工况 B3 隧道开挖面处的应力释放率　（单位：%）

	η^*							
	∞	5	0.5	0.05	0.03	0.01	0.001	0
p_f/σ_0	34.81	34.81	34.11	24.99	15.09	13.16	14.45	14.15

2. p_f/σ_0 与 u_0/u_0^{max} 的相互关系

当假定岩体为弹性材料时，某一位置处的位移释放率 f_d（$\eta=\varepsilon_\theta^p-\varepsilon_r^p$，$u_0$ 为某一位置处的围岩洞壁变形，u_0^{max} 为当 p_i 为 0 时洞壁的最大变形）应该与 p_f/σ_0 是相等的，许多关于隧道掘进的数值模拟研究中，都进行过如此假定，将位移释放率完全等同于 p_f/σ_0[151]。然而，围岩在释放应力后大多表现出塑性变形，故相应的 p_f/σ_0 与 u_0/u_0^{max} 的关系并非如此简单。图 6.8 给出了基于工况 A3 和工况 B3，8 种 η^* 下 p_f/σ_0 与 u_0/u_0^{max} 的相互关系，并将弹性情况也包含入内。图 6.8 显示，对于同一 u_0/u_0^{max}，塑性条件下的 p_f 都比弹性条件下的 p_f 小，且在塑性条件下，η^* 越大，p_f 越大。在实际工程中，经常基于弹性假定，通过测定位移释放率 f_d 来计算应力释放率 f_s（$\eta=\varepsilon_\theta^p-\varepsilon_r^p$），相比于塑性条件，此时得出的 f_s 通常被低估，那么相应的支护设计偏不安全。

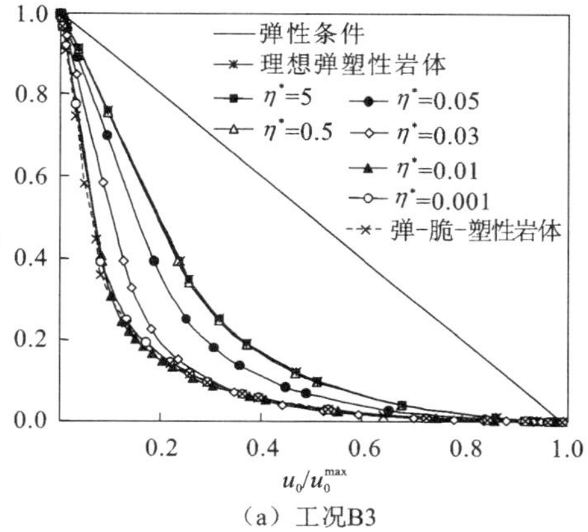

（a）工况B3

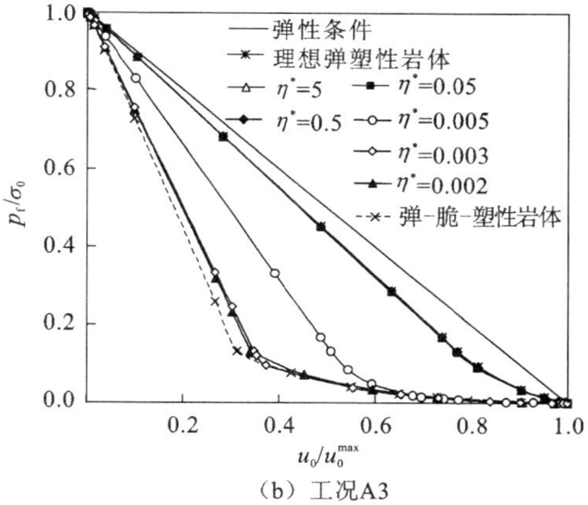

（b）工况A3

图6.8　p_f/σ_0与u_0/u_0^{max}的相互关系曲线

6.5.2　初始应力的影响

基于工况 B3，将 σ_0 取为 5 个不同数值，分别为 5 MPa、20 MPa、35 MPa、

50 MPa、65 MPa。η^*为 0.01，K_ψ为 1.13。

1. 不同 σ_0 下 p_f/σ_0 随 X^* 的变化规律

基于工况 B3，图 6.9 显示了不同 σ_0 下 p_f/σ_0 随 X^* 的变化规律。从图 6.9 中可以看出，当 σ_0 增大时，p_f/σ_0 是减小的。在开挖面后方，当 σ_0 为 5 MPa 时，p_f/σ_0 明显高于其他情况，这是因为，当 σ_0 为 5 MPa 时，塑性软化区域是在开挖面后方出现的（$\eta = \varepsilon_\theta^{\text{plas}} - \varepsilon_r^{\text{plas}} = 0.996\,3$），然而，其他情况下的塑性软化区域均出现在开挖面前方，而 p_f/σ_0 将在塑性软化区域出现后迅速下降，故 p_f/σ_0 一般在 σ_0 较大时偏小。然而，在高应力情况下，由于 σ_0 较大，p_f 在 p_f/σ_0 较小的情况下仍有非常大的值。结合 6.5.1 小节讨论的虚拟支护力受岩体质量影响的效果可知，高应力情况下的软岩一般具有较大的虚拟支护力，对应更小的减小速率，更长的应力释放过程。对于此种情况，当开挖面开始施加支护时，易使支护系统产生挤压变形，因此，当测出虚拟支护力较大时，应滞后施加支护系统，通过将部分应力进行释放以减小对支护系统作用的荷载。

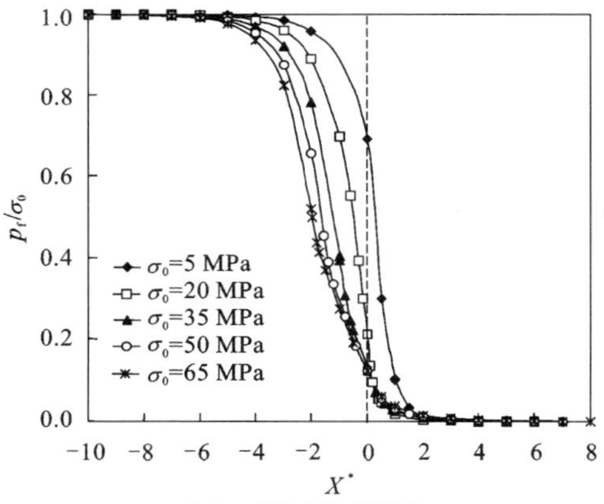

（a）X^*的变化范围为-10~8

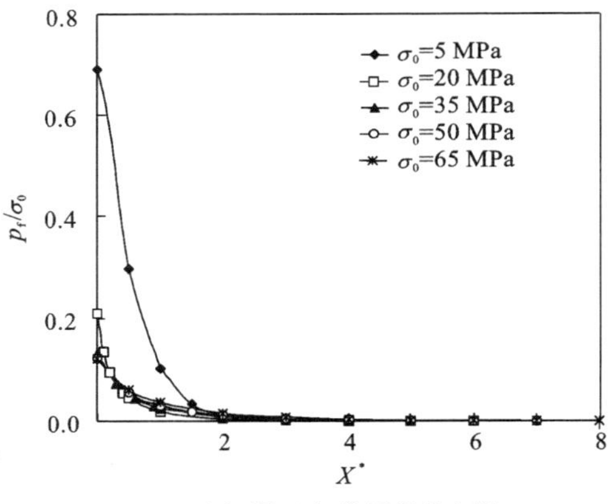

（b）图（a）的局部放大图

图 6.9　不同初始应力下虚拟支护力随与开挖面距离的变化规律

2. 不同 σ_0 下的 X_1^*、X_2^*、X_3^*

表 6.6 列出了不同 σ_0 下的 X_1^*、X_2^*、X_3^*。表 6.6 显示，当 σ_0 为 50 MPa 与 65 MPa 时，X_2^*、X_3^*较小，这说明塑性残余区域在离开挖面较远处就早早出现，同时，当 σ_0 很大时，X_1^*也较大，说明此时开挖面的空间效应持续距离较长。

表 6.6　不同初始应力下的 X_1^*、X_2^*、X_3^*

	σ_0				
	5 MPa	20 Mpa	35 MPa	50 MPa	65 MPa
X_1^*	5	6	6	7	8
X_2^*	0.1	−0.16	−0.98	−1.54	−1.96
X_3^*		0.42	−0.5	−1.21	−1.71

6.5.3　剪胀系数的影响

基于工况 B3，将剪胀角 ψ 设置为 5 个不同数值，分别为 0°、$\varphi/8$、$\varphi/4$、$\varphi/2$、φ。其中，将摩擦角 φ 假定为工况 B3 中 $\varphi^{\rm peak}$ 与 $\varphi^{\rm res}$ 的平均值，据此计算得到的剪胀系数 K_ψ 分别为 1、1.13、1.28、1.65、2.82。η^* 为 0.01。

1. 不同 ψ 下 $p_{\rm f}/\sigma_0$ 随 X^* 的变化规律

图 6.10 给出了不同 ψ 下 $p_{\rm f}/\sigma_0$ 随 X^* 的变化规律。由图 6.10 可知， $p_{\rm f}/\sigma_0$ 随 ψ 的增大而逐渐减小，当 ψ 增大到 φ 时，与开挖面前方距离较远处的 $p_{\rm f}$ 快速下跌，这表明，当对强剪胀性的岩体隧道进行掘进时，会较大程度地扰动开挖面前方的围岩。

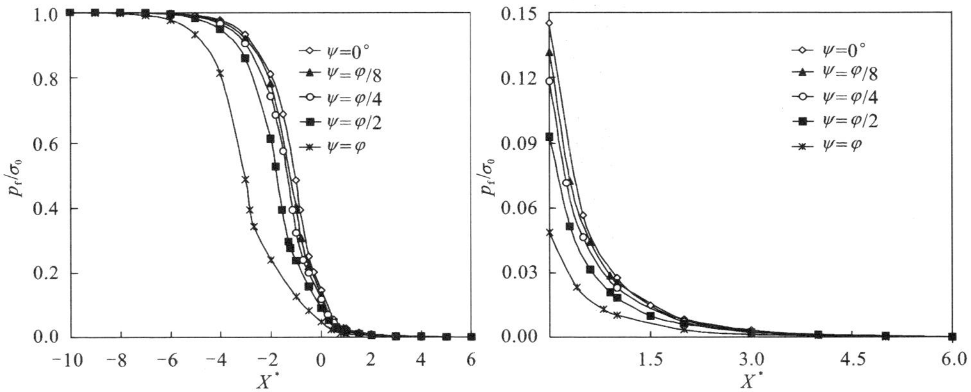

（a）X^*的变化范围为-10~6　　（b）图（a）的局部放大图

图 6.10　不同剪胀系数下虚拟支护力随与开挖面距离的变化规律

2. 不同 ψ 下的 X_1^*、X_2^*、X_3^*

表 6.7 列出了不同 ψ 下的 X_1^*、X_2^*、X_3^*。表 6.7 显示，不同 ψ 下 X_1^*基本保持一致，这说明，岩体剪胀性对开挖面空间效应的持续距离基本无影响。相比之下，ψ 对 X_2^*、X_3^*的影响较为显著。例如，当 ψ 等于 φ 时，X_2^*、X_3^*的绝对值分别为 2.83 和 2.68，比 ψ 等于 0° 时多出 2.37 倍和 7.65 倍。另外，结合表 6.6，当 σ_0 为 65 MPa 时，X_2^*、X_3^*分别为 1.96 和 1.71。基于以上结论，当围岩表现出高应力强剪胀特性时，可能在前方远离开挖面处出现塑性软化区域与塑性残余区域，此时开挖面周围岩体的稳定性弱，为有效防止前方可能出现的坍塌事故，建议展开超前支护的施作，从而有效加固岩体内部区域。

表 6.7　不同剪胀系数下的 X_1^*、X_2^*、X_3^*

	K_ψ				
	1.00	1.13	1.28	1.65	2.82
X_1^*	6	6	6	6	8
X_2^*	−0.84	−0.98	−1.15	−1.55	−2.83
X_3^*	−0.31	−0.50	−0.71	−1.21	−2.68

6.6 本章小结

本章基于静水压力下的圆形隧道，给出了一种对理想弹塑性岩体、应变软化岩体、弹-脆-塑性岩体的虚拟支护力进行求解的数值方法，此方法主要基于两个步骤：给出了求解围岩 LDP 的程序；提出了基于该程序耦合求解虚拟支护力的简便方法。另外，通过与采用其他方法获得的计算结果进行对比，充分验证了该方法的正确性。最后，开展了一系列参数分析，通过对虚拟支护力受临界塑性软化系数、岩体质量、初始应力及剪胀系数的影响效果进行分析，得到了以下重要结论。

（1）作为表征围岩软化程度的参数，临界塑性软化系数对虚拟支护力具有较大的影响，且对质量较好岩体的影响尤为显著。

（2）现有研究和实际工程一般基于弹性假定对隧道掘进展开数值模拟或施工，其中应力释放率由给定的位移释放率计算得到，通常将两者之和视为一。但实际上，相比于塑性条件，同一位移释放率下根据弹性条件算得的应力释放率较小，此时支护设计的安全性偏低。

（3）软岩高应力情况对应的虚拟支护力较大，且某一位置处的虚拟支护力随着开挖面的不断掘进，减小的速率偏低，应力释放过程更长。对于此种情况，当开挖面开始施加支护时，易使支护系统产生挤压变形，因此，当测出虚拟支护力较大时，应滞后施加支护系统，通过将部分应力进行释放以减小对支护系统作用的荷载。

（4）当围岩表现出高应力强剪胀特性时，可能在前方远离开挖面处出现塑性软化区域与塑性残余区域，此时开挖面周围岩体的稳定性弱，为有效防止前方可能出现的坍塌事故，建议展开超前支护的施作，从而有效加固岩体内部区域。

第 7 章 深埋高应力下应变软化围岩的临界变形分类系统

7.1 引 言

深埋高应力隧洞开挖可能会引起围岩大变形，从而导致围岩坍塌或支护破坏等灾害，临界应变作为一种判断围岩大变形挤压趋势是否稳定的指标，在实际工程中发挥着重要作用。目前关于临界应变的研究中，Hoek 和 Marinos[167]采用1%～10%的临界应变来预测软岩不同的挤压大变形等级；Sakurai[168]基于大量室内岩石三轴试验给出了非挤压性地层的三条临界应变水平线；Aydan 等[169]针对应变软化围岩的五种破坏状态，给出了不同的标准化临界应变。基于 Aydan 等[169]的研究，Barla[170]和 Singh 等[171]将标准化临界应变视作不变量，分别考虑了岩体中的节理与各向异性。Zhang 和 Goh[172]对地下洞室单洞与双洞进行数值模拟，将围岩临界应变视为隧道刚发生坍塌时的应变；Meguid 和 Rowe[173]将 1.5 倍弹性应变视为临界应变。这些研究主要存在的问题是：①未考虑临界应变对应的临界支护压力，而求解支护压力对支护设计具有重要的参考意义；②未考虑岩体的应变软化效应与岩体所处的地应力情况，而这两种因素对围岩变形的影响非常显著。这说明，亟须建立更加符合实际的围岩临界变形分类系统以对地下洞室的工程稳定性进行评价。

7.2 应变软化力学模型及基本假定

本章预测方法的基本假定如下。

（1）隧洞为圆形洞室，半径为 R_0。

（2）高应力条件下，洞室为深埋，且围岩受到静水压力的作用。

（3）平面应变状态下，围岩的径向应力与切向应力分别为 σ_r 和 σ_θ，与最小主应力 σ_3 和最大主应力 σ_1 相等。

（4）围岩为各向同性，当洞室开挖、应力释放之后，围岩表现为应变软化行为，理想弹塑性行为与弹-脆-塑性行为可视为应变软化行为的特例。开挖后应变软化岩体的力学响应如图 2.1 所示，图 2.1 中，初始静水压力为 σ_0，支护压力 p_i 均匀分布于洞壁处，σ_{r2} 与 $\sigma_{\theta 2}$ 为弹塑性区域交界处的径向应力和切向应力。对于应变软化岩体，σ_{r1} 与 $\sigma_{\theta 1}$ 是塑性软化区域与塑性残余区域交界处的径向应力和切向应力；R_p 与 R_r 为塑性软化区域半径和塑性残余区域半径。对于理想弹塑性岩体与弹-脆-塑性岩体，R_p 为塑性区域半径。塑性软化系数 η 可用来分析围岩的软化程度，对于对称问题，η 可视作剪切变形，即切向塑性应变 ε_θ^p 与径向塑性应变 ε_r^p 的差值如式（2.7）所示。

（5）塑性流动法则如式（7.1）所示：

$$g(\sigma_r,\sigma_\theta,\eta)=\sigma_\theta-K_\psi\sigma_r \tag{7.1}$$

式中：K_ψ 为剪胀系数，$K_\psi=(1+\sin\psi)/(1-\sin\psi)$，$\psi$ 为剪胀角，在此处为 0°。

（6）霍克-布朗屈服准则如式（7.2）所示：

$$\sigma_1=\sigma_3+\sigma_{ci}(m_b\sigma_3/\sigma_{ci}+s)^a \tag{7.2}$$

式中：σ_{ci} 为岩石单轴抗压强度；m_b、s、a 为强度参量，计算式为[57-58,67]

$$m_b=m_i\exp[(\mathrm{GSI}-100)/(28-14D)] \tag{7.3}$$

$$s=\exp[(\mathrm{GSI}-100)/(9-3D)] \tag{7.4}$$

$$a=1/2+(1/6)(\mathrm{e}^{-\mathrm{GSI}/15}-\mathrm{e}^{-20/3}) \tag{7.5}$$

其中：D 为开挖洞室的扰动系数，此处假定 D 为 0；m_i 表明岩块摩擦特性，可由剪切试验获得。

对于对称问题，式（7.2）可以写为

$$f(\sigma_r,\sigma_\theta,\eta)=\sigma_\theta-\sigma_r-\sigma_{ci}(m_b\sigma_r/\sigma_{ci}+s)^a \tag{7.6}$$

（7）在圆形洞室的弹塑性分析中[5-6,83]，一般假定塑性软化围岩的参数 m_b、s、a 在塑性阶段随着 η 的增大而线性递减，在残余阶段基本保持不变，m_b、s、a 的基本表达式见式（2.8b）。

7.3　改进的应变软化岩体变形分类系统

改进的岩体变形分类系统主要包括五类临界应变（$\varepsilon_{\theta,\mathrm{cri1}}$、$\varepsilon_{\theta,\mathrm{cri2}}$、$\varepsilon_{\theta,\mathrm{cri3}}$、$\varepsilon_{\theta,\mathrm{cri4}}$、$\varepsilon_{\theta,\mathrm{cri5}}$）与临界支护压力（$p_{i,\mathrm{cri1}}$、$p_{i,\mathrm{cri2}}$、$p_{i,\mathrm{cri3}}$、$p_{i,\mathrm{cri4}}$、$p_{i,\mathrm{cri5}}$）。其中，$\varepsilon_{\theta,\mathrm{cri1}}$ 与 $\varepsilon_{\theta,\mathrm{cri2}}$ 为洞壁刚出现塑性软化区域与塑性残余区域时的洞壁临界应变，$\varepsilon_{\theta,\mathrm{cri3}}$、$\varepsilon_{\theta,\mathrm{cri4}}$ 与 $\varepsilon_{\theta,\mathrm{cri5}}$

分别为 2.5%、5%与 10%。当 ε_θ 达到 $\varepsilon_{\theta,\mathrm{cri1}}$、$\varepsilon_{\theta,\mathrm{cri2}}$、$\varepsilon_{\theta,\mathrm{cri3}}$、$\varepsilon_{\theta,\mathrm{cri4}}$ 与 $\varepsilon_{\theta,\mathrm{cri5}}$ 时，对应的施加在洞壁处的五类支护压力分别为 $p_{\mathrm{i,cri1}}$、$p_{\mathrm{i,cri2}}$、$p_{\mathrm{i,cri3}}$、$p_{\mathrm{i,cri4}}$、$p_{\mathrm{i,cri5}}$。

根据计算结果，图 7.1 给出了五类典型临界应变示意图。从图 7.1 可以看出，$\varepsilon_{\theta,\mathrm{cri1}}$、$\varepsilon_{\theta,\mathrm{cri3}}$、$\varepsilon_{\theta,\mathrm{cri4}}$、$\varepsilon_{\theta,\mathrm{cri5}}$ 的关系如下：

$$\varepsilon_{\theta,\mathrm{cri1}} < \varepsilon_{\theta,\mathrm{cri3}} < \varepsilon_{\theta,\mathrm{cri4}} < \varepsilon_{\theta,\mathrm{cri5}} \tag{7.7}$$

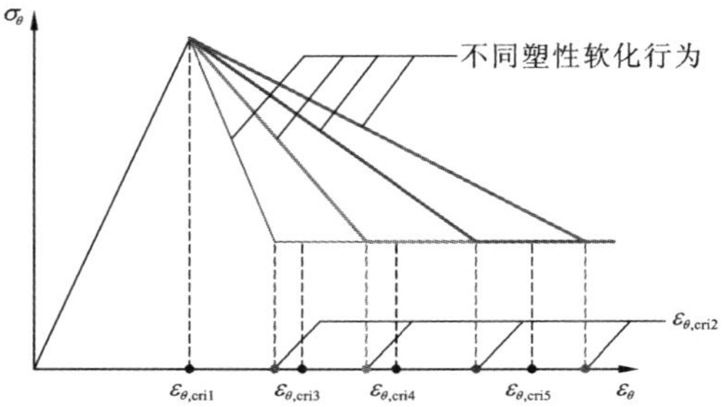

扫一扫　看彩图

图 7.1　五类典型临界应变示意图

这说明，$\varepsilon_{\theta,\mathrm{cri1}}$ 相比于 $\varepsilon_{\theta,\mathrm{cri3}}$、$\varepsilon_{\theta,\mathrm{cri4}}$ 与 $\varepsilon_{\theta,\mathrm{cri5}}$ 较小，即洞壁应变 ε_θ 达到 2.5%、5%和 10%后，洞壁周围已出现塑性区域。而对于 $\varepsilon_{\theta,\mathrm{cri2}}$，其与 $\varepsilon_{\theta,\mathrm{cri3}}$、$\varepsilon_{\theta,\mathrm{cri4}}$、$\varepsilon_{\theta,\mathrm{cri5}}$ 的相对大小取决于临界塑性软化系数 η^*，关系如下：

$$\varepsilon_{\theta,\mathrm{cri1}} \leqslant \varepsilon_{\theta,\mathrm{cri2}} < \varepsilon_{\theta,\mathrm{cri3}},\quad 0 \leqslant \eta^* < \eta_1 \tag{7.8a}$$

$$\varepsilon_{\theta,\mathrm{cri3}} \leqslant \varepsilon_{\theta,\mathrm{cri2}} < \varepsilon_{\theta,\mathrm{cri4}},\quad \eta_1 \leqslant \eta^* < \eta_2 \tag{7.8b}$$

$$\varepsilon_{\theta,\mathrm{cri4}} \leqslant \varepsilon_{\theta,\mathrm{cri2}} < \varepsilon_{\theta,\mathrm{cri5}},\quad \eta_2 \leqslant \eta^* < \eta_3 \tag{7.8c}$$

$$\varepsilon_{\theta,\mathrm{cri5}} \leqslant \varepsilon_{\theta,\mathrm{cri2}},\quad \eta_3 \leqslant \eta^* \tag{7.8d}$$

式中：η_1、η_2、η_3 为 η^*的门槛值，当 $\varepsilon_{\theta,\mathrm{cri2}}$ 分别等于 2.5%、5%与 10%时，η^*分别对应 η_1、η_2、η_3。

式（7.8）表明，当 η^*大于 η_3 时，$\varepsilon_{\theta,\mathrm{cri2}}$ 大于 10%，此时，在围岩达到残余状态之前，洞壁已产生 10%应变；当 η^*小于 η_1 时，$\varepsilon_{\theta,\mathrm{cri2}}$ 小于 2.5%，此时，当洞壁产生 2.5%的应变时，岩体已经进入残余状态。

结合 Hoek 和 Marinos[168]关于岩体挤压大变形趋势的分类与图 7.1 中五类典型临界应变的定义，表 7.1、表 7.2 给出了一种改进分类用来描述不同挤压趋势下的岩体应变与支护建议。

表 7.1　应变软化围岩稳定性评价

分类等级	稳定状态	公式表达	围岩状态的评价
I-I	无稳定问题	$\varepsilon_\theta \leqslant \varepsilon_{\theta,cri1}$，$p_i \geqslant p_{i,cri1}$	隧道围岩基本处于弹性状态，当无支护时，可维持稳定
I-II	微小稳定问题	$\varepsilon_{\theta,cri1} < \varepsilon_\theta \leqslant \varepsilon_{\theta,cri2}$，$p_{i,cri2} \leqslant p_i < p_{i,cri1}$	隧道周边围岩出现塑性软化状态
I-III	重大稳定问题	$\varepsilon_\theta > \varepsilon_{\theta,cri2}$，$p_i < p_{i,cri2}$	隧道周边围岩出现塑性残余状态

表 7.2　围岩挤压大变形趋势评价

分类等级	稳定状态	公式表达	围岩状态的评价
II-I	微小稳定问题	$\varepsilon_{\theta,cri1} < \varepsilon_\theta \leqslant \varepsilon_{\theta,cri3}$，$p_{i,cri3} \leqslant p_i < p_{i,cri1}$，$\varepsilon_{\theta,cri3} = 2.5\%$	围岩稳定状态与塑性残余区域出现与否密切相关，当无塑性残余区域出现时，隧道周边围岩表现出塑性软化效应，轻质支护类型（如锚杆、混凝土）可用来防止塑性软化区域的渐近性发展，当塑性残余区域出现且位移发展迅速时，需要采用复合式衬砌如钢拱架、混凝土等
II-II	挤压问题	$\varepsilon_{\theta,cri3} < \varepsilon_\theta \leqslant \varepsilon_{\theta,cri4}$，$p_{i,cri4} \leqslant p_i < p_{i,cri3}$，$\varepsilon_{\theta,cri4} = 5\%$	在开挖过程中需要采用分步开挖法，需要对支护进行优化设计，而且需要快速施加支护，严格控制施工质量；当出现塑性残余区域时，隧道洞壁附近的围岩变得非常不稳定
II-III	严重挤压问题	$\varepsilon_{\theta,cri4} < \varepsilon_\theta \leqslant \varepsilon_{\theta,cri5}$，$p_{i,cri5} \leqslant p_i < p_{i,cri4}$，$\varepsilon_{\theta,cri5} = 10\%$	围岩位移不断发展以至于出现开挖面稳定问题，隧道设计重点针对开挖面稳定来控制。需要采用超前锚杆、钢筋混凝土等支护措施对开挖面进行支护，在塑性残余区域出现之后，可能会发生坍塌现象
II-IV	极为严重挤压问题	$\varepsilon_\theta > \varepsilon_{\theta,cri5}$ $p_i < p_{i,cri5}$	开挖面出现严重的失稳现象，隧道围岩发生挤压破坏，应经常应用超前支护与开挖面支护，在比较极端的情况下，应采用屈服支护，视经验而定，如果塑性残余区域出现，挤压情况可能更加严重

7.4　临界应变与临界支护压力的预测方法

7.4.1　计算流程图

在预测临界应变与临界支护压力之前，需要确定输入的地质参数，如 m_b、s、a、σ_{ci}、E 和泊松比 μ，在岩体峰值和残余阶段，m_b、s、a、σ_{ci}、E 可分别用 m_b^{peak}、

s^{peak}、a^{peak}、σ_{ci}^{peak}、E_r^{peak}和 m_b^{res}、s^{res}、a^{res}、σ_{ci}^{res}、E_r^{res}表示，地质参数的确定和验证过程可参考文献[174]，根据文献[174]，每一个 GSI 分别对应一组地质参数，即 m_b^{peak}、s^{peak}、a^{peak}、σ_{ci}^{peak}、E_r^{peak}和 m_b^{res}、s^{res}、a^{res}、σ_{ci}^{res}、E_r^{res}，对应关系已列于表 7.3 中。另外，为考虑不同的应变软化特性与初始地应力，将 η^*分别设定为 0、0.005、0.01、0.025、0.05、0.1、0.2、0.5、1 和∞；将 σ_0 分别设定为 5 MPa、10 MPa、15 MPa、20 MPa、25MPa、30 MPa、35 MPa、40 MPa、45 MPa、50 MPa。

表 7.3　GSI 及与之对应的强度参数与变形参数

GSI	σ_{ci}^{peak}/MPa	σ_{ci}^{res}/MPa	E_r^{peak}/MPa	E_r^{res}/MPa	m_b^{peak}	m_b^{res}	s^{peak}	s^{res}	a^{peak}	a^{res}
75	155.762	44.044	46.089	2.037	7.988	0.682	62.177	0.316	0.501	0.527
70	144.463	43.944	36.188	2.027	6.341	0.680	35.674	0.314	0.501	0.527
65	132.681	43.587	27.474	1.995	5.014	0.671	20.468	0.307	0.502	0.527
60	120.465	42.945	19.937	1.938	3.947	0.656	11.744	0.295	0.503	0.528
55	107.932	41.988	13.484	1.855	3.090	0.634	6.738	0.278	0.504	0.529
50	95.274	40.689	10.614	1.745	2.405	0.605	3.866	0.257	0.506	0.530
45	82.749	39.028	7.583	1.610	1.857	0.568	2.218	0.230	0.508	0.532
40	70.652	36.992	5.336	1.452	1.421	0.523	1.273	0.201	0.511	0.535
35	59.282	34.582	3.691	1.276	1.074	0.471	0.730	0.170	0.516	0.539
30	48.894	31.812	2.502	1.089	0.799	0.413	0.419	0.139	0.522	0.544
25	39.674	28.722	1.661	0.900	0.582	0.350	0.240	0.109	0.531	0.550

临界应变与临界支护压力的计算流程图如图 7.2 所示。在某一地质情况下，临界应变与临界支护压力可由数值程序计算得到。基于计算结果，可将 $p_{i,cri1}$、$p_{i,cri2}$、$p_{i,cri3}$、$p_{i,cri4}$、$p_{i,cri5}$ 拟合成与 GSI 和 σ_0 相关的响应面，并得到临界应变 $\varepsilon_{\theta,cri1}$ 与 $\varepsilon_{\theta,cri2}$ 随 GSI 的变化趋势。

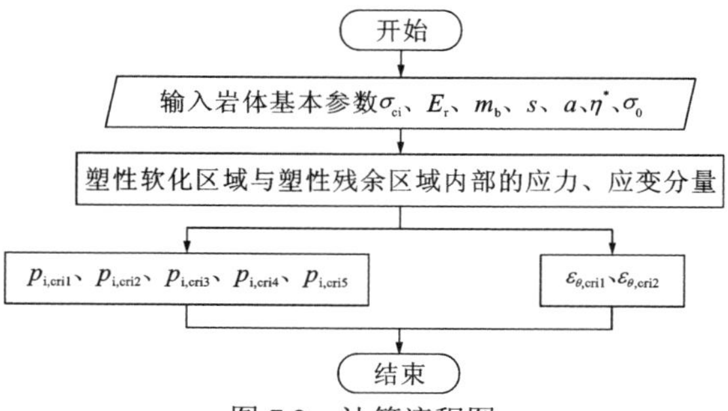

图 7.2　计算流程图

7.4.2 数值计算程序

此处采用有限差分程序来计算围岩应变 ε_θ。如图 2.3 所示，可将塑性区域（包括塑性软化区域与塑性残余区域）划分为有限个圆环，可将 $r_{(i)}$与 $r_{(i-1)}$视为第 i 环对应的内径和外径。弹塑性区域交界处的径向应变与环向应变分别由 ε_{r2} 与 $\varepsilon_{\theta 2}$ 表示。σ_{r2}、$\sigma_{\theta 2}$ 与 ε_{r2}、$\varepsilon_{\theta 2}$ 分别等于初始值 $\sigma_{r(0)}$、$\sigma_{\theta(0)}$与 $\varepsilon_{r(0)}$、$\varepsilon_{\theta(0)}$。塑性软化区域与塑性残余区域交界处的应变分量分别由 ε_{r1} 与 $\varepsilon_{\theta 1}$ 表示。假定相邻环之间存在恒定的径向应力增量 $\Delta\sigma_r$，如式（2.17）所示。

1. $\varepsilon_{\theta(i)}$与 $\varepsilon_{r(i)}$

在弹塑性区域交界处，$\varepsilon_{\theta 2}$ 与 ε_{r2} 可由式（7.9）计算得到。

$$\varepsilon_{\theta 2} = (1+\mu)(\sigma_0 - \sigma_{r2}) / E_{\mathrm{r}}^{\mathrm{peak}} \tag{7.9a}$$

$$\varepsilon_{r2} = -(1+\mu)(\sigma_0 - \sigma_{r2}) / E_{\mathrm{r}}^{\mathrm{peak}} \tag{7.9b}$$

根据 Lee 和 Pietruszczak[6]，$r_{(i)}$和 $r_{(i-1)}$的关系可由式（2.18）获得。

根据胡克定律，塑性区域内的弹性应变增量可以表示为

$$\Delta\varepsilon_{r(i)}^{\mathrm{e}} = (1+\mu)[(1-\mu)\Delta\sigma_r - \mu\Delta\sigma_{\theta(i)}] / E_{\mathrm{r}}^{\mathrm{peak}} \tag{7.10a}$$

$$\Delta\varepsilon_{\theta(i)}^{\mathrm{e}} = (1+\mu)[-\mu\Delta\sigma_r + (1-\mu)\Delta\sigma_{\theta(i)}] / E_{\mathrm{r}}^{\mathrm{peak}} \tag{7.10b}$$

式中：$\Delta\varepsilon_{\theta(i)}^{\mathrm{e}}$ 与 $\Delta\varepsilon_{r(i)}^{\mathrm{e}}$ 为第 i 环的环向与径向弹性应变增量。

根据塑性流动法则，$\Delta\varepsilon_{\theta(i)}^{\mathrm{p}}$ 与 $\Delta\varepsilon_{r(i)}^{\mathrm{p}}$ 的关系可由式（2.22）获得。

在塑性区域，应变增量主要包含塑性应变增量与弹性应变增量：

$$\varepsilon_{r(i)} + K_\psi\varepsilon_{\theta(i)} = \varepsilon_{r(i-1)} + K_\psi\varepsilon_{\theta(i-1)} + \Delta\varepsilon_{r(i)}^{\mathrm{e}} + K_\psi\Delta\varepsilon_{\theta(i)}^{\mathrm{e}} + \Delta\varepsilon_{r(i)}^{\mathrm{p}} + K_\psi\Delta\varepsilon_{\theta(i)}^{\mathrm{p}} \tag{7.11}$$

在小应变条件下，位移协调关系见式（2.12）。为计算应变分量，可将式（2.12）表示为式（2.24）。

其中，$u_{(i)}$为 $r=r_{(i)}$处的径向位移。结合式（2.12）、式（2.18）、式（2.22）、式（2.24）、式（7.10）、式（7.11），可得到 $\varepsilon_{r(i)}$与 $\varepsilon_{\theta(i)}$表达式如式（2.26）所示。

2. $\sigma_{\theta(i)}$与 $\sigma_{r(i)}$

对于应力分量，$\sigma_{r(i)}$可由式（2.17）得到，$\sigma_{\theta(i)}$可由式（7.12）得到。

$$\sigma_{\theta(i)} = \sigma_{r(i)} + \sigma_{\mathrm{ci}(i)}[m_{\mathrm{b}(i-1)}\sigma_{r(i)} / \sigma_{\mathrm{ci}(i)} + s_{(i-1)}]^{a_{(i-1)}} \tag{7.12}$$

3. $\eta_{(i)}$

第 i 环的塑性软化系数增量 $\Delta\eta_{(i)}$的表达式如下：

$$\Delta\eta_{(i)} = [\varepsilon_{\theta(i)} - \varepsilon_{r(i)}] - [\Delta\varepsilon^{\mathrm{e}}_{\theta(i)} - \Delta\varepsilon^{\mathrm{e}}_{r(i)}] \tag{7.13}$$

结合式（7.13）、式（7.10）与式（7.12），$r=r_{(i)}$处的 $\eta_{(i)}$可以表示为

$$\eta_{(i)} = \varepsilon_{\theta(i)} - \varepsilon_{r(i)} - \Delta\sigma_r - \sigma_{\mathrm{ci}(i)}[m_{b(i-1)}\sigma_{r(i)} / \sigma_{\mathrm{ci}(i)} + s_{(i-1)}]^{a_{(i-1)}} \tag{7.14}$$

4. 计算步骤

在塑性软化区域与塑性残余区域内部，围岩的应力、应变分量 $\sigma_{r(i)}$、$\sigma_{\theta(i)}$、$\varepsilon_{r(i)}$、$\varepsilon_{\theta(i)}$的计算步骤如下。

（1）当 $i=0$ 时，$\eta_{(0)}=0$，$w_{(0)}=w^{\mathrm{peak}}$，根据式（2.15）可算得 $\sigma_{r(0)}$，根据式（7.9a）可算得 $\varepsilon_{\theta(0)}[\varepsilon_{\theta(0)}=\varepsilon_{\theta2}]$，根据式（7.9b）可算得 $\varepsilon_{r(0)}[\varepsilon_{r(0)}=\varepsilon_{r2}]$。

（2）当 $i>1$ 时，将 $\sigma_{r(i-1)}$代入式（2.17）中计算 $\sigma_{r(i)}$，将 $\sigma_{r(i)}$与 $w_{(i-1)}$代入式（7.12）中计算 $\sigma_{\theta(i)}$，将 $w_{(i-1)}$、$\sigma_{r(i-1)}$、$\sigma_{r(i)}$、$\varepsilon_{r(i-1)}$、$\varepsilon_{\theta(i-1)}$代入式（2.26a）中得到 $\varepsilon_{\theta(i)}$，将 $\varepsilon_{r(i)}$、$\varepsilon_{\theta(i)}$、$w_{(i-1)}$代入式（7.14）中得到 $\eta_{(i)}$，将 $\eta_{(i)}$代入式（2.8）中得到 $w_{(i)}$。

（3）根据步骤（2）记录 $\varepsilon_{r(i)}$与 $\varepsilon_{\theta(i)}$，设定 $i=i+1$，重复计算步骤（2）直到 $r_{(i)}$达到 R_0，i 达到 n。

需要说明的是，相比于 Lee 和 Pietruszczak[6]的理论解，以上计算程序的优势如下：在 Lee 和 Pietruszczak[6]中，引入一个参数 ρ 来表示 $r_{(i)}$与 R_{p} 的比值，在得出 $r_{(i)}$之前，ρ 应该首先被求出，而在此处的计算程序中，$r_{(i)}$可由式（2.18）直接求出；Lee 和 Pietruszczak[6]中的平衡方程较式（2.12）、式（2.24）更加烦琐，故 $\varepsilon_{\theta(i)}$与 $\varepsilon_{r(i)}$只能逐步求解，而这两个变量在此处可由式（2.26）直接求出；在 Lee 和 Pietruszczak[6]中，并未考虑 R_{r} 与 σ_{r1}，然而这两个变量是预测临界应变与临界支护压力的重要参数。

5. 计算各临界应变与临界支护压力

关于数值计算程序的验证过程参见第 2 章。在上述程序的运行过程中发现，若 σ_0、η^*、w^{peak}、w^{res} 已确定且计算精度可以得到保证，应力分量[$\sigma_{\theta(i)}$、$\sigma_{r(i)}$]和应变分量[$\varepsilon_{\theta(i)}$、$\varepsilon_{r(i)}$]应该属于一一对应关系。当 $r_{(i)}=R_0$ 时，$\varepsilon_{\theta(i)}$与 $\sigma_{r(i)}$可视为洞壁处的围岩应变 ε_θ 和支护压力 p_{i}。此时，$p_{\mathrm{i,cri3}}$、$p_{\mathrm{i,cri4}}$、$p_{\mathrm{i,cri5}}$ 可根据 $\sigma_{r(i)}$与 $\varepsilon_{\theta(i)}$的分布规律获得。

$$p_{\mathrm{i,cri3}} = \sigma_{r(k)}, \qquad \varepsilon_{\theta,\mathrm{cri3}} = \varepsilon_{\theta(k)} = 2.5\ \% \tag{7.15}$$

$$p_{\mathrm{i,cri4}} = \sigma_{r(l)}, \qquad \varepsilon_{\theta,\mathrm{cri4}} = \varepsilon_{\theta(l)} = 5\ \% \tag{7.16}$$

$$p_{\mathrm{i,cri5}}=\sigma_{r(m)}, \quad \varepsilon_{\theta,\mathrm{cri5}}=\varepsilon_{\theta(m)}=10\ \% \tag{7.17}$$

式中：k、l、m 分别为切向应变 ε_θ 为 2.5%、5%、10%时对应的环数。

当 $p_\mathrm{i}<\sigma_{r1}$，$\varepsilon_\theta>\varepsilon_{\theta1}$ 时，围岩中同时存在塑性软化区域与塑性残余区域；当 $\sigma_{r1}<p_\mathrm{i}<\sigma_{r2}$，$\varepsilon_{\theta2}<\varepsilon_\theta<\varepsilon_{\theta1}$ 时，围岩中仅存在塑性软化区域；当 $p_\mathrm{i}>\sigma_{r2}$，$\varepsilon_\theta<\varepsilon_{\theta2}$ 时，围岩中没有塑性区域产生。因此，σ_{r2}、$\varepsilon_{\theta2}$ 及 σ_{r1}、$\varepsilon_{\theta1}$ 对应于塑性软化区域与塑性残余区域出现时的临界应变和临界支护压力：

$$p_{\mathrm{i,cri1}}=\sigma_{r2}, \quad \varepsilon_{\theta,\mathrm{cri1}}=\varepsilon_{\theta2} \tag{7.18}$$

$$p_{\mathrm{i,cri2}}=\sigma_{r1}, \quad \varepsilon_{\theta,\mathrm{cri2}}=\varepsilon_{\theta1} \tag{7.19}$$

当 η^*为 0 时，σ_{r1} 与 σ_{r2} 相等，式（7.18）和式（7.19）可以表示为

$$p_{\mathrm{i,cri2}}=p_{\mathrm{i,cri1}}, \quad \varepsilon_{\theta1}=\varepsilon_{\theta2} \tag{7.20}$$

式（7.15）～式（7.20）表明，基于围岩塑性软化区域与塑性残余区域内部 $\sigma_{r(i)}$ 和 $\varepsilon_{\theta(i)}$的分布规律，可得到 $p_{\mathrm{i,cri1}}$、$p_{\mathrm{i,cri2}}$、$p_{\mathrm{i,cri3}}$、$p_{\mathrm{i,cri4}}$、$p_{\mathrm{i,cri5}}$。

7.5　临界支护压力的计算结果

7.5.1　非线性回归公式

运行以上计算程序即可得到 $\varepsilon_{\theta,\mathrm{cri1}}$、$\varepsilon_{\theta,\mathrm{cri2}}$、$p_{\mathrm{i,cri1}}$、$p_{\mathrm{i,cri2}}$、$p_{\mathrm{i,cri3}}$、$p_{\mathrm{i,cri4}}$、$p_{\mathrm{i,cri5}}$，其中，某一 η^*条件下，$p_{\mathrm{i,cri1}}$、$p_{\mathrm{i,cri2}}$、$p_{\mathrm{i,cri3}}$、$p_{\mathrm{i,cri4}}$、$p_{\mathrm{i,cri5}}$ 可拟合成关于 GSI 与 σ_0 的函数：

$$p_{\mathrm{i,cri}}=f(\mathrm{GSI},\sigma_0) \tag{7.21}$$

采用泰勒级数多项式回归方法对式（7.21）进行分析，可得

$$y=a_1+b_1x_1+b_2x_2+c_1x_1^2+c_2x_2^2+c_3x_1x_2+d_1x_1^3+d_2x_2^3+d_3x_1x_2^2+d_4x_2x_1^2 \tag{7.22}$$

其中：y 表示 $p_{\mathrm{i,cri1}}$、$p_{\mathrm{i,cri2}}$、$p_{\mathrm{i,cri3}}$、$p_{\mathrm{i,cri4}}$、$p_{\mathrm{i,cri5}}$，x_1 与 x_2 表示 GSI 和 σ_0；参量 a_1、b_1、b_2、c_1、c_2、c_3、d_1、d_2、d_3、d_4 可通过 Levenberg Marquardt 迭代算法[175]计算得到，参量均列于表 7.4～表 7.7 中。需要说明的是，$p_{\mathrm{i,cri1}}$ 并不受 η^*的影响，而 $p_{\mathrm{i,cri2}}$、$p_{\mathrm{i,cri3}}$、$p_{\mathrm{i,cri4}}$、$p_{\mathrm{i,cri5}}$ 与 η^*有关；当 η^*为无穷大时，由于无塑性残余区域，不存在 $p_{\mathrm{i,cri2}}$。因此，在表 7.4～表 7.7 中，根据 10 个不同的 η^*，$p_{\mathrm{i,cri1}}$ 对应于 1 个公式，$p_{\mathrm{i,cri2}}$ 对应于 9 个公式，$p_{\mathrm{i,cri3}}$、$p_{\mathrm{i,cri4}}$、$p_{\mathrm{i,cri5}}$ 分别对应于 10 个公式。

表 7.4　$p_{i,cri2}$ 响应面的拟合参量

参量	η^*								
	0	0.005	0.01	0.025	0.05	0.1	0.2	0.5	1
a_1	−0.283	−0.267	−0.461	−7.904	−15.123	−20.266	−32.855	−35.224	−45.572
b_1	0.034	−0.018	0.023	0.903	1.704	2.363	3.734	4.201	5.400
b_2	0.900	0.974	0.851	0.506	0.489	0.478	0.518	0.513	0.533
c_1 / 10^{-3}	−1.910	−0.627	−4.070	−40.240	−74.220	−106.360	−162.440	−195.170	−248.550
c_2 / 10^{-3}	9.180	5.910	6.950	8.480	8.420	8.680	6.370	5.910	4.890
c_3 /10^{-3}	−19.450	−18.770	−11.430	5.790	5.580	2.590	−1.010	−6.230	−10.080
d_1 / 10^{-4}	0.245	0.081	0.616	5.888	11.500	17.700	26.300	34.800	44.300
d_2 / 10^{-4}	−0.767	−0.482	−1.058	−1.646	−1.674	−1.565	−0.771	−0.589	−0.358
d_3 / 10^{-4}	0.134	0.222	1.395	3.743	4.551	4.721	3.165	2.788	2.052
d_4 / 10^{-4}	0.547	0.517	−1.333	−7.183	−9.846	−11.500	−10.800	−11.200	−10.300
R^2 /%	99.965	99.976	99.951	99.966	99.978	99.989	1.000	99.995	99.997

注：当 $\eta^*=0$ 时，$p_{i,cri2}$ 与 $p_{i,cri1}$ 相等；R^2 为相关系数。

表 7.5　$p_{i,cri3}$ 响应面的拟合参量

参量	η^*									
	0	0.005	0.01	0.025	0.05	0.1	0.2	0.5	1	∞
a_1	3.263	1.560	−0.603	−7.654	−14.323	−17.999	−30.421	−26.932	−28.035	−29.391
b_1	−0.365	−0.198	0.027	0.821	1.589	2.093	3.330	3.106	3.230	3.377
b_2	0.858	0.898	0.769	0.651	0.616	0.596	0.609	0.546	0.539	0.537
c_1 / 10^{-3}	7.930	1.420	−6.050	−38.340	−69.960	−94.030	−136.370	−134.390	−139.310	−144.960
c_2 / 10^{-3}	13.940	12.130	13.960	10.300	9.410	9.240	6.270	8.530	8.500	8.370
c_3 /10^{-3}	−30.410	−29.150	−23.710	−9.400	−3.910	−0.510	3.130	5.640	6.360	6.970
d_1 / 10^{-4}	−0.064	0.838	1.767	6.455	11.200	15.200	19.700	20.900	21.600	22.400
d_2 / 10^{-4}	−1.378	−1.113	−1.666	−1.615	−1.614	−1.593	−0.830	−1.595	−1.608	−1.623
d_3 / 10^{-4}	1.188	1.226	2.081	3.595	4.135	4.354	3.047	4.814	4.894	5.016
d_4 / 10^{-4}	0.518	−0.164	−1.583	−5.971	−8.439	−10.300	−9.783	−12.500	−12.800	−13.100
R^2 /%	99.971	99.916	99.973	99.982	99.983	99.988	99.983	99.988	99.988	99.988

表 7.6　$p_{i,cri4}$ 响应面的拟合参量

参量	η^*									
	0	0.005	0.01	0.025	0.05	0.1	0.2	0.5	1	∞
a_1	4.314	0.628	2.838	−3.700	−8.747	−18.994	2.538	−34.095	−36.783	−26.515
b_1	−0.496	−0.141	−0.337	0.433	1.048	2.191	0.555	3.921	4.219	3.279
b_2	0.797	0.772	0.809	0.606	0.565	0.548	0.533	0.559	0.555	0.532
$c_1 / 10^{-3}$	12.450	0.015	4.850	−26.670	−53.500	−98.830	−69.380	−170.330	−182.070	−154.880
$c_2 / 10^{-3}$	13.710	13.030	11.840	10.660	10.060	9.650	5.830	6.170	6.120	6.100
$c_3 /10^{-3}$	−32.670	−28.960	−29.200	−13.290	−7.940	−4.620	4.330	1.990	2.710	4.440
$d_1 / 10^{-4}$	−0.275	1.405	1.130	5.779	10.100	16.700	17.400	26.800	28.500	26.100
$d_2 / 10^{-4}$	−1.339	−1.441	−1.463	−1.538	−1.528	−1.542	−0.964	−0.796	−0.802	−0.795
$d_3 / 10^{-4}$	1.414	1.990	2.415	3.503	3.901	4.317	4.268	3.243	3.319	3.322
$d_4 / 10^{-4}$	0.473	−1.015	−1.363	−5.648	−7.951	−10.100	−13.100	−11.400	−11.800	−12.200
R^2 /%	99.976	99.984	99.975	99.988	99.990	99.989	99.589	99.987	99.987	99.989

表 7.7　$p_{i,cri5}$ 响应面的拟合参量

参量	η^*									
	0	0.005	0.01	0.025	0.05	0.1	0.2	0.5	1	∞
a_1	5.017	1.013	3.924	−2.607	−7.749	−12.482	−29.020	−30.118	−35.044	−40.732
b_1	−0.600	−0.223	−0.501	0.269	0.884	1.510	3.316	3.653	4.232	4.879
b_2	0.737	0.730	0.788	0.595	0.562	0.530	0.540	0.537	0.528	0.522
$c_1 / 10^{-3}$	16.730	3.720	11.570	−19.720	−46.600	−76.350	−146.920	−170.890	−195.180	−221.550
$c_2 / 10^{-3}$	13.390	12.870	11.800	11.010	10.330	9.780	6.580	6.440	6.280	6.010
$c_3 /10^{-3}$	−34.710	−32.270	−33.990	−19.450	−14.420	−9.850	−4.160	−2.600	−1.030	0.473
$d_1 / 10^{-4}$	−0.442	1.346	0.738	5.378	9.793	15.000	24.400	29.700	33.500	37.300
$d_2 / 10^{-4}$	−1.270	−1.359	−1.383	−1.423	−1.430	−1.396	−0.750	−0.738	−0.755	−0.730
$d_3 / 10^{-4}$	1.556	2.035	2.436	3.265	3.720	3.997	2.992	3.107	3.298	3.309
$d_4 / 10^{-4}$	0.412	−0.853	−0.983	−4.823	−7.111	−9.289	−10.000	−11.500	−12.400	−13.000
R^2 /%	99.983	99.987	99.974	99.994	99.993	99.993	99.989	99.993	99.992	99.992

7.5.2　响应面

基于拟合公式(7.22)可得到响应面，图 7.3 给出了当 η^* 为 0.025 时 $p_{i,cri1}$、$p_{i,cri2}$、$p_{i,cri3}$、$p_{i,cri4}$、$p_{i,cri5}$ 的响应面。从图 7.3 可以看出，从 $p_{i,cri1}$ 到 $p_{i,cri5}$，响应面逐渐从四边形转换成三角形，支护压力越来越小，原因在于，当 η^* 为 0.025 时，五种临界应变的大小顺序满足式（7.7）与式（7.8a），更高的临界应变对应更小的支护压力，故 $p_{i,cri1}$ 到 $p_{i,cri5}$ 逐渐减小。

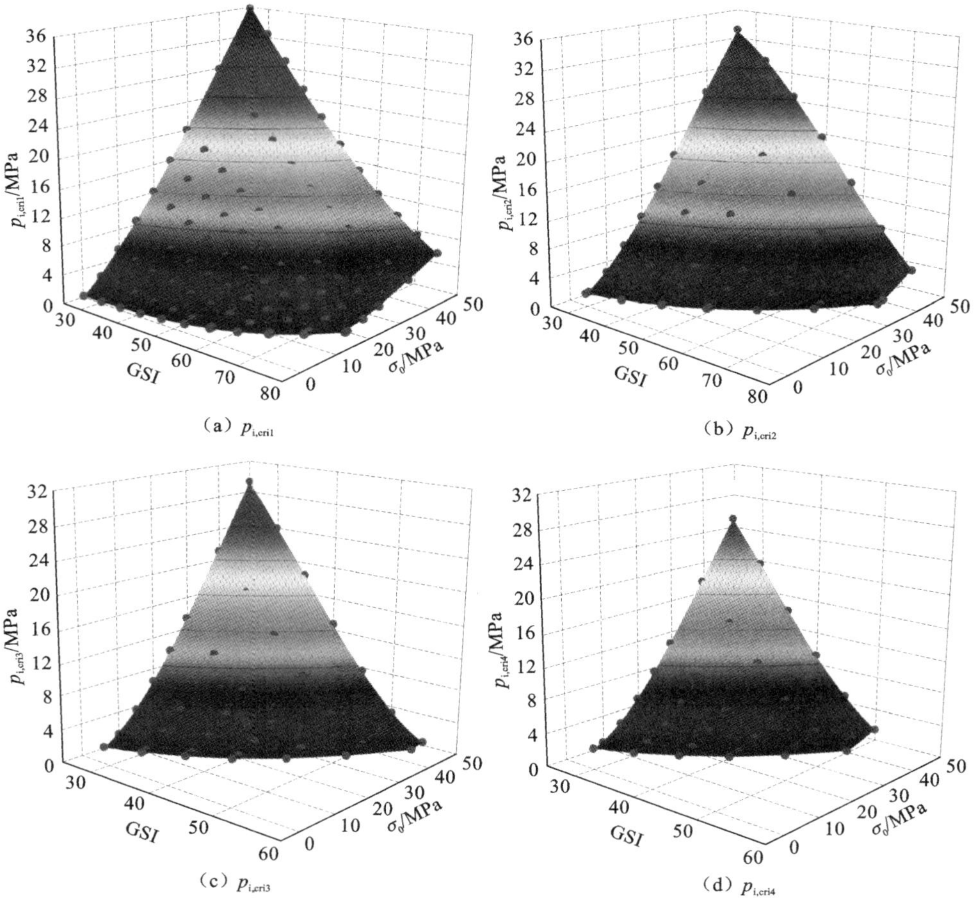

（a）$p_{i,cri1}$　（b）$p_{i,cri2}$

（c）$p_{i,cri3}$　（d）$p_{i,cri4}$

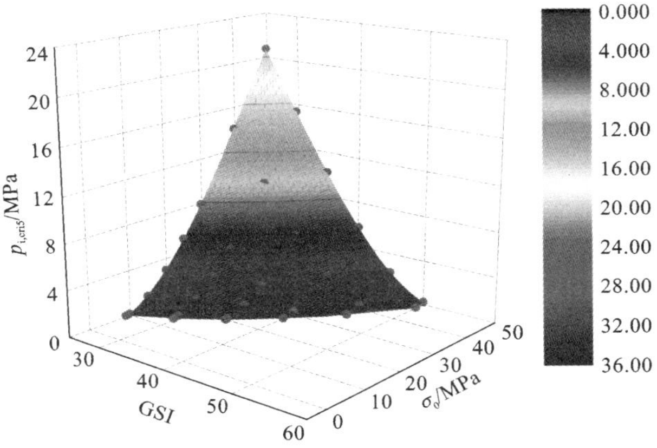

(e) $p_{i,cri5}$

图 7.3　η^*为 0.025 时的响应面

扫一扫　看彩图

图 7.4 给出了不同 η^*对应的响应面。在某一 η^*条件下，$p_{i,cri1}$、$p_{i,cri2}$、$p_{i,cri3}$、$p_{i,cri4}$、$p_{i,cri5}$包含在同一坐标系统中，由于 $p_{i,cri1}$不受 η^*的影响，故 $p_{i,cri1}$保持不变。随着 η^*的增加，$p_{i,cri3}$、$p_{i,cri4}$与 $p_{i,cri5}$逐渐减小。这说明，当 η^*增大时，对应某一应变所需的支护压力变小。另外，某一 η^*条件下，$p_{i,cri1}$、$p_{i,cri3}$、$p_{i,cri4}$、$p_{i,cri5}$的大小顺序不变，这与式（7.7）基本一致。同时，随着 η^*的变化，$p_{i,cri2}$变化显著。例如，当 η^*为 0 时，$p_{i,cri1}$与 $p_{i,cri2}$基本重合，当 η^*增至 0.05、0.1、0.2 时，$p_{i,cri2}$的响应面逐渐趋近于 $p_{i,cri3}$、$p_{i,cri4}$、$p_{i,cri5}$。因此，0.05、0.1 与 0.2 可视作当 $\varepsilon_{\theta,cri2}$等于 $\varepsilon_{\theta,cri3}$、$\varepsilon_{\theta,cri4}$、$\varepsilon_{\theta,cri5}$时的 η^*的门槛值：

$$\eta_1 \approx 0.05, \qquad \eta_2 \approx 0.1, \qquad \eta_3 \approx 0.2 \tag{7.23}$$

式（7.23）和图 7.4 表明，无支护时，若 η^*小于 0.1 或 0.2，当 ε_θ达到 5%或 10%时，洞壁处出现塑性残余区域。这说明，当软岩的 η^*小于 0.1 或 0.2 时，围岩不仅仅会产生大变形，而且会伴随不稳定的岩块剪切。在高应力挤压性围岩开挖过程中，常常采用屈服式支护对围岩进行支护，或者对围岩进行超挖，目的在于释放适当应力，防止围岩挤压引起的支护破坏[41-42]。然而，当应变软化围岩的临界塑性软化系数较小时，采取这些基本措施，可能会使岩体产生塑性残余区域，从而增大隧道出现坍塌的风险。为维持稳定，$\varepsilon_{\theta,cri2}$与 $p_{i,cri2}$可视为控制软岩大变形应力释放的临界应变与临界支护压力。

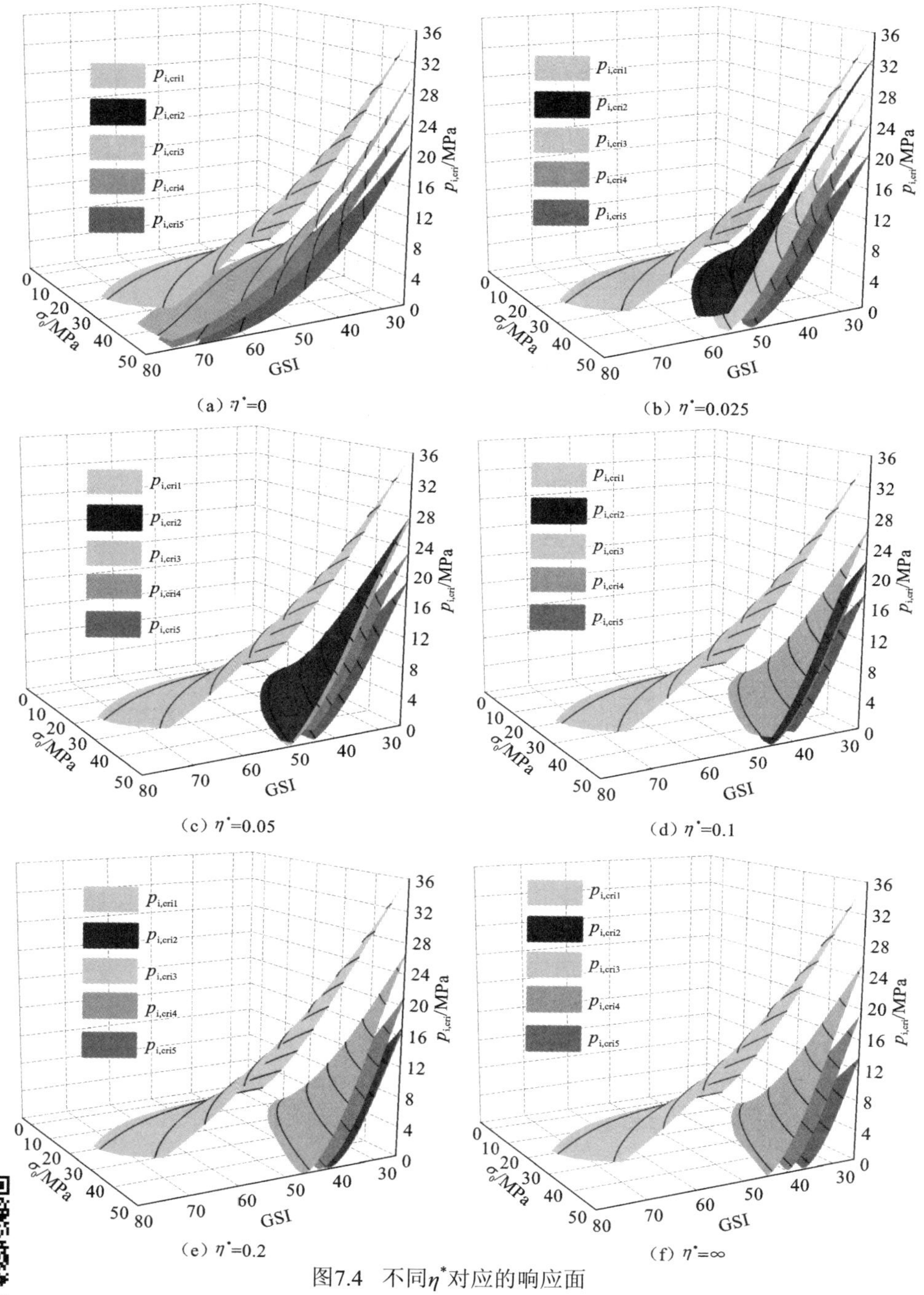

(a) η^*=0　(b) η^*=0.025

(c) η^*=0.05　(d) η^*=0.1

(e) η^*=0.2　(f) η^*=∞

图7.4　不同η^*对应的响应面

扫一扫　看彩图

7.6　临界应变的计算结果

7.6.1　达到塑性软化与塑性残余阶段时的临界应变

图 7.5 给出了不同 η^* 条件下 $\varepsilon_{\theta,\mathrm{cri1}}$ 与 $\varepsilon_{\theta,\mathrm{cri2}}$ 随 GSI 的变化规律。当 η^* 为 0 时，$\varepsilon_{\theta,\mathrm{cri2}}$ 等于 $\varepsilon_{\theta,\mathrm{cri1}}$；当 η^* 小于或等于 0.01 时，随着 GSI 的增大，$\varepsilon_{\theta,\mathrm{cri2}}$ 逐渐减小，该变化趋势与既有文献的研究结果基本一致[168,172,173]；然而，当 η^* 大于 0.01 时，随着 GSI 的增大，$\varepsilon_{\theta,\mathrm{cri2}}$ 先减小而后增大。事实上，$\varepsilon_{\theta,\mathrm{cri2}}$ 主要受到 E_r 和 $p_{\mathrm{i,cri2}}$ 的影响，当 $p_{\mathrm{i,cri2}}$ 和 E_r 增大时，$\varepsilon_{\theta,\mathrm{cri2}}$ 逐渐减小，且当 GSI 增大时，E_r 增大，而 $p_{\mathrm{i,cri2}}$ 减小，因此，某一 GSI 条件下，$p_{\mathrm{i,cri}}$ 与 E_r 对 $\varepsilon_{\theta,\mathrm{cri2}}$ 的作用是完全相反的。当 GSI 较大，而 η^* 较小时，E_r 对 $\varepsilon_{\theta,\mathrm{cri2}}$ 的作用较大；而在其他条件下，$p_{\mathrm{i,cri2}}$ 对 $\varepsilon_{\theta,\mathrm{cri2}}$ 的作用较大。因此，在某些情况下，GSI 增大到一定程度后，$\varepsilon_{\theta,\mathrm{cri2}}$ 可能会增大。

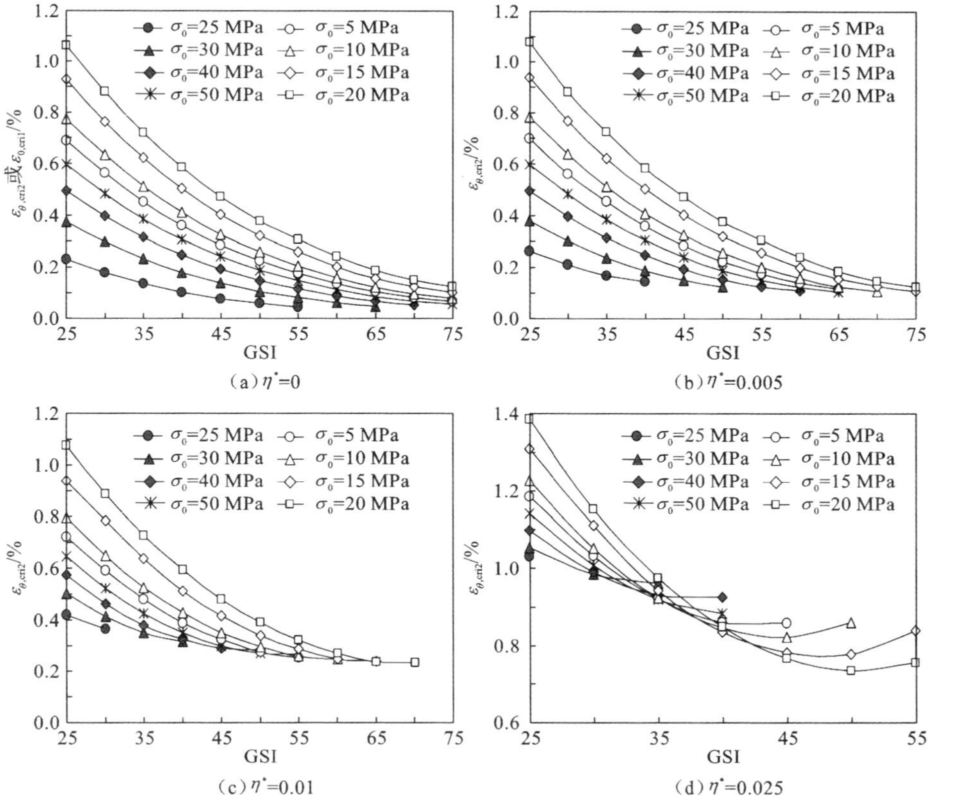

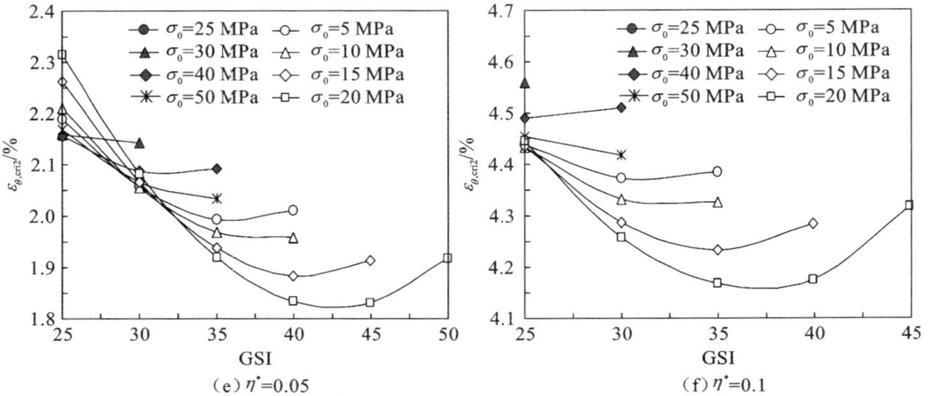

(e) η^*=0.05　　(f) η^*=0.1

图7.5　不同η^*条件下$\varepsilon_{\theta,\mathrm{cri1}}$与$\varepsilon_{\theta,\mathrm{cri2}}$随GSI的变化趋势

7.6.2　与 Sakurai、Hoek 临界应变的对比结果

Hoek[65]将挤压性围岩的临界应变分为四个等级，分别为 1%、2.5%、5%与10%，Sakurai[168]给出了临界应变随岩体单轴抗压强度的变化规律。本小节将临界应变的计算结果与 Hoek[65]和 Sakurai[168]的计算结果进行比较，在分析中根据 Trueman[176]的研究将 GSI 转换为岩体单轴抗压强度 σ_{cm}。据此，图 7.6 给出了不同 σ_0 与 η^*下 $\varepsilon_{\theta,\mathrm{cri1}}$ 和 $\varepsilon_{\theta,\mathrm{cri2}}$ 随 σ_{cm} 的变化规律，Hoek[65]、Sakurai[168]的临界应变随 σ_{cm} 的变化规律，另外，图 7.6 还给出了 Hoek 和 Marinos[167]、Sakurai[168]的现场监测围岩应变与破坏模式。

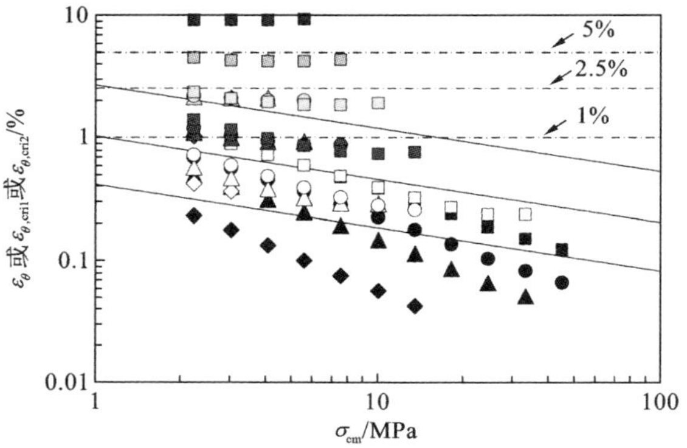

(a) 与Sakurai[168]和Hoek[65]的临界应变水平线比较

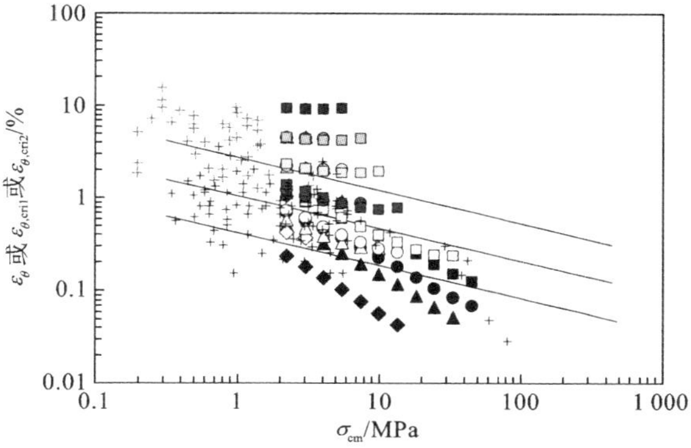

（b）与Hoek和Marinos[167]的监测数据比较

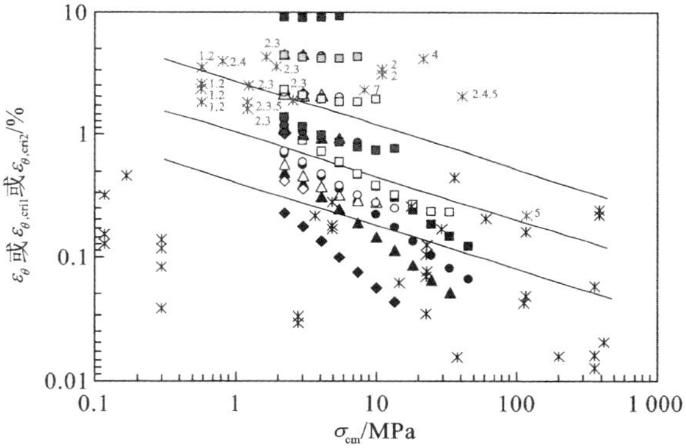

（c）与Sakurai[168]的监测数据比较

■ σ_0= 50 MPa，η^*=0
● σ_0= 25 MPa，η^*=0
▲ σ_0= 15 MPa，η^*=0
◆ σ_0= 5 MPa，η^*=0
□ σ_0= 50 MPa，η^*=0.01
○ σ_0= 25 MPa，η^*=0.01
△ σ_0= 15 MPa，η^*=0.01
◇ σ_0= 5 MPa，η^*=0.01
■ σ_0= 50 MPa，η^*=0.025
● σ_0= 25 MPa，η^*=0.025
▲ σ_0= 15 MPa，η^*=0.025
◆ σ_0= 5 MPa，η^*=0.025

□ σ_0= 50 MPa，η^*=0.05
○ σ_0= 25 MPa，η^*=0.05
△ σ_0= 15 MPa，η^*=0.05
◇ σ_0= 5 MPa，η^*=0.05
■ σ_0= 50 MPa，η^*=0.1
● σ_0= 25 MPa，η^*=0.1
▲ σ_0= 15 MPa，η^*=0.1
■ σ_0= 50 MPa，η^*=0.2
● σ_0= 25 MPa，η^*=0.2
▲ σ_0= 15 MPa，η^*=0.2

—— Sakurai[168]的临界应变水平线
－·－ Hoek[65]的临界应变水平线
⁎ 围岩应变不安全监测点
⁎ 围岩应变安全监测点
不安全监测点的围岩或支扩破坏类型[28]：
1.开挖面不稳定问题
2.混凝土破坏
3.钢拱架弯折
4.锚杆断裂
5.顶板塌落
6.仰拱膨胀
7.围岩与支护多种破坏模式

图7.6　$\varepsilon_{\theta,cri1}$与$\varepsilon_{\theta,cri2}$随$\sigma_{cm}$的变化趋势

扫一扫　看彩图

从图 7.6 中可以看出：当 η^*小于等于 0.05 时，$\varepsilon_{\theta,cri2}$ 介于 Sakurai[168]给出的三条临界应变水平线之间；当 η^*大于 0.05 时，$\varepsilon_{\theta,cri2}$ 将大于其上层水平线。这说明，对于较大的 η^*，围岩应变可能已超出了 Sakurai[168]给出的临界应变水平线，但是洞壁围岩可能仍处于软化阶段而未进入残余阶段，此时有可能还处于较为安全的状态。这与 Hoek[65]、Zhang 和 Goh[172]观察到的部分现场情况相似。例如，一些

洞室产生了 5%以上的应变但并未出现失稳现象[65]，且一些隧道的应变比 Sakurai[168]提出的水平线高出许多，也未发生坍塌情况[172]。在这些情况下，围岩处于安全状态的原因可能是洞壁未产生塑性残余区域。

从图 7.6（b）的现场监测围岩应变与破坏模式还可以看出，当 σ_{cm} 从 0.2 MPa 变化至 4 MPa 时，存在 σ_{cm} 增大而 ε_θ 也增大的情况，这说明临界应变并不总是随着单轴抗压强度的增大而减小，这与图 7.5（d）～（f）中 $\varepsilon_{\theta,cri2}$ 随 GSI 的变化规律是吻合的。在计算过程中发现，$p_{i,cri2}$ 使得在较大围岩强度条件下 $\varepsilon_{\theta,cri2}$ 增大，且 $p_{i,cri2}$ 受 η^* 与 σ_0 的影响显著。因此，实测数据表明，在计算临界应变过程中，应该充分考虑围岩的地应力状态与软化状态。

对于软岩（GSI≤35，σ_{cm}≤4.08 MPa），一些不安全的监测点对应的应变都大于 2%[图 7.6（b）与（c）]，可以发现，这些点对应的情况为混凝土衬砌产生裂缝、钢拱架弯折，这说明，一般软岩引起的支护破坏都与较大变形有关，在这种情况下，应该考虑对应变形较大的临界应变（$\varepsilon_{\theta,cri3}$、$\varepsilon_{\theta,cri4}$、$\varepsilon_{\theta,cri5}$）与相应的临界支护压力（$p_{i,cri3}$、$p_{i,cri4}$、$p_{i,cri5}$）；另外，对于质量较好的岩体（GSI≥60，$\sigma_{cm}$≥18.3 MPa），通过分析其不安全监测点可以发现，岩体失稳都是由靠近洞壁的岩层出现断裂、破坏而引起的[图 7.6（c）]。因此，此时洞壁附近产生了围岩破坏是由于围岩进入了塑性残余区域，对于质量较好的岩体，应重点关注出现塑性软化区域与塑性残余区域时对应的临界应变（$\varepsilon_{\theta,cri1}$、$\varepsilon_{\theta,cri2}$）和临界支护压力（$p_{i,cri1}$、$p_{i,cri2}$），而且，从图 7.6（b）与（c）中也可以看出，硬岩的应变处于 0.5%以下，这说明，对于硬岩，不需要计算较大变形对应的临界应变（$\varepsilon_{\theta,cri3}$、$\varepsilon_{\theta,cri4}$、$\varepsilon_{\theta,cri5}$）或临界支护压力（$p_{i,cri3}$、$p_{i,cri4}$、$p_{i,cri5}$）。

7.7 本章小结

本章主要给出一种应变软化岩体变形分类系统，包括五种临界应变等级与相应的五种临界支护压力等级。其中，两种临界应变分别对应塑性软化区域与塑性残余区域出现时的应变，另外三种临界应变分别为 2.5%、5%和 10%。基于数值计算结果，由非线性回归方法拟合得到了临界支护压力随 GSI 与初始应力变化的响应面，将所获取的临界应变分别与现有文献中的临界应变和现场监测的围岩应变及破坏模式进行比较，主要得到以下结论。

（1）在高应力挤压性围岩开挖过程中，常常采用屈服式支护对围岩进行支护或对围岩进行超挖，目的在于释放适当围岩应力，防止围岩挤压引起的支护破坏。

然而，当应变软化围岩的临界塑性软化系数较小时，采取这些基本措施，可能会使岩体产生塑性残余区域，从而增大隧道出现坍塌的风险。为维持稳定，塑性残余区域出现时的临界应变和临界支护压力可视为控制软岩大变形围岩应力释放的临界应变与临界支护压力。

（2）通过分析监测数据发现，一些洞室产生了 5%以上的应变但并没有出现失稳现象，一些围岩的应变比 Sakurai[168]提出的临界应变水平线高出许多，也并未出现坍塌现象。在这些情况下，围岩处于安全状态的原因是洞壁未产生塑性残余区域。

（3）临界应变水平并不是随着围岩强度的增大而一直减小的，根据计算结果可以发现，当临界塑性软化系数较大时，GSI 增至某值之后，临界应变水平可能会有所增大，此时应变水平的增大是由于考虑了岩体的初始地应力水平与应变软化行为，在计算临界应变时，应该充分考虑这两项因素。

（4）对于软岩，一些不安全的监测点对应的应变都大于 2%，可以发现，这些点对应的情况为混凝土衬砌产生裂缝、钢拱架弯折，这说明，一般软岩引起的支护破坏都与较大变形有关，应该考虑对应变形较大的临界应变与相应的临界支护压力；另外，对于质量较好的岩体，通过分析不安全监测点发现，岩体失稳都是由靠近洞壁的岩层出现断裂、破坏而引起的。因此，此时洞壁附近产生了围岩破坏是由于围岩进入了塑性残余区域，对于质量较好的岩体，应重点关注出现塑性软化区域与塑性残余区域时对应的临界应变和临界支护压力。

第 8 章　全长黏结式锚杆在深埋隧洞中支护效应的理论解

8.1 引　言

锚杆、锚索等柔性支护措施被广泛应用于地下洞室围岩的加固。锚杆能充分利用围岩承担荷载，与其他支护形式相比，能够更经济、有效地保证地下洞室围岩的稳定性。锚杆的支护作用主要包括悬吊作用、组合梁作用、承载拱作用、销钉作用。目前，岩石地下工程中常用的全长黏结式锚杆的主要作用机理是：围岩开挖，释放应力，引起变形，通过锚杆与围岩之间的锚固剂，围岩会将剪切荷载传递给锚杆，使得锚杆产生拉力作用，从而抑制围岩的变形。若在洞室开挖过程中未对锚杆支护进行较为准确的预测，可能会引起锚杆断裂破坏或剪切破坏，也可能会使锚杆的设计偏保守，造成资源浪费。因此，为进行较为合理的锚杆设计，应对锚杆与围岩的相互作用机理进行深入探究，这对锚杆-围岩的整体稳定性评价具有重要的作用，也可为工程实践提供扎实的理论依据。

对于在深埋圆形隧道中全长黏结式锚杆的理论分析，目前一些学者给出了解析解。例如：Bobet 和 Einstein[136]、Bobet[177]给出了在理想弹塑性岩体静水压力和弹性岩体非静水压力中全长黏结式锚杆的拉力；Fahimifar 和 Ranjbarnia[130]、Fahimifar 和 Soroush[166]给出了考虑支护时机之后的理想弹塑性岩体与塑性软化岩体的改进的围岩支护特征曲线；Carranza-Torres[178]推导了黏结式锚杆在弹性材料中支护的闭合解，并根据无量纲系数量化了围岩变形的减小。为简化计算，在这些理论解中均假定砂浆材料的刚度无限大，因此围岩与锚杆之间不会发生相对位移，然而这种假定会使得计算结果偏于保守。

还有一些解析解考虑了锚杆与围岩相对位移的情况。例如，Indraratna 和 Kaiser[131]、Pelia 和 Oreste[133]基于锚杆在围岩中的几何分布系数给出了围岩等效力学参数，Osgoui 和 Oreste[132]则在 Indraratna 和 Kaiser[131]、Pelia 和 Oreste[133]解的基础上引入了霍克-布朗屈服准则。这些解析解存在的问题是未考虑围岩与锚杆的剪切效应。在假定条件中，锚杆被分为自由部分与锚固部分，区别这两部分的中性点则由经验公式确定，该经验公式表示，中性点仅与隧道半径、锚杆长度有关；然而，中性点的位置实质上受到初始地应力、锚杆和破坏界面的剪切效应的影响[137,141]。

若充分考虑以上力学因素的影响，必须采用数值解对围岩与支护的相互作用展开分析。例如：Guan 等[142]基于弹簧滑件剪切模型，给出了锚杆在应变软化围岩中支护效应的数值理论解；Tan[179-180]给出了较为全面的数值程序用来分析较为复杂的本构模型。他们的模型考虑到了岩体的应变软化效应与围岩-锚杆界面的三段线黏结-滑移剪切模型。然而，Guan 等[142]并没有考虑在塑性区域内部弹性应变的应变增量，因此低估了岩体变形；Tan 和 Guan 等将锚杆视为刚体，这样可能会低估剪切界面上的剪应力与拉力[142,179-180]。而且，在这些数值解中，由开挖面效应产生的虚拟支护力是从初始阶段到最终阶段逐步减小的，在每一阶段中，都需要采用迭代算法来计算围岩与锚杆中的应力和应变场；也就是说，为得到最终阶段的解，需要运行很多次迭代计算程序，计算过程非常烦琐。

针对以上数值理论解中存在的问题，此处给出了针对理想弹塑性岩体与弹-脆-塑性岩体的全长黏结式锚杆的简化计算程序，分别在初始阶段与最终阶段分析围岩与支护的相互作用效应。在初始阶段，当锚杆刚刚施加时，给出有限差分程序，计算出岩体的应力、应变解，在最终阶段，当虚拟支护力减小为 0 时，给出另一有限差分程序来求解围岩位移与锚杆受力，给出了最终阶段的迭代程序。采用有限差分软件 FLAC3D 对迭代程序进行验证，与既有研究相比可知，迭代计算程序考虑了锚杆的伸长，且由于仅考虑到初始状态与最终状态，计算过程将大大简化；之后的参数分析主要用于预测锚杆-围岩界面的剪切刚度、托盘的施加与围岩的峰后特性对黏结式锚杆支护效果的影响。

8.2　问 题 描 述

8.2.1　基本假定

本章预测方法的基本假定如下。

（1）隧洞为圆形洞室，半径为 R_0。

（2）高应力条件下，假定洞室为深埋，认为围岩处于静水压力作用下。

（3）假定平面应变状态下径向应力与切向应力为 σ_r、σ_θ，与最小主应力 σ_3 和最大主应力 σ_1 相等。

（4）围岩为各向同性，当洞室开挖、应力释放之后，围岩表现为理想弹塑性与弹-脆-塑性特性，这两种特性可视为应变软化行为的特例。

8.2.2　岩体屈服准则与流动法则

莫尔-库仑屈服准则的表达式如下：

$$\sigma_\theta = \alpha\sigma_r + Y \tag{8.1a}$$

$$\alpha = (1+\sin\varphi)/(1-\sin\varphi) \tag{8.1b}$$

$$Y = 2c\cos\varphi/(1-\sin\varphi) \tag{8.1c}$$

式中：α 与 Y 为强度参量；c 为岩体的黏聚力；φ 为岩体的内摩擦角。对于理想弹塑性围岩，c、φ、α 与 Y 分别由 c^{peak}、φ^{peak}、α^{peak} 与 Y^{peak} 表示；对于弹-脆-塑性围岩，分别由 c^{res}、φ^{res}、α^{res}、Y^{res} 表示。

塑性流动法则如式（7.2）所示。

8.2.3　全长黏结式锚杆分布状态

从图 8.1 可以看出，围岩与支护的相互作用是三维问题，当锚杆在距离隧道开挖面 x_1 处的横断面 $A—A'$刚刚施加时，围岩已经产生部分变形，锚杆此时还未与围岩发生作用，在这种情况下，由于开挖面效应，可认为虚拟支护力 p_{f} 作用于洞壁[180]。随着隧道的向前开挖，p_{f} 逐渐减小，围岩变形逐步增大，锚杆开始在锚杆-围岩剪切界面与围岩发生相互作用。当 x 由 x_1 增至 x_2 时，在横断面 $A—A'$处的 p_{f} 全部卸载（$p_{\text{f}}=0$），开挖面对横断面 $A—A'$处的影响消失，围岩与支护的相互作用终止。在此处的分析中，初始阶段与最终阶段分别对应 $p_{\text{f}}=p_{\text{f,ini}}$ 与 $p_{\text{f}}=0$，下面将主要探讨最终阶段的围岩应力和应变场、锚杆轴力与锚杆剪切力。

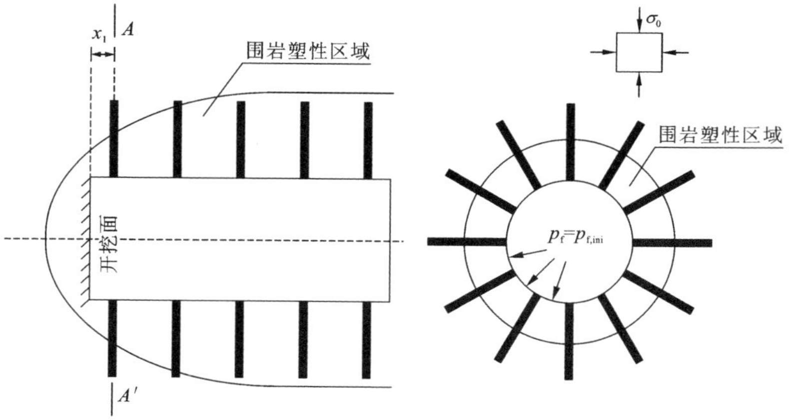

（a）初始阶段

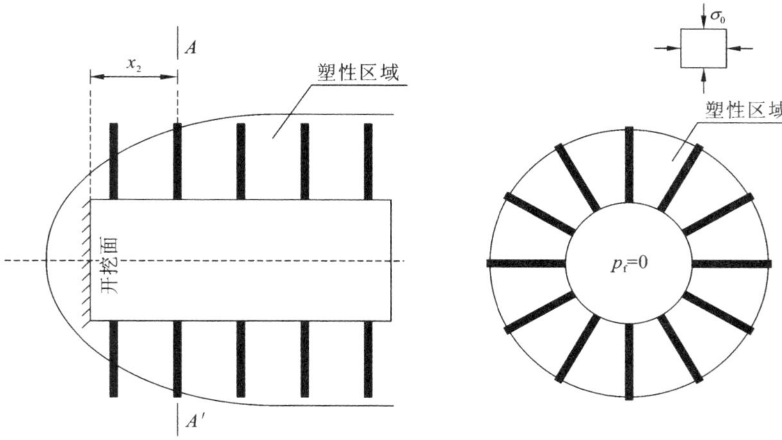

(b) 最终阶段

图 8.1　隧道掘进中围岩与锚杆的相互作用示意图

8.2.4　隧洞掘进时围岩与锚杆的相互作用机理

如图 8.2 所示，在计算程序中，将隧道轴线处的锚杆间距设定为 L_z，在垂直于隧道轴线的隧道横断面处，锚杆布置是轴对称的，L_b 为锚杆长度，r 为径向距离，ω 为两个锚杆之间的角度，$r\omega$ 则表示锚杆间的环向间距。由于圆形隧道与锚杆布置的轴对称性，可假定在锚杆影响区域内部某一位置 r 处的围岩的变形、受力是均匀分布的。

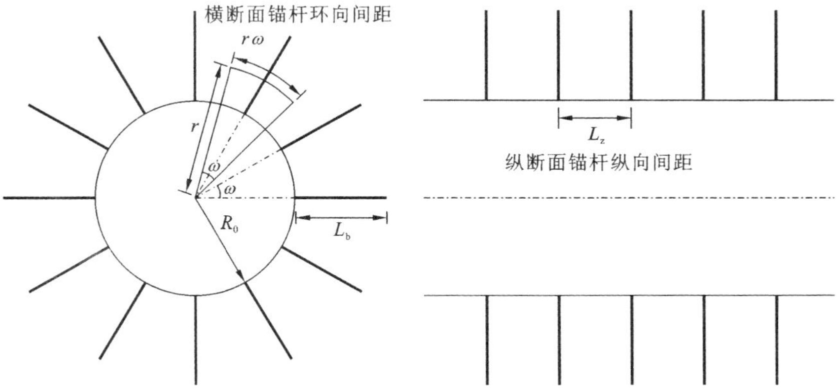

(a) 锚杆在纵向与横断面的分布

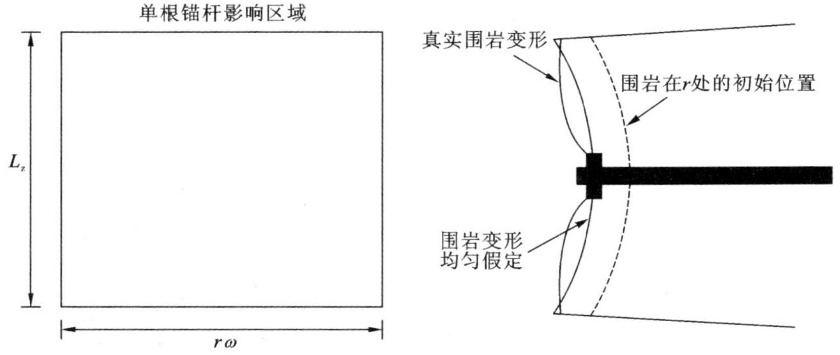

(b) 锚杆影响区域的岩体变形

图 8.2 锚杆布置图

8.3 全长黏结式锚杆加固力学效应

8.3.1 应力平衡与位移协调方程

对于未受锚杆支护的围岩[图 8.3（a）]，其平衡方程为

$$\frac{\mathrm{d}\sigma_r}{\mathrm{d}r}+\frac{\sigma_r-\sigma_\theta}{r}=0 \tag{8.2}$$

假定在锚杆泥浆与围岩界面之间存在相对位移，在 $\mathrm{d}r$ 单元内，作用在围岩上的力有 σ_r、σ_θ、$\sigma_\theta+d\sigma_\theta$、$F_\mathrm{b}$、$F_\mathrm{b}+\mathrm{d}F_\mathrm{b}$（$\mathrm{d}\sigma_r$、$\mathrm{d}\sigma_\theta$、$\mathrm{d}F_\mathrm{b}$ 分别表示锚杆的径向应力、切向应力与轴力增量）。对于受到锚杆支护的围岩[图 8.3（b）]，其平衡方程为

$$\frac{\mathrm{d}\sigma_r}{\mathrm{d}r}+\frac{\sigma_r-\sigma_\theta}{r}-\frac{1}{r\omega L_\mathrm{z}}\frac{\mathrm{d}F_\mathrm{b}}{\mathrm{d}r}=0 \tag{8.3}$$

根据锚杆单独的平衡状态[图 8.3（c）]，式（8.3）中单位长度的轴力 $\mathrm{d}F_\mathrm{b}/\mathrm{d}r$ 可表示为

$$\frac{\mathrm{d}F_\mathrm{b}}{\mathrm{d}r}=\pi D_\mathrm{s}\tau_\mathrm{b} \tag{8.4}$$

式中：τ_b 为在锚杆-砂浆界面的剪应力；D_s 为锚杆的有效直径。

将式（8.4）代入式（8.3）中，可得到如下平衡方程：

$$\frac{\mathrm{d}\sigma_r}{\mathrm{d}r}=\frac{\sigma_\theta-\sigma_r+N_0\tau_\mathrm{b}}{r} \tag{8.5}$$

式中：N_0（$N_0=\pi D_\mathrm{s}/\omega L_\mathrm{z}$）为几何系数，当无锚杆作用时，可将 N_0 视为 0，式（8.5）

可退化为如式（8.2）所示的围岩平衡状态。

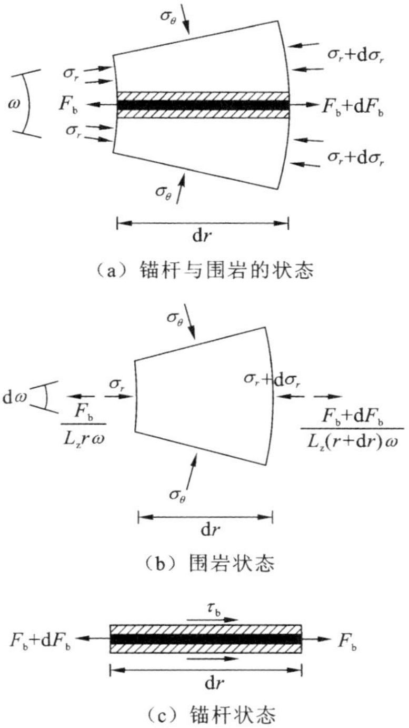

图 8.3　无限小径向间距 dr 下围岩的平衡状态

根据塑性流动法则[式（7.2）]，塑性切向应变与塑性径向应变可分别由塑性乘子 λ 表示：

$$\varepsilon_r^{\mathrm{p}}=\lambda\frac{\partial g}{\partial\sigma_r}\tag{8.6a}$$

$$\varepsilon_\theta^{\mathrm{p}}=\lambda\frac{\partial g}{\partial\sigma_\theta}\tag{8.6b}$$

结合式（7.2）与式（8.6），可得到如下位移协调方程：

$$\varepsilon_r^{\mathrm{p}}+K_\psi\varepsilon_\theta^{\mathrm{p}}=0\tag{8.7}$$

基于平面应变轴对称假定，应变与位移的关系表达如式（2.12）所示。

ε_r 与 ε_θ 分别由弹性应变分量与塑性应变分量组成：

$$\varepsilon_r=\varepsilon_r^{\mathrm{e}}+\varepsilon_r^{\mathrm{p}}\tag{8.8}$$

$$\varepsilon_\theta=\varepsilon_\theta^{\mathrm{e}}+\varepsilon_\theta^{\mathrm{p}}\tag{8.9}$$

式中：$\varepsilon_r^{\mathrm{e}}$ 与 $\varepsilon_\theta^{\mathrm{e}}$ 分别为弹性径向应变与弹性切向应变，根据胡克定律，$\varepsilon_r^{\mathrm{e}}$ 与 $\varepsilon_\theta^{\mathrm{e}}$ 可

根据应力状态计算得到，即

$$\varepsilon_r^{\mathrm{e}}=\frac{1+\mu}{E_{\mathrm{r}}}[(1-\mu)(\sigma_r-\sigma_{r2})-\mu(\sigma_\theta-\sigma_{\theta 2})] \tag{8.10a}$$

$$\varepsilon_\theta^{\mathrm{e}}=\frac{1+\mu}{E_{\mathrm{r}}}[(1-\mu)(\sigma_\theta-\sigma_{\theta 2})-\mu(\sigma_r-\sigma_{r2})] \tag{8.10b}$$

其中：σ_{r2} 与 $\sigma_{\theta 2}$ 分别为弹塑性区域交界处的径向应力与切向应力，可由式（8.11）计算获得[13]。

$$\sigma_{r2}=(2\sigma_0-Y)/(\alpha+1) \tag{8.11a}$$

$$\sigma_{\theta 2}=(2\alpha\sigma_0+Y)/(\alpha+1) \tag{8.11b}$$

将式（8.10）与式（8.11）代入式（8.8）中，可将位移协调方程写成应力分量的函数：

$$\frac{\mathrm{d}u}{\mathrm{d}r}+K_\psi\frac{u}{r}=\frac{1+\mu}{E_{\mathrm{r}}}[(\sigma_r-\sigma_{r2})(1-\mu-K_\psi\mu)+(\sigma_\theta-\sigma_{\theta 2})(K_\psi-K_\psi\mu-\mu)] \tag{8.12}$$

8.3.2　锚杆-砂浆界面的力学特征

围岩-砂浆界面的剪切行为可由界面剪切刚度 K_{s} 表示，剪切界面的剪应力可由式（8.13）计算得到。

$$\tau_{\mathrm{b}}=\frac{K_{\mathrm{s}}\Delta u_{\mathrm{s}}}{\pi D_{\mathrm{s}}} \tag{8.13}$$

式中：u_{s} 为围岩与锚杆间的相对位移；K_{s} 为界面剪切刚度。

Δu_{s} 可表示为

$$\Delta u_{\mathrm{s}}=u_{\mathrm{r}}-u_{\mathrm{r}}'-u_{\mathrm{b}} \tag{8.14}$$

式中：当 $p_{\mathrm{f}}=p_{\mathrm{f,ini}}$ 时，u_{r}' 为初始岩体位移；u_{r} 与 u_{b} 为当 $p_{\mathrm{f}}=0$ 时最终的岩体与锚杆位移。

将式（8.14）代入式（8.13）中，可得到 τ_{b}、u_{r}、u_{r}' 的关系式：

$$\tau_{\mathrm{b}}=\frac{K_{\mathrm{s}}(u_{\mathrm{r}}-u_{\mathrm{r}}'-u_{\mathrm{b}})}{\pi D_{\mathrm{s}}} \tag{8.15}$$

8.3.3　锚杆托盘的力学特征

托盘与洞壁围岩的作用机理是：围岩由于应力释放而产生变形，进而挤压锚杆的托盘，对托盘产生拉力；另外，托盘将拉力传递至洞壁，对围岩产生限制作用。因此，可假定托盘受到拉力 $F_{\mathrm{b,plate}}$ 的作用，同时，围岩受到托盘的支护压力 $p_{\mathrm{i,plate}}$ 的作用，托盘在这两种力的作用下维持平衡，故 $F_{\mathrm{b,plate}}$ 与 $p_{\mathrm{i,plate}}$ 的关系可表示为

$$p_{\mathrm{i,plate}}=\frac{F_{\mathrm{b,plate}}}{R_0\omega L_{\mathrm{z}}} \tag{8.16}$$

其中：$F_{\mathrm{b,plate}}$ 可表示为托盘刚度 $K_{\mathrm{s,plate}}$ 的函数，即

$$F_{\mathrm{b,plate}}=K_{\mathrm{s,plate}}\Delta u_{\mathrm{s}} \tag{8.17}$$

需要说明的是，$K_{\mathrm{s,plate}}$ 的单位为 MN/m，与 K_{s} 的单位并不相同。

8.4　围岩与锚杆的应力、应变预测

8.4.1　施加锚杆之前

施加锚杆之前的围岩位移由 u_{r}' 来表示，u_{r}' 与洞壁处出现塑性区域的支护压力 $p_{\mathrm{i,cri1}}$ 有关，由文献[181]可知，p_{cri} 与弹塑性区域交界处的径向应力 σ_{r2} 相等，表达式如下：

$$p_{\mathrm{cri}}=\sigma_{r2}=(2\sigma_0-Y)/(\alpha+1) \tag{8.18}$$

当 $p_{\mathrm{f,ini}}>p_{\mathrm{i,cri1}}$ 时，围岩表现为弹性状态[180]，根据弹性理论，u_{r}' 可表示为

$$u_{\mathrm{r}}'=\frac{1+\mu}{E_{\mathrm{r}}}(\sigma_0-p_{\mathrm{f,ini}})\frac{R_0^2}{r} \tag{8.19}$$

式中：E_{r} 为岩体弹性模量；μ 为岩体泊松比。

当 $p_{\mathrm{f,ini}}<p_{\mathrm{i,cri1}}$ 时，在洞壁周围存在塑性区域与弹性区域，在弹性区域，u_{r}' 的解析解表示为

$$u_{\mathrm{r}}'=\frac{1+\mu}{E_{\mathrm{r}}}(\sigma_0-\sigma_{r2})\frac{R_{\mathrm{p}}^2}{r} \tag{8.20}$$

式中：R_{p} 为塑性区域半径（图 2.1），可由式（8.21）计算得到[181]。

$$R_{\mathrm{p}}=R_0\left[\frac{(\alpha-1)\sigma_{r2}+Y}{(\alpha-1)p_{\mathrm{f,ini}}+Y}\right]^{\frac{1}{\alpha-1}} \tag{8.21}$$

将 σ_{r2} 与 R_{p} 代入式（8.21），可得到弹性区域内部的 u_{r}'。在塑性区域内部，需通过有限差分方法计算 u_{r}'。根据相同的径向距离增量 Δr，塑性区域被分为 n 个同心环：

$$\Delta r = r_{(k-1)} - r_{(k)} = \frac{R_p - R_0}{n} \tag{8.22}$$

式中：$r_{(k)}$与$r_{(k-1)}$分别为第 k 环的内边界与外边界对应的半径。$\sigma_{r(0)}$与$\sigma_{\theta(0)}$分别等于弹塑性区域交界处的径向应力与切向应力 σ_{r2} 与 $\sigma_{\theta 2}$；径向距离 r 逐步由塑性区域的外边界 $r_{(0)}[r_{(0)}=R_p]$减小到洞壁 $r_{(n)}[r_{(n)}=R_0]$。

结合式（8.3）与式（8.1），可以得到如下平衡方程：

$$\frac{\mathrm{d}\sigma_r}{\mathrm{d}r} = \frac{(\alpha-1)\sigma_r + Y}{r} \tag{8.23}$$

在第 k 环，式（8.23）可以写成如下增量形式：

$$\frac{\sigma_{r(k)} - \sigma_{r(k-1)}}{\Delta r} = \frac{(\alpha-1)\left(\dfrac{\sigma_{r(k)} + \sigma_{r(k-1)}}{2}\right) + Y}{\Delta r} \tag{8.24}$$

通过计算，式（8.24）可转换为

$$\sigma_{r(k)} = \sigma_{r(k-1)} A_{(k)} + B_{(k)} \tag{8.25a}$$

$$A_{(k)} = \frac{2r_{(k)} + (\alpha-1)\Delta r}{2r_{(k)} - (\alpha-1)\Delta r} \tag{8.25b}$$

$$B_{(k)} = \frac{2Y\Delta r}{2r_{(k)} - (\alpha-1)\Delta r} \tag{8.25c}$$

在第 k 环，位移协调方程[式（8.12）]可变换为如下增量形式：

$$\begin{aligned}\frac{u'_{\mathrm{r}(k)} - u'_{\mathrm{r}(k-1)}}{\Delta r} + K_\psi \frac{u'_{\mathrm{r}(k)}}{r_{(k)}} = \frac{1}{2G}\{&[\sigma_{r(k-1)} - \sigma_{r2}](1-\mu-K_\psi\mu) \\ &+[\sigma_{\theta(k-1)} - \sigma_{\theta 2}](K_\psi - K_\psi\mu - \mu)\}\end{aligned} \tag{8.26}$$

通过变换式（8.26），$u'_{\mathrm{r}(k)}$ 可表示为

$$u'_{\mathrm{r}(k)} - u'_{\mathrm{r}(k-1)} C_{(k)} = \sigma_{r(k-1)} D_{(k)} + F_{(k)} \tag{8.27a}$$

$$C_{(k)} = r_{(k)} / [r_{(k)} + K_\psi \Delta r] \tag{8.27b}$$

$$D_{(k)} = [(1-\mu-K_\psi\mu) + \alpha(K_\psi - K_\psi\mu - \mu)] r_{(k)}\Delta r / \{2G[r_{(k)} + K_\psi\Delta r]\} \tag{8.27c}$$

$$F_{(k)} = [(Y-\sigma_{\theta 2})(K_\psi - K_\psi\mu - \mu) - \sigma_{r2}(1-\mu-K_\psi\mu)] r_{(k)}\Delta r / \{2G[r_{(k)} + K_\psi\Delta r]\} \tag{8.27d}$$

总的来说，塑性区域内部的u'_{r} 主要通过以下步骤计算得到。

（1）当 $k=1$ 时，$\sigma_{r(k-1)}=\sigma_{r(0)}=\sigma_{r2}$，$u_{\mathrm{r}(k-1)}=u'_{\mathrm{r}(0)}=u_{\mathrm{r}2}$［$u_{\mathrm{r}2}$ 为弹塑性区域交界处的围岩位移，可将 σ_{r2} 与 R_p 代入式（8.20）中获得］；将 $\sigma_{r(0)}$与 $u'_{\mathrm{r}(0)}$代入式（8.27）中得到 $u'_{\mathrm{r}(1)}$。

（2）当 $k>1$ 时，将 $\sigma_{r(k-1)}$代入式（8.25）中计算得到 $\sigma_{r(k)}$；将 $\sigma_{r(k-1)}$与 $u'_{\mathrm{r}(k-1)}$代

入式（8.26）中计算得到 $u'_{r(k)}$。

（3）假定 $k=k+1$，重复计算步骤（1）与步骤（2）直到 $r_{(k)}$减小至 R_0。

8.4.2　施加锚杆之后

在围岩与锚杆相互作用的最终阶段，可根据分步计算程序得到围岩的应力、应变场与锚杆轴力、剪应力。当 $p_f=0$ 时，一般地，洞壁周围的岩体处于塑性阶段，在距离洞壁较远处，岩体处于弹性阶段，故在以下计算过程中认为围岩由塑性区域与弹性区域组成。根据锚杆整体是否处于塑性区域内部，可分两种算例对围岩与锚杆的力学响应进行计算分析。

1. 算例 1：$R_0 < R_p < R_0 + L_b$

当 $R_0 < R_p < R_0 + L_b$ 时，在洞壁附近的锚杆部分处于塑性区域内部，而远端的锚杆部分处于弹性区域内部，划分方法如图 8.4 所示。在弹塑性区域交界处，锚杆被分为两个区域，$r_{(0)}$在塑性区域内部由 R_p 减小到 R_0，在弹性区域内部由 R_p 增至 $R_0 + L_b$。在塑性区域内部，径向距离增量 Δr 为正值，而在弹性区域内部，Δr 为负值。Δr 在这两个区域内部的表达式如下：

$$\Delta r = r_{(i-1)} - r_{(i)} = \frac{R_p - R_0}{m},\quad 1 \leqslant i \leqslant m \tag{8.28a}$$

$$\Delta r = r_{(i-1)} - r_{(i)} = \frac{R_p - (R_0 + L_b)}{n},\quad 1 \leqslant i \leqslant n \tag{8.28b}$$

式中：n 与 m 分别为弹性区域和塑性区域的环数；$i-1$ 与 i 分别为在塑性区域内部第 i 环的外边界与内边界，在弹性区域内部第 i 环的内边界与外边界。

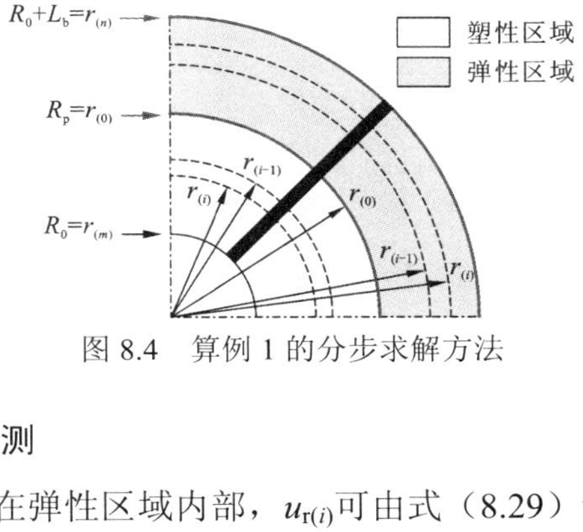

图 8.4　算例 1 的分步求解方法

扫一扫　看彩图

1）围岩位移的预测

根据式（8.20），在弹性区域内部，$u_{r(i)}$可由式（8.29）计算得到。

$$u_{r(i)}=\frac{1+\mu}{E_r}[\sigma_0-\sigma_{r(i)}]\frac{R_p^2}{r_{(i)}} \tag{8.29}$$

根据式（8.27），在塑性区域内部，每一环的$u_{r(i)}$可由式（8.30）计算得到。

$$u_{r(i)}-u_{r(i-1)}C_{(i)}=\sigma_{r(i-1)}D_{(i)}+F_{(i)} \tag{8.30}$$

式（8.29）表示，若$\sigma_{r(i)}$已知，弹性区域的$u_{r(i)}$即可确定；式（8.30）表示，若$\sigma_{r(i-1)}$与$u_{r(i-1)}$已知，塑性区域的$u_{r(i)}$即可确定。

2）锚杆轴力与界面剪应力的预测

在每环中，式（8.15）可表示为

$$\tau_{b(i)}=\frac{K_s[u_{r(i)}-u'_{r(i)}-u_{b(i)}]}{\pi D_s} \tag{8.31}$$

考虑到其增量形式，式（8.31）可转换为

$$\tau_{b(i)}-\tau_{b(i-1)}=\frac{K_s\{[u_{r(i)}-u_{r(i-1)}]-[u'_{r(i)}-u'_{r(i-1)}]-\Delta u_{b(i-1)}\}}{\pi D_s} \tag{8.32}$$

式中：$\Delta u_{b(i-1)}$为$r_{(i-1)}$处的锚杆伸长量，表达式为

$$\Delta u_{b(i)}=\frac{F_{b(i)}\Delta r}{E_b A_b} \tag{8.33}$$

其中：$F_{b(i-1)}$为第$i-1$环处的轴力；E_b为锚杆的弹性模量；A_b为锚杆的有效面积。

若$u_{r(i)}$、$u_{r(i-1)}$、$\Delta u_{b(i-1)}$、$u'_{r(i)}$、$u'_{r(i-1)}$已知，则$\tau_{b(i)}$可由式（8.32）计算得到，在这些变量中，$u_{r(i)}$可由式（8.29）与式（8.30）计算得到，$u_{r(i)}$可由式（8.27）计算得到。$F_{b(i)}$可由式（8.34）获得。

$$F_{b(i)}=F_{b(0)}，\quad i=0 \tag{8.34a}$$

$$F_{b(i)}=F_{b(i-1)}+\pi D_s\tau_{b(i)}，\quad i\geqslant 1 \tag{8.34b}$$

3）围岩应力分量的预测

在弹性区域内部，σ_r与σ_θ的关系可表示为

$$\sigma_r+\sigma_\theta=2\sigma_0 \tag{8.35}$$

根据式（8.35）和式（8.5），可得到每一环的平衡方程：

$$\frac{\sigma_{r(i)}-\sigma_{r(i-1)}}{\Delta r}=\frac{2\sigma_0-[\sigma_{r(i)}+\sigma_{r(i-1)}]+N_0\tau_{b(i)}}{r_{(i)}} \tag{8.36}$$

通过对式（8.36）进行变形，可以得到$\sigma_{r(i)}$在弹性区域内部的表达式：

$$\sigma_{r(i)}=H_{(i)}+I_{(i)}\tau_{b(i)}+J_{(i)}\sigma_{r(i-1)} \tag{8.37a}$$

$$H_{(i)}=2\sigma_0\Delta r/[\Delta r+r_{(i)}] \tag{8.37b}$$

$$I_{(i)}=N_0\Delta r/[\Delta r+r_{(i)}] \tag{8.37c}$$

$$J_{(i)} = [r_{(i)} - \Delta r] / [\Delta r + r_{(i)}] \tag{8.37d}$$

在塑性区域内部，σ_r 与 σ_θ 的关系可由式（8.1）表示，结合式（8.1）和式（8.5），可以得到每一环的平衡方程：

$$\frac{\sigma_{r(i)} - \sigma_{r(i-1)}}{\Delta r} = \frac{(\alpha-1)\left[\dfrac{\sigma_{r(i)} + \sigma_{r(i-1)}}{2}\right] + Y + N_0 \tau_{b(i)}}{r_{(i)}} \tag{8.38}$$

对式（8.38）进行变形，可以得到塑性区域内部 $\sigma_{r(i)}$ 的表达式：

$$\sigma_{r(i)} = L_{(i)} + M_{(i)} \tau_{b(i)} + N_{(i)} \sigma_{r(i-1)} \tag{8.39a}$$

$$L_{(i)} = 2Y\Delta r / [2r_{(i)} - \Delta r(\alpha - 1)] \tag{8.39b}$$

$$M_{(i)} = 2\Delta r N_0 / [2r_{(i)} - (\alpha - 1)\Delta r] \tag{8.39c}$$

$$N_{(i)} = [2r_{(i)} + (\alpha - 1)\Delta r] / [2r_{(i)} - (\alpha - 1)\Delta r] \tag{8.39d}$$

当 $\tau_{b(i)}$ 与 $\sigma_{r(i-1)}$ 已知时，$\sigma_{r(i)}$ 可根据式（8.38）与式（8.39）计算得到。

4）计算程序

图 8.5 给出了上述数值计算程序的流程图，主要计算步骤如下。

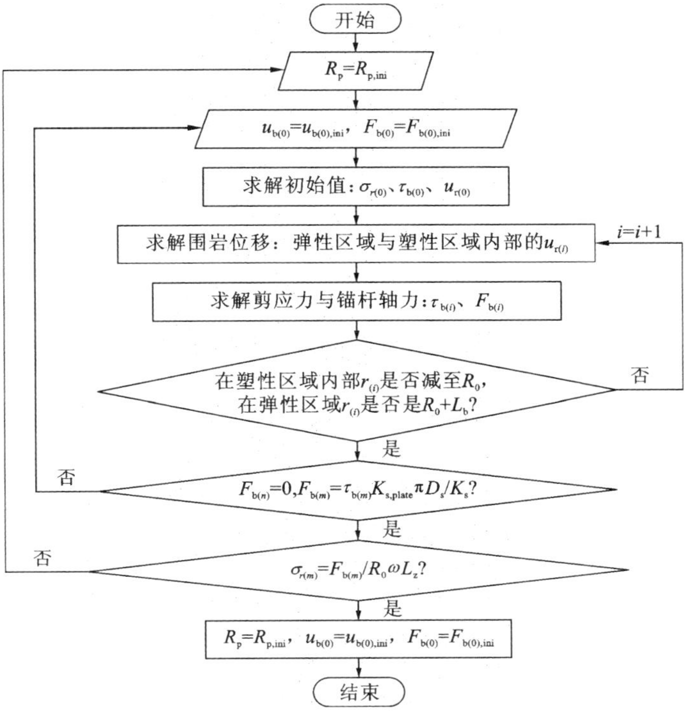

图 8.5　算例 1 的计算程序流程图

步骤 1：预测初始围岩位移。

假定 $p_f=p_{f,ini}$，根据 8.4.1 小节的计算程序求解 u'_r。

步骤 2：假定 R_p 初始值。

R_p 的初始假定值可由 $R_{p,ini}$ 表示，$R_{p,ini}$ 应处在具体范围中，其上限值对应 $p_f=0$ 时的 R_p，下限值对应 $p_f=p_{f,ini}$ 时的 R_p。

步骤 3：假定 $u_{b(0)}$ 与 $F_{b(0)}$ 的初始值 $u_{b(0),ini}$、$F_{b(0),ini}$。

步骤 4：执行分步计算程序获得每一环的应力与位移。

根据 $R_{p,ini}$、$u_{b(0),ini}$、$F_{b(0),ini}$ 来求解 $\sigma_{r(0)}$、$\tau_{b(0)}$、$u_{r(0)}$。具体来说，由式（8.18）计算 $\sigma_{r(0)}[\sigma_{r(0)}=\sigma_{r2}]$，将 $\sigma_{r(0)}$ 与 $R_{p,ini}$ 代入式（8.29）计算 $u_{r(0)}$，将 $u'_{r(0)}$、$u_{r(0)}$、$u_{b(0)}$ 代入式（8.31）中计算 $\tau_{b(0)}$。

当 $i \geqslant 1$ 时，计算每一环的围岩位移、界面剪应力、锚杆轴力与围岩应力。具体来讲，将 $\sigma_{r(i)}$ 代入式（8.29）中求解弹性区域的 $u_{r(i)}$；将 $\sigma_{r(i)}$、$u_{r(i-1)}$ 代入式（8.30）中求解塑性区域的 $u_{r(i)}$；将 $u_{r(i)}$、$u_{r(i-1)}$、$\Delta u_{b(i-1)}$、$u'_{r(i)}$、$u'_{r(i-1)}$ 代入式（8.32）中求解 $\tau_{b(i)}$；将 $F_{b(i-1)}$ 与 $\tau_{b(i)}$ 代入式（8.34b）中计算 $F_{b(i)}$；将 $\tau_{b(i)}$ 与 $\sigma_{r(i-1)}$ 代入式（8.37）和式（8.39）求解弹性区域与塑性区域的 $\sigma_{r(i)}$；将 $\sigma_{r(i)}$ 代入式（8.1a）中计算 $\sigma_{\theta(i)}$。

令 $i=i+1$，重复计算程序，直到在塑性区域内 $r_{(i)}$ 减至 R_0，在弹性区域内 $r_{(i)}$ 增至 R_0+L_b。

步骤 5：采用迭代算法求解 R_p、$u_{b(0)}$、$F_{b(0)}$。

为了求解 R_p、$u_{b(0)}$、$F_{b(0)}$，给出三个边界条件。在远端，锚杆为自由端，即 F_b 在 $r_{(i)}=R_0+L_b$ 处为 0，如式（8.40）所示：

$$F_{b(n)}=0 \tag{8.40}$$

在近端，由于托盘的施加，$F_{b(m)}$ 与 $\tau_{b(m)}$ 的相互关系可结合式（8.13）与式（8.17）获得。

$$F_{b(m)}=F_{b,plate}=\frac{\tau_{b(m)}K_{s,plate}\pi D_s}{K_s} \tag{8.41}$$

由于在最终阶段 p_f 为 0，由托盘提供的支护压力 $p_{i,plate}$ 与洞壁处围岩的径向应力 $\sigma_{r(m)}$ 相等，$F_{b(m)}$ 与 $\sigma_{r(m)}$ 的关系可基于式（8.16）获得：

$$\sigma_{r(m)}=p_{i,plate}=\frac{F_{b(m)}}{R_0\omega L_z} \tag{8.42}$$

将步骤 4 中的程序执行多次后，可由式（8.40）得到 R_p 为 $R_{p,ini}$ 条件下 $u_{b(0)}$ 与 $F_{b(0)}$ 的线性关系，另一个关于 $u_{b(0)}$ 与 $F_{b(0)}$ 的线性关系可由式（8.41）获得。因此，根据式（8.40）和式（8.41）的边界条件，即可确定 R_p 为 $R_{p,ini}$ 条件下的 $u_{b(0)}$ 与 $F_{b(0)}$。

式（8.42）可作为边界条件预测 R_p 的真实值，迭代步骤 3 与步骤 4 多次，使得 $R_{p,ini}$ 的计算结果满足式（8.42），对应的 $R_{p,ini}$ 即 R_p 的真实值。

2. 算例 2：$R_0 < R_0 + L_b < R_p$

当 $R_0 < R_0 + L_b < R_p$ 时，锚杆整体包含于塑性区域范围内，算例 2 的划分方法如图 8.6 所示。塑性区域被分为两部分：一部分为包含锚杆的塑性区域；另一部分为未包含锚杆的塑性区域。在未包含锚杆的塑性区域内部，r 逐渐由 R_p 减小至 $R_0 + L_b$；在包含锚杆的塑性区域，r 逐渐由 $R_0 + L_b$ 减小至 R_0。

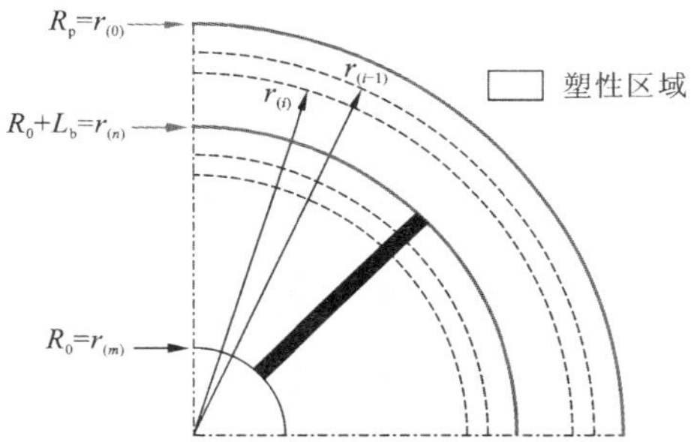

图 8.6　算例 2 的分步求解方法

扫一扫　看彩图

等效径向半径增量 Δr 的表达式为

$$\Delta r = r_{(i-1)} - r_{(i)} = \frac{R_p - (R_0 + L_b)}{n}, \quad 1 \leqslant i \leqslant n \tag{8.43a}$$

$$\Delta r = r_{(i-1)} - r_{(i)} = \frac{R_0 + L_b}{m - (n+1)}, \quad n+1 \leqslant i \leqslant m \tag{8.43b}$$

式中：n 和 m 分别为从 R_p 到 $R_0 + L_b$ 部分的环数、从 R_p 到 R_0 部分的环数。

算例 2 与算例 1 的计算程序大体相似，但算例 2 的计算程序更为简化，图 8.7 给出了其计算程序流程图，具体步骤如下。

步骤 1：预测初始围岩位移。

步骤 2：假定 R_p 的初始值。

步骤 3：预测塑性区域内部的围岩位移与径向应力。

在 R_p 到 $R_0 + L_b$ 的区域内部，根据 8.4.1 小节的程序计算得到 $u_{r(i)}$ 与 $\sigma_{r(i)}$，并记录 $R_0 + L_b$ 处的 $u_{r(n)}$ 与 $\sigma_{r(n)}$。

步骤 4：假定 $u_{b(n)}$ 的初始值。

步骤 5：执行分步计算程序获得每一环的应力与位移。

基于步骤 3 与步骤 4，得到 $u_{r(n)}$、$\sigma_{r(n)}$、$u_{b(n)}$、$F_{b(n)}[F_{b(n)}=0]$，将 $u'_{r(n)}$、$u_{r(n)}$、$u_{b(n)}$ 代入式（8.34）中可得到 $\tau_{b(n)}$。

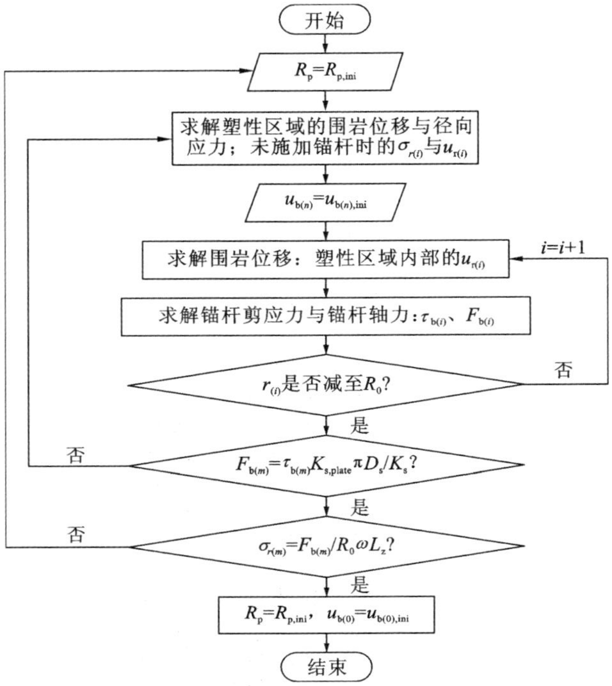

图 8.7　算例 2 的计算程序流程图

当 $i\geqslant n+1$ 时，求解围岩位移、锚杆剪应力、锚杆轴力与围岩应力分量，求解方法与算例 1 中的步骤 4 完全相同。

令 $i=i+1$，执行上述程序直至 $r_{(i)}$减小至 R_0。

步骤 6：采用迭代算法求解 R_p、$u_{b(n)}$。

可将式（8.41）与式（8.42）视为边界条件来求解 R_p 与 $u_{b(n)}$的真实值。

将步骤 5 中的计算程序执行多次之后，可得到 R_p 为 $R_{p,ini}$ 条件下 $u_{b(n)}$与 $F_{b(m)}$的线性关系，另一个关于 $u_{b(n)}$与 $F_{b(m)}$的线性关系则根据式（8.41）获得，由这两种线性关系，即可确定 R_p 为 $R_{p,ini}$ 条件下的 $u_{b(n)}$与 $F_{b(m)}$。

式（8.42）则可作为边界条件预测 R_p 的真实值，迭代步骤 4 与步骤 5 多次后，使得 $R_{p,ini}$ 的计算结果满足式（8.42），对应的 $R_{p,ini}$ 即 R_p 的真实值。

8.4.3　本方法相比于既有研究的优势

1. 关于锚杆的伸长

Guan 等[142]与 Tan[179-180]认为，与围岩变形相比锚杆的变形较小，因此并未考虑锚杆伸长。本方法则考虑了锚杆伸长[式（8.33）]，在 8.5 和 8.6 节中，将讨论界面剪切刚度对锚杆伸长的影响，通过分析可知，在某些条件下，需要考虑锚杆伸长，否则会得到不当的支护设计，Guan 等[142]与 Tan[179-180]将锚杆假定为无伸长并不妥当。

2. 关于迭代程序的计算过程

根据 Guan 等[142]与 Tan[179-180]的求解方法，虚拟支护力逐渐由初始状态减小至最终状态，其间需经历有限个阶段，在每个阶段中，都需要采用迭代计算程序来求解围岩的应力、应变场与锚杆轴力；为了保证计算精度，虚拟支护力在每一阶段的减小量应当足够小，这就增加了阶段的次数，使得计算过程更加烦琐。然而，本方法关于虚拟支护力的减小过程的有限个阶段可简化为一个阶段，该阶段对应锚杆与支护相互作用的初始状态与最终状态。也就是说，若采用 Guan 等[142]与 Tan[179-180]的方法，计算程序需要运行多次，而在此处，只需要执行一次计算程序即可得到最终结果。

根据 Tan[179-180]的方法，锚杆周围的围岩被分为有限个圆环，在迭代计算过程中，需要对每一环的围岩位移进行假定，然后在每一阶段中，对计算程序进行反复迭代，使得每一环的位移与相应的假定值相等。因为设定的环数很多，所以采用迭代程序很难确保每一环的假定值与计算值相同。因此，Tan[179-180]的方法的难点在于每一阶段的迭代计算过程的复杂性。而本方法给出的迭代算法，其参数的假定值个数与 Tan[179-180]的方法的假定值个数相比很少，迭代难度将大大减小。例如，算例 1 与算例 2 分别仅对三个参数[R_p、$u_{b(0)}$、$F_{b(0)}$]与两个参数[R_p、$u_{b(n)}$]进行假定，由于相应的三个边界条件都已确定[式（8.40）～式（8.42）]，进行几次迭代计算即可得到参数的真实值，计算过程大为简化。

8.5 方法验证

采用有限差分软件 FLAC3D 对锚杆支护前后本方法的数值计算程序进行验证。验证算例中锚杆与围岩的基本力学特性列于表 8.1 中。采用本方法时，为保证结果的计算精度，将 Δr 设置为 0.005。如图 8.8 所示，为减少计算时间，取隧道模型的四分之一进行计算，模型的长、宽均设置为 60 m，在外平面方向，取模型的厚度为 0.5 m。为了模拟平面应变条件，固定了外平面方向的位移；分别固定模型底部与左侧边界的法向位移，在模型的上部与右侧边界施加初始地应力 σ_0[图 8.8（a）]。在洞周，采用锚索单元来模拟全长黏结式锚杆[图 8.8（b）]，为了保证计算精度，锚索单元被分为 13 段，即围岩的每个实体单元均包含一个锚索单元的节点[图 8.8（c）]。锚索单元的节点与围岩单元由弹簧滑件模型连接，弹簧滑件模型包含剪切刚度 K_s、黏结强度 c_g 和泥浆的摩擦系数 φ_g，本方法并未考虑锚杆与岩体之间的滑动，故在模拟中，将 c_g 设置为无穷大，滑动就不会产生。另外，在数值模拟中，锚杆的近端与远端在计算程序中是自由连接的，故在锚杆两端的节点处 τ_b 的默认值为 0，在之后的计算结果中，数值模型两端的 τ_b 并没有显示出来。

表 8.1　验证算例中围岩与锚杆的基本力学特性

围岩	R_0 / m	σ_0 /MPa	$p_{f,ini}$ /MPa	G /MPa	μ	φ^{peak} / (°)	c^{peak} /MPa
	5	1	0.3	208.333	0.2	30	0.1
锚杆	E_b / GPa	d_b / mm	L_z / m	L_b / m	ω / (°)	A_b / mm^2	
	210	25	1	3	12.86	490.625	

注：d_b 是锚杆截面直径。

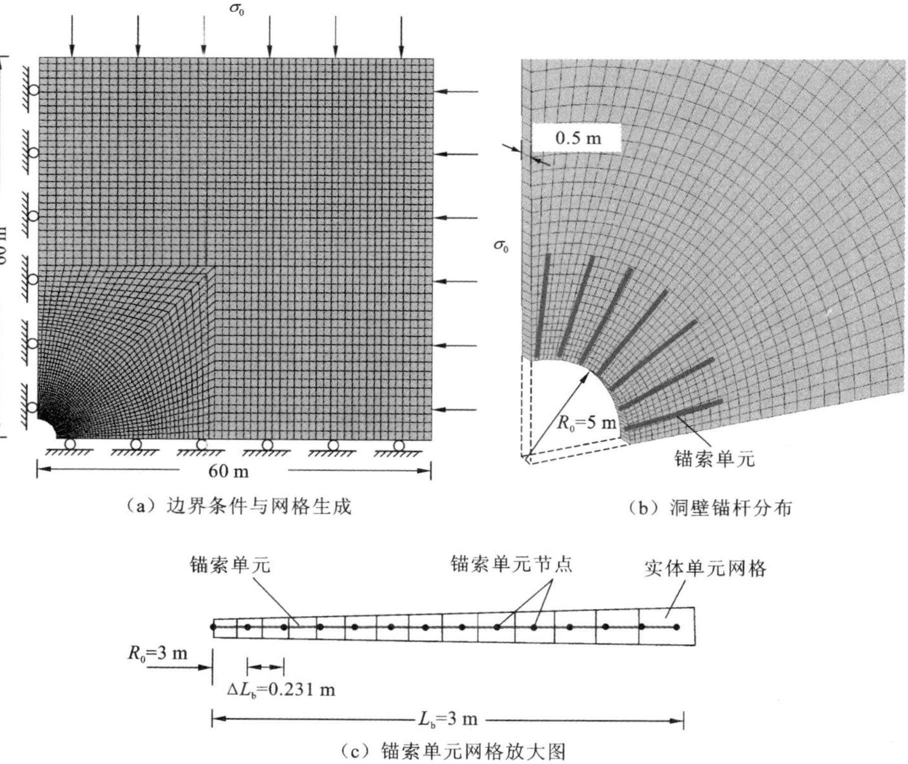

（a）边界条件与网格生成　　（b）洞壁锚杆分布

（c）锚索单元网格放大图

图 8.8　围岩与支护相互作用的数值模型

扫一扫　看彩图

数值模拟步骤如下：①将 $p_{f,ini}$ 施加在洞壁，求解数值模型直到达到稳定状态，可得到围岩的位移分布与应力分量，将无锚杆情况计算程序的结果与数值模型的结果进行对比；②在数值模型中加入锚索单元，并将 $p_{f,ini}$ 设置为 0，求解数值模型直到达到稳定状态，求解每段锚杆的 F_b 与每个节点锚杆的 τ_b，将有锚杆情况计算程序的结果与数值模型的结果进行对比。

图 8.9 给出了无锚杆情况计算程序与数值模型下 u_r、σ_r、σ_θ 的分布情况，两种计算方法的结果完全一致，这表明在初始阶段无锚杆支护时，计算程序可以有效估计岩体的变形与应力。

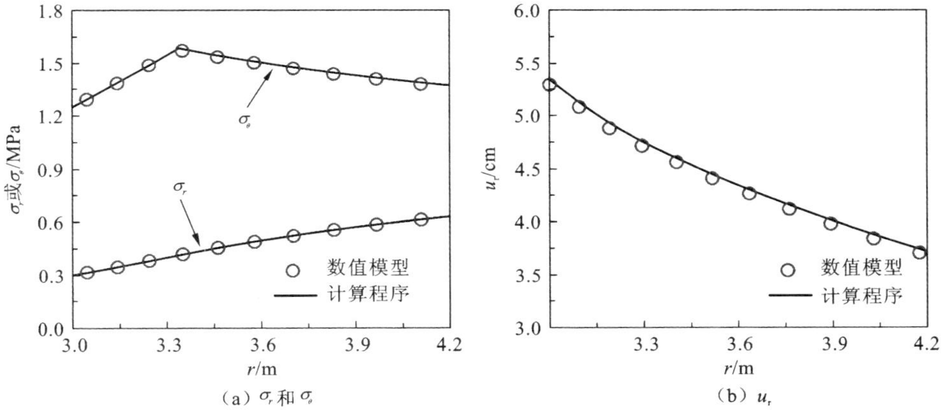

图 8.9　计算程序与数值模型下 σ_r、σ_θ 与 u_r 的分布

图 8.10 给出了当 K_s 为 1 MPa、10 MPa 和 100 MPa 时 F_b、τ_b 的分布规律。总的来说，不同 K_s 条件下两种方法的 τ_b 与 F_b 较为吻合，差异较小。可以看到，在锚杆近端区域，由数值模型计算得到的 τ_b 相比于计算程序稍大，原因在于，在计算程序中，假定锚杆影响区域处的围岩是均匀变化的，而在数值模型中，围岩的变形是非均匀的，这种特性可能使得锚杆周围的 τ_b 增大。另外，数值模型算得的 F_b 比计算程序算得的结果小，这与两者的网格尺寸有关，在数值模型中，锚杆每一节对应的长度为 0.23 m，这个长度是计算程序中分层长度的 46 倍，若 F_b 由锚杆端头进行累加，很明显，由于精度，数值模型计算得到的 F_b 的增长率较小，故数值模型方法在整个锚杆长度区域低估 F_b。

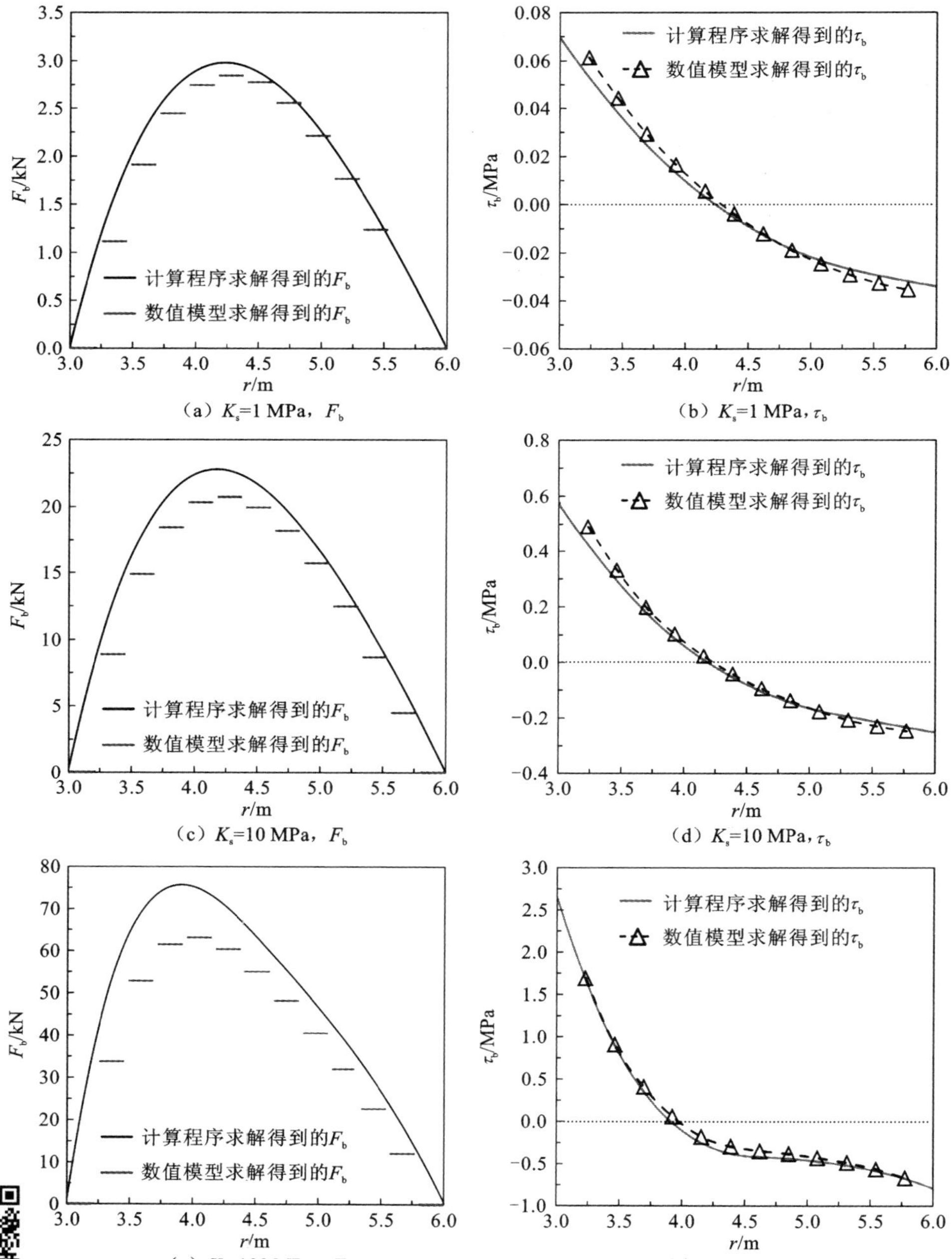

（a）K_s=1 MPa，F_b　（b）K_s=1 MPa，τ_b

（c）K_s=10 MPa，F_b　（d）K_s=10 MPa，τ_b

（e）K_s=100 MPa，F_b　（f）K_s=100 MPa，τ_b

图 8.10　计算程序与数值模型下 F_b 与 τ_b 的分布

扫一扫　看彩图

8.6 分析与讨论

8.6.1 界面剪切刚度的影响

1. 界面剪切刚度对轴力、界面剪应力的影响分析

表8.2列出了软岩与硬岩对应的两种工况，表8.3列出了锚杆的基本力学特性，c^{peak}与φ^{peak}表示理想弹塑性岩体的强度参数，c^{res}与φ^{res}表示弹-脆-塑性岩体的强度参数。在表8.2中，将硬岩与软岩均视为理想弹塑性岩体，将K_s设置为10 MPa、100 MPa、500 MPa、3 000 MPa。表8.4给出了R_p、u_0与锚杆轴力最大值$F_{b,max}$，需要指出的是，当R_p与u_0减小、$F_{b,max}$增大时，锚杆的支护效应会逐渐增强。

表 8.2 硬岩与软岩的性质及锚杆的力学性质

类型	参数							
	R_0 / m	σ_0 /MPa	E_r /MPa	μ	c^{peak}/MPa	c^{res} /MPa	φ^{peak} /(°)	φ^{res} /(°)
硬岩	3	5	50 000	0.2	0.276	0.061	55	52
软岩	3	5	5 000	0.2	0.173	0.055	35	30

表 8.3 锚杆的基本力学特性

E_b / GPa	d_b / mm	L_z / m	ω / (°)	A_b / mm^2	$p_{f,ini}$ /MPa	L_b/ m
210	25	1	12.86	490.625	0.3	3

表 8.4 不同 K_s 下的锚杆支护效应

类型	参数			
	K_s /MPa	R_p / m	u_0 / mm	$F_{b,max}$ / kN
硬岩	10	3.57	0.478	0.177
	100	3.57	0.478	1.084
	500	3.565	0.475	1.84
	3 000	3.56	0.474	6.38
软岩	10	6.68	15.033	16.202
	100	6.3	13.107	69.085
	500	6.075	12.02	93.247
	3 000	5.945	11.425	98.998

对于硬岩，K_s 对锚杆支护效应的影响并不显著。例如，当 K_s=10 MPa 时，R_p 与 u_0 较 K_s=3 000 MPa 时超出 0.42%与 1.18%（表 8.4）。然而，对于软岩，K_s 的增大使得支护效应得到很好的发挥，当 K_s 由 10 000 MPa 减小至 10 MPa 时，R_p 与 u_0 分别增大 13.37%与 34.12%（表 8.4）。这主要受两方面因素的影响：一方面，硬岩的弹性模量比软岩大，因此与软岩相比，硬岩变形受 K_s 的影响并不明显；另一方面，在硬岩条件下，塑性区域半径很小（R_p=3.56 m），说明锚杆大部分嵌入弹性区域内部，因为锚杆对弹性位移的约束能力较小，所以在硬岩中存在较大范围的弹性区域，使得锚杆的支护效应很小，而相反地，软岩中存在较大范围的塑性区域，使得锚杆的支护效应较强。

对于软岩，当 K_s 由 10 MPa 增大至 3 000 MPa 时，R_p 与 u_0 减小较为显著，而当 K_s 继续增大时，R_p 与 u_0 则基本保持不变（表 8.4）。实际上，R_p 与 u_0 的变化规律取决于锚杆远端是否在弹性区域内部，当 K_s 介于 10 MPa 与 3 000 MPa 之间时，表 8.4 显示锚杆的所有部分均在塑性区域内部；然而，当 K_s 大于 3 000 MPa 时，锚杆远端已嵌入弹性区域内部。当锚杆远端处于弹性区域内时，锚杆的支护效应已得到了绝大部分发挥，此时 K_s 对围岩变形的影响非常微弱。这说明，锚杆的支护效应发挥与否取决于锚杆的远端是在弹性区域内部还是在塑性区域内部。若远端在弹性区域内部，则支护效应已经完全发挥，无法再通过增大锚杆长度或者增大剪切刚度的方法来提高支护效应；而当锚杆远端处于塑性区域内部时，支护效应可通过这些措施来增强。

2. 界面剪切刚度对相对位移的影响分析

为简化计算，目前的研究均将相对位移的假定设置为两种临界情况：一种情况假定锚杆为刚体，无伸长，也就是锚杆杆体的位移是基本不变的[65,142,180]；另一种情况则认为界面刚度无限大，锚杆与围岩之间无相对位移，锚杆杆体位移与围岩位移是相等的[131,133,162,177]。这两种情况都是锚杆与围岩相互作用的理想化情况，而事实上，通过计算发现，这两种情况出现与否取决于 K_s 的取值。图 8.11 与图 8.12 给出了软岩与硬岩条件下不同 K_s 的 u_b、u_r、Δu_s，可以看出，无论是硬岩还是软岩，当 K_s=10 MPa 时，u_b 基本保持不变，当 K_s=3 000 MPa、10 000 MPa 时，u_b 变化显著。因此，当 K_s 很小时，无锚杆伸长的假定是基本成立的，但当 K_s 增至某一值时，需要考虑锚杆伸长。需要说明的是，虽然 u_b 受 K_s 的影响显著，但是其与岩体质量无关，Guan 等[142]与 Tan[179-180]认为，对于软岩，与围岩变形相比，锚杆的伸长很小，因此锚杆伸长量可忽略不计，这种说法并不严谨，原因在于，影响锚杆伸长量的主要因素是界面剪切刚度 K_s，而不是岩体质量或锚杆相对于岩体的刚度。

另外，从图 8.11 与图 8.12 可以看到，K_s=10 MPa 时的相对位移 Δu_s 比 K_s=3 000 MPa、10 000 MPa 时大。这表明，尽管当 K_s=10 MPa 时，将锚杆设为刚体是合理的，但是 K_s 较大时仍然假定锚杆为刚体会高估相对位移，从而低估锚杆轴力与界面剪应力，使得支护设计偏于不安全；当 K_s 大于 3 000 MPa 时，u_b 与 u_r 较为接近，相对位移 Δu_s 接近于 0，这说明，若岩体与锚杆之间砂浆的刚度很大，无相对位移的基本假定是可行的，但需要说明的是，在其他情况下，无相对位移假定下的支护设计都是偏于保守的。

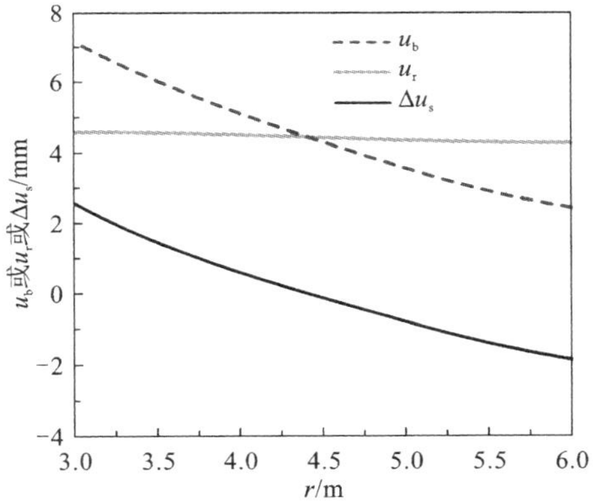

(a) K_s=10 MPa

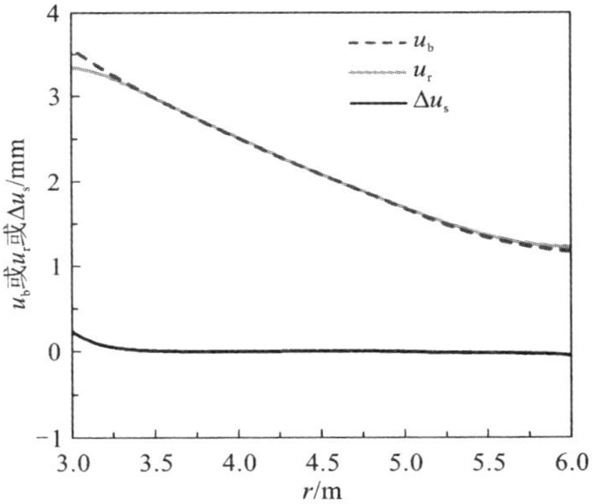

(b) K_s=3 000 MPa

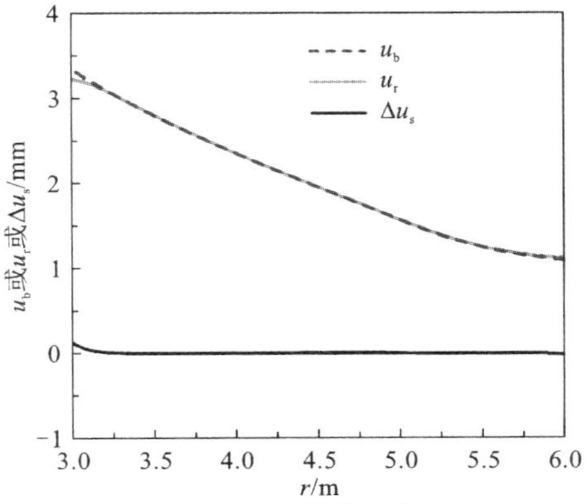

(c) K_s=10 000 MPa

图 8.11　软岩下 u_b、u_r、Δu_s 的分布规律

扫一扫　看彩图

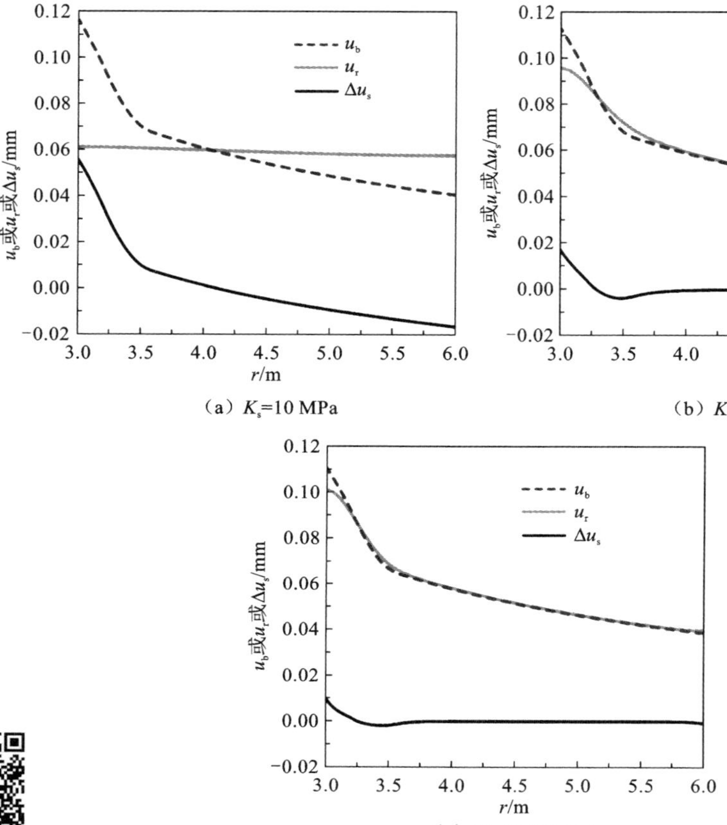

（a）K_s=10 MPa

（b）K_s=3 000 MPa

（c）K_s=10 000 MPa

扫一扫　看彩图

图 8.12　硬岩下 u_b、u_r、Δu_s 的分布规律

8.6.2　应变软化效应与支护时机的影响

采用表 8.2 中的软岩算例进行计算分析，表 8.5 给出了不同应变软化效应与支护时机条件下的虚拟支护力 $p_{f,ini}$ 和支护效应。需要指出的是，支护时机由 X^*表征，X^*为 0 时，表明在开挖面附近立即施加锚杆支护，而当 X^*为 1 时，锚杆将在距开挖面 R_0 处进行支护。理想弹塑性行为与弹-脆-塑性行为表示了应变软化效应的两种临界情况。图 8.13 给出了三种工况 F_b 与 τ_b 的分布规律。

表 8.5　不同应变软化效应与支护时机下的虚拟支护力和支护效应

支护时机	应变软化效应	$p_{f,ini}$ /MPa	$(R_p/R_{p,max})$ /%	$(u_0/u_{0,max})$ /%	$F_{b,max}$ / kN
$X^*=0$	理想弹塑性行为	3.276	83.025	64.552	166.983
$X^*=1$	理想弹塑性行为	0.414	88.903	75.846	105.150
$X^*=0$	弹-脆-塑性行为	1.757	58.915	32.804	212.511

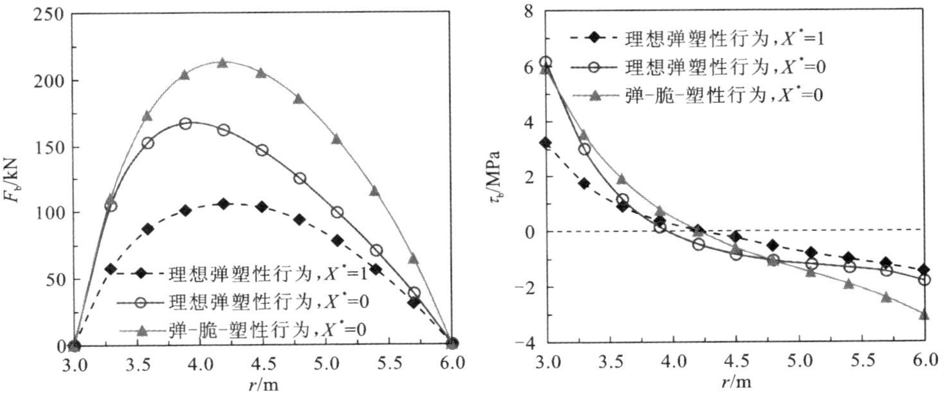

(a) F_b　　(b) τ_b

图 8.13　不同应变软化效应与支护时机下 F_b、τ_b 的变化规律

扫一扫　看彩图

表 8.5 显示，当锚杆立即支护时，$F_{b,max}$ 为 166.983 kN，然而当 X^*为 1 时，$F_{b,max}$ 比 X^*为 0 时还多出 37.03%，这表明由于推迟支护，锚杆轴力显著减小。另外，从图 8.13 中还可以看出，X^*为 0 与 X^*为 1 时剪应力的分布情况都比较接近，这表明，支护时机对剪应力的影响较小。因此，总的来说，对锚杆推迟进行支护可有效减小锚杆轴力，但是对剪应力的影响较小。

另外，从表 8.5 还可以看出，理想弹塑性行为比弹-脆-塑性行为算得的 R_p 与 u_0 分别高出 40.92%与 96.75%。这说明，在弹-脆-塑性岩体中，锚杆的支护效应更好。这主要是由于弹-脆-塑性岩体的强度参数比理想弹塑性岩体小很多，故弹-脆-塑性围岩的变形更大，锚杆的支护效应可以得到更好的发挥。这表明，围岩应变软化效应对锚杆支护效应的影响较为显著，在锚杆支护设计中应考虑围岩的应变软化效应。

8.6.3　锚杆托盘的影响

1. 托盘对锚杆支护效应的影响

为分析托盘的影响，将 $K_{s,plate}$ 设置为 1 MN/m、10 MN/m、100 MN/m、1 000 MN/m、10 000 MN/m。为分析岩体质量、剪切刚度 K_s、初始应力 σ_0 对 R_p、u_0、$F_{b,plate}$ 随 $K_{s,plate}$ 变化规律的影响，表 8.6 列出了不同的计算算例，在每一种算例中，均将岩体设置为理想弹塑性岩体，软岩与硬岩的力学参数列于表 8.2 中。图 8.14 给出了标准化之后的 R_p、u_0 随 $K_{s,plate}$ 的变化规律，在图 8.14 中，下标"max"指的是当托盘刚度 $K_{s,plate}$ 为 0 时，R_p、u_0 的最大值。从图 8.14 中可以看出，当 σ_0 增大，岩体质量逐渐减弱时，$K_{s,plate}$ 从 0 增大到 10 000 MN/m 时对应的 R_p 与 u_0 的减小率是逐渐增大的，这说明，岩体质量较差，初始应力较大时，托盘的支护效应可以得到更好的发挥。实际上，托盘的支护效应受围岩变形的影响显著，若岩体质量较差且初始应力较大，围岩变形较大，将在托盘和围岩之间产生更大的接触力，从而使得托盘可以更加有效地约束围岩位移。

表 8.6　计算算例中的岩体质量、剪切刚度与初始应力

	算例						
	A1	A2	A3	A4	A5	B3	C3
岩体质量	软岩	软岩	软岩	软岩	软岩	软岩	硬岩
K_s /MPa	1	10	100	1 000	10 000	100	100
σ_0 /MPa	5	5	5	5	5	15	5

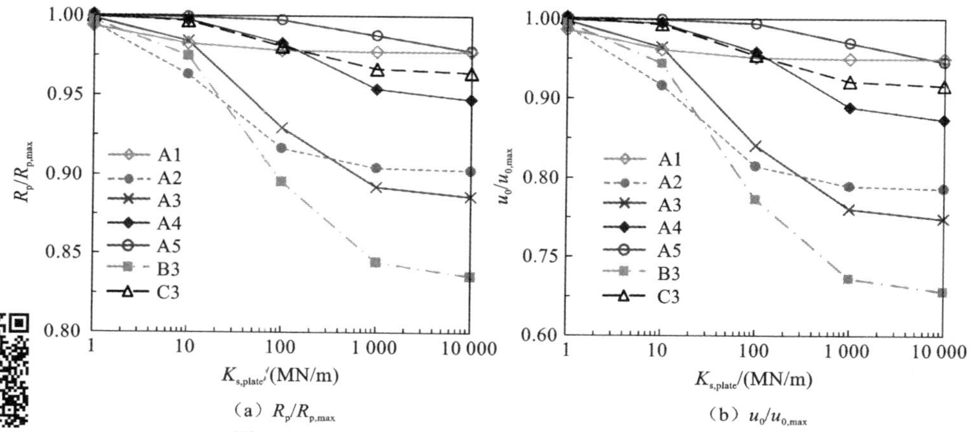

图 8.14　不同算例下 R_p 与 u_0 随 $K_{s,plate}$ 的变化规律

扫一扫　看彩图

从图 8.14 中还可以看出，当 $K_{s,plate}$ 逐渐增大时，R_p 与 u_0 首先基本保持不变，之后逐步减小，直到达到比较平稳的状态。因此，$K_{s,plate}$ 存在一个有效范围，在该有效范围之内，托盘的刚度越大，锚杆的支护效果越好；然而，当 $K_{s,plate}$ 超过上限时，托盘刚度对围岩变形的影响变得微不足道，此时增大托盘刚度对约束变形无效；当 $K_{s,plate}$ 小于下限时，施加托盘与无托盘条件下的围岩变形结果基本一致，说明此时托盘并未起到增强支护效果的作用。

剪切刚度对 $K_{s,plate}$ 的有效范围的影响显著。例如，当 K_s 为 1 MPa 时，$K_{s,plate}$ 的上限为 100 MN/m，而对于更大的 K_s，$K_{s,plate}$ 的上限则大于 100 MN/m。相比之下，岩体质量与初始应力对 $K_{s,plate}$ 的有效范围影响很小，对于不同的岩体质量与初始应力，$K_{s,plate}$ 的有效范围基本处于 100 MN/m 与 1 000 MN/m 之间（图 8.14）。

2. 在挤压性围岩大变形条件下托盘的支护效应

在初始应力较大的条件下，由于围岩的强度低，变形模量较小，在隧道开挖的过程中围岩容易产生挤压大变形[170,182]。为了体现围岩的挤压特性，在此处考虑软岩算例（表 8.2），并将 σ_0 设置为 10 MPa，将围岩视为理想弹塑性岩体。图 8.15 给出了当 $K_{s,plate}=0$ 与 $K_{s,plate}=1\,000$ MN/m 时 F_b 和 τ_b 随着 r 的分布规律。可以发现，当无托盘（$K_{s,plate}=0$）时，最大剪应力比有托盘时大很多，这表明，在挤压性围岩情况下，施加托盘可有效避免锚杆界面的剪切破坏。

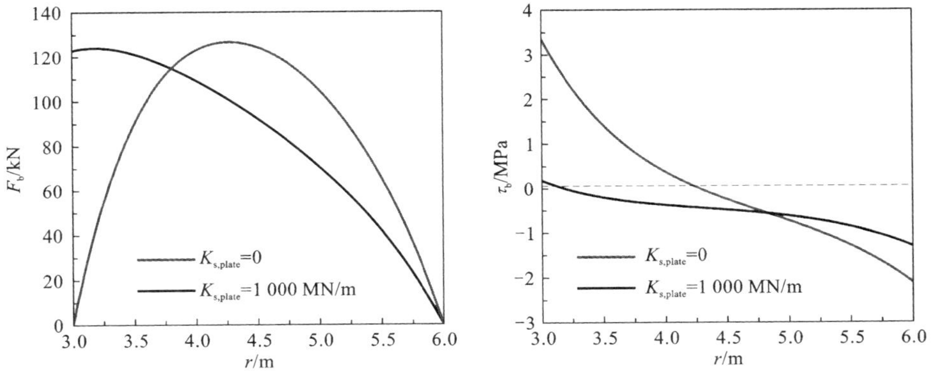

（a）F_b　　（b）τ_b

图8.15　$K_{s,plate}=0$与$K_{s,plate}=1\,000$ MN/m时挤压性围岩F_b与τ_b随r的变化趋势

扫一扫　看彩图

挤压围岩条件下，锚杆的破坏模式还受托盘刚度的影响。例如，当 $K_{s,plate}=1\,000$ MN/m 时，最大锚杆轴力发生在洞壁附近，然而，当无托盘时，最大锚杆轴力发生在锚杆中部附近，这表明，当托盘的刚度较大时，锚杆杆体的屈服破坏更可能发生在隧道洞壁。另外，从图 8.15 可以看出，无托盘时洞壁附近的剪应力较大，这说明，无托盘或托盘的刚度很小时，锚杆发生界面滑动破坏的可能性较大。

8.7 本章小结

本章针对目前深埋圆形隧道锚杆与围岩相互作用理论解中存在的一些问题，给出了针对理想弹塑性岩体与弹-脆-塑性岩体的全长黏结式锚杆的简化计算程序，并通过有限差分软件对计算程序进行了验证，探讨了界面剪切刚度、锚杆托盘刚度、初始应力与岩体质量对锚杆支护效应的影响，主要得出如下结论。

（1）锚杆-砂浆界面的剪切刚度对锚杆支护效应的影响主要取决于锚杆远端是否嵌入弹性区域内部。若锚杆整体都包含在塑性区域内部，采取措施如增大剪切刚度与增大锚杆长度等都可以使支护效应增强。然而，若锚杆远端已嵌入弹性区域内部，支护效应已得到完全发挥，采取措施来增强支护效应基本无效果。

（2）为简化计算，目前的研究将相对位移的假定设置为两种临界情况：一种情况假定锚杆为刚体，无伸长，也就是锚杆杆体的位移是基本不变的；另一种情况则认为界面刚度无限大，锚杆与围岩之间无相对位移，锚杆杆体位移与围岩位移是相等的。第一种情况仅仅适合剪切刚度很小的情况，在其他情况下将高估相对位移而低估剪应力与锚杆轴力，使得支护设计偏于不安全；而第二种情况仅仅适合剪切刚度很大的情况，在其他情况下将使支护设计偏于保守。另外，一些研究认为，对于软岩，由于锚杆伸长量相对于围岩的变形很小，伸长量可忽略不计，这种假定并不严谨，经计算证明，影响锚杆伸长量的主要因素是界面处的剪切刚度，而不是岩体质量或锚杆相对于围岩的刚度。

（3）相比于理想弹塑性岩体，锚杆的支护效果在弹-脆-塑性岩体中更好，这主要是由于弹-脆-塑性岩体的强度参数比理想弹塑性岩体小很多，所以弹-脆-塑性围岩的变形更大，锚杆的支护效应可以得到更好的发挥。这表明，围岩应变软化效应对锚杆支护效应的影响较为显著，在锚杆支护设计中应考虑围岩的应变软化效应。

（4）托盘刚度存在一个有效范围，在该有效范围之内，托盘的刚度越大，锚杆的支护效果越好；然而，当托盘刚度超过上限时，托盘刚度对围岩变形的影响变得微不足道，此时增大托盘刚度对约束变形无效；当托盘刚度小于下限时，施加托盘与无托盘条件下的围岩变形结果基本一致，说明此时托盘并未起到增强支护效果的作用。

（5）挤压围岩条件下，锚杆的破坏模式受托盘刚度的影响。当托盘的刚度较大时，锚杆杆体的屈服破坏更可能发生在隧道洞壁。无托盘或托盘的刚度很小时，锚杆在洞壁发生界面滑动破坏的可能性较大，增大托盘刚度可有效避免锚杆界面的剪切破坏。

参 考 文 献

[1] CARRANZA-TORRES C, FAIRHURST C. The elasto-plastic response of underground excavations in rock masses that satisfy the Hoek-Brown failure criterion[J]. International journal of rock mechanics and mining sciences, 1999, 36: 777-809.

[2] 俞茂宏. 岩土类材料的统一强度理论及其应用[J]. 岩土工程学报, 1994, 16(2): 2-10.

[3] 刘志钦, 余东明. 考虑中间主应力和剪胀特性的深埋圆巷弹塑性应力位移解[J]. 煤炭学报, 2012, 29(8): 289-296.

[4] 侯公羽, 牛晓松. 基于 Levy-Mises 本构关系及 Hoek-Brown 屈服准则的轴对称圆巷理想弹塑性解[J]. 岩石力学与工程学报, 2010, 29(4): 766-777.

[5] ALONSO E, ALEJANO L R, VARAS F, et al. Ground response curves for rock masses exhibiting strain-softening behaviour[J]. Internatinal journal for numerical and analytical methods in geomechanics, 2003(27): 1153-1185.

[6] LEE Y K, PIETRUSZCZAK S. A new numerical procedure for elasto-plastic analysis of a circular opening excavated in a strain-softening rock mass[J]. Tunnelling and underground space technology, 2008(23): 588-599.

[7] SHARAN S K. Elastic-brittle-plastic analysis of circular opening in Hoek-Brown media[J]. International journal of rock mechanics and mining sciences, 2003, 40: 878-887.

[8] SHARAN S K. Exact and approximate solutions for displacements around circular openings in elasto-brittle-plastic Hoek-Brown rock[J]. International journal of rock mechanics and mining sciences, 2005, 42: 542-549.

[9] SERRANO A, OLALLA C, REIG I. Convergence of circular tunnels in elastoplastic rock masses with non-linear failure criteria and non-associated flow laws[J]. International journal of rock mechanics and mining sciences, 2011, 48: 878-887.

[10] ZHAO X G, CAI M. Influence of plastic shear strain and confinement-dependent rock dilation on rock failure and displacement near an excavation boundary[J]. International journal of rock mechanics and mining sciences, 2010, 47: 723-738.

[11] 赵星光, 蔡明, 蔡美峰. 剪胀对地下工程岩体位移的影响:以加拿大 Donkin-Morien 隧道为例[J]. 岩石力学与工程学报, 2010, 29(11): 2057-2062.

[12] 张常光, 赵均海, 张庆贺. 基于统一强度理论的深埋圆形岩石隧道收敛限制分析[J]. 岩土工程学报, 2012, 34(1): 111-114.

[13] CARRANZE-TORRES C, FAIRHURST C. Application of the convergence-confinement method of tunnel design to rock masses that satisfy the Hoek-Brown failure criterion[J]. Tunnelling and underground space technology, 2000, 15(2): 187-213.
[14] KITAGAWA T, KUMETA T, ICHIZYO T, et al. Application of convergence confinement analysis to the study of preceding displacement of a squeezing rock tunnel[J]. Rock mechanics and rock engineering, 1991, 41: 31-51.
[15] EINSTEIN H H, SCHWARTZ C W. Simplified analysis for tunnel supports[J]. Journal of geotechnical engineering division, ASCE, 1979, 104(4): 499-518.
[16] EINSTEIN H H, SCHWARTZ C W. Discussion of the article: Simplified analysis for tunnel supports[J]. Journal of geotechnical engineering division, ASCE, 1980, 106(7): 835-838.
[17] CARRANZA-TORRES C, RYSDAHL B, KASIM M. On the elastic analysis of a circular lined tunnel considering the delayed installation of the support[J]. International journal of rock mechanics and mining sciences, 2013, 6: 57-85.
[18] GSCHWANDTNER G G, GALLER R. Input to the application of the convergence confinement method with time-dependent material behaviour of the support[J]. Tunnelling and underground space technology, 2012, 27: 13-22.
[19] 侯公羽, 李晶晶. 弹塑性变形条件下围岩-支护相互作用全过程解析[J]. 岩土力学, 2012, 33(4): 962-970.
[20] 侯公羽. 基于开挖面空间效应的围岩-支护相互作用机制[J]. 岩石力学与工程学报, 2011, 30(s1): 2872-2877.
[21] 侯公羽. 围岩-支护作用机制评述及其流变变形机制概念模型的建立与分析[J]. 岩石力学与工程学报, 2008, 27(s2): 3619-3629.
[22] 侯公羽, 李晶晶, 杨悦, 等. 围岩弹塑性条件下锚杆、喷混凝土和U型钢的支护效果研究[J]. 岩土力学, 2014, 35(5): 1358-1376.
[23] 杨友彬, 郑俊杰, 赖汉江, 等. 一种改进的隧道开挖应力释放率确定方法[J]. 岩石力学与工程学报, 2015, 34(11): 2252-2257.
[24] 孙钧, 朱合华. 软弱围岩隧洞施工形态的力学模拟与分析[J]. 岩土力学, 1994, 15(4): 21-33.
[25] SINGH U K, DIGBY P J. A continuum damage model for simulation of the progressive failure of brittle rock[J]. International journal of solids and structures, 1989, 25(6): 647-664.
[26] LI C L. Micromechanics modelling for stress-strain behaviour of brittle rocks[J]. International journal for numerical and analytical methods in geomechanics, 1995, 19(5): 331-344.
[27] 曹文贵, 赵明华, 刘成学. 基于 Weibull 分布的岩石损伤软化模型及其修正方法研究[J]. 岩石力学与工程学报, 2004, 23(19): 3223-3231.
[28] 周辉, 王泳嘉, 谭云亮, 等. 岩体破坏演化的物理细胞自动机(PCA)[J]. 岩石力学与工程学

报, 2002, 21(6): 782-786.

[29] HOEK E, BROWN E T. Practical estimates of rock mass strength[J]. International journal of rock mechanics and mining sciences, 1997, 34(8): 1165-1186.

[30] CAI M, KAISER P K, TASAKA Y, et al. Determination of residual strength parameters of jointed rock masses using the GSI system[J]. International journal of rock mechanics and mining sciences, 2007, 44(2): 147-265.

[31] MEDHURST T P, BROWN E T. A study of the mechanical behaviour of coal for pillar design[J]. International journal of rock mechanics sciences & geomechanics abstracts, 1998, 35(8): 1087-1105.

[32] ZBENEK P, BAZANT F. Continuum theory for strain-softening[J]. Journal of engineering mechanics, 1984, 110(12): 1666-1692.

[33] JIANG Y. Theoretical and experimental study on the stability of deep underground opening[D]. Fukuoka : Kyushu University, 1993.

[34] JIANG Y, YONEDA H, TANABASHI Y. Theoretical estimation of loosening pressure on tunnels in soft rocks[J]. Tunnelling and underground space technology, 2001(16): 99-105.

[35] ALEJANO L R, RODRIGUEZ-DONO A, ALONSO E. Ground reaction curves for tunnels excavated in different quality rock masses showing several types of post-failure behaviour[J]. Tunnelling and underground space technology, 2009(24): 689-705.

[36] ALONSO E, ALEJANO L R, FDEZ-MANIN G, et al. Influence of post-peak properties in the application of the convergence-confinement method for designing underground excavations[C]// Proceedings of 5th International Conference and Exhibition on Massive Mining Technology. Lulea: Lulea University of Technology, 2008: 793-802.

[37] 李文婷, 李树忱, 冯现大, 等. 基于莫尔-库仑准则的岩石峰后应变软化力学行为研究[J]. 岩石力学与工程学报, 2011, 30(7): 1461 - 1466.

[38] BRACE W F, PAULDING B W, SCHOLZ C H. Dilatancy in the fracture of crystalline rocks[J]. Journal of geophysical research, 1966, 71(16): 3939-3953.

[39] HOLCOMB D J. Quantitative model of dilatancy in dry rock and its application to westerly granite[J]. Journal of geophysical research, 1978, 83(B10): 4941-4950.

[40] BANDIS S C, LUMSDEN A C, BARTON N R. Fundamentals of rock joint deformation[J]. International journal of rock mechanics and mining sciences & geomechanics abstracts, 1983, 20(6): 249-268.

[41] YUAN S C, HARRISON J P. An empirical dilatancy index for the dilatant deformation for rock[J]. International journal of rock mechanics and mining sciences, 2004, 41: 679-686.

[42] KAISER P K, MCCREATH D R, TANNANT D D. Canadian rockburst support handbook[M].

Sudbury: CAMIRO, 1996.

[43] FARMER I W. Engineering behaviour of rocks[M]. London: Chapman & Hall, 1983.

[44] RIBACCHI R. Mechanical tests on pervasively jointed rock material: Insight into rock mass behaviour[J]. Rock mechanics and rock engineering, 2000, 33: 243-266.

[45] DETOURNAY E. Elastoplastic model of a deep tunnel for a rock with variable dilatancy[J]. Rock mechanics and rock engineering, 1986, 19: 99-108.

[46] ALEJANO L R, ALONSO E. Considerations of the dilatancy angle in rocks and rock masses[J]. International journal of rock mechanics and mining sciences, 2005, 42: 481-507.

[47] ALEJANO L R, ARZUA J. Dilation in granite during servo-controlled triaxial strength tests[J]. International journal of rock mechanics and mining sciences, 2013, 61: 43-56.

[48] ZHAO X G, CAI M. A mobilised dilation angle model for rocks[J]. International journal of rock mechanics and mining sciences, 2010, 47: 368-384.

[49] 赵星光, 蔡美峰, 蔡明, 等. 地下工程岩体剪胀与锚杆支护的相互影响[J]. 岩石力学与工程学报, 2010, 29(10): 2057-2062.

[50] 赵星光, 李鹏飞, 马利科, 等. 循环加、卸载条件下北山深部花岗岩损伤与扩容特性[J]. 岩石力学与工程学报, 2014, 33(9): 1741-1748.

[51] BARTON N, LIEN R, LUNDE J. Engineering classification of rock masses for the design of tunnel support[J]. Rock mechanics, 1974, 6(4): 189-236.

[52] BARTON N. Rock mass classification and tunnel reinforcement selection using the Q-system[C] //Proceedings of the ASTM Symposium on Rock Classification Systems for Engineering Purposes.Cincinnati: ASTM International,1988.

[53] BARTON N. Some new Q-value correlations to assist in site characterisation and tunnel design[J]. International journal of rock mechanics and mining sciences, 2002, 39: 185-216.

[54] BIENIAWSKI Z T. Determination rock mass deformability: Experience from case histories[J]. International journal of rock mechanics and mining sciences & geomechanics abstracts, 1978, 15: 237-247.

[55] BIENIAWSKI Z T. Rock mechanics design in mining and tunnelling[M]. Rotterdam : A. A. Balkema, 1984.

[56] BIENIAWSKI Z T. Engineering rock mass classifications[M]. New York: John Wiley and Sons, 1989.

[57] HOEK E. Strength of rock and rock masses[J]. ISRM news journal, 1994, 2(2): 4-16.

[58] HOEK E, KAISER P K, BAWDEN W F. Support of underground excavations in hard rock[M]. Rotterdam: A.A.Balkema, 1995.

[59] MARINOS V, MARINOS P, HOEK E. The geological strength index: Applications and

limitations[J]. Bulletin of engineering geology and the environment, 2006, 65(2): 129-142.

[60] HOEK E, MARINOS P, BENISSI M. Application of the geological strength index (GSI) classification for weak and sheared rock masses: The case of the Athens schist formation[J]. Bulletin of engineering geology and the environment, 1998, 57(2): 151-160.

[61] MARINOS P, HOEK E. Estimating the geotechnical properties of heterogeneous rock mass such as flysch[J]. Bulletin of engineering geology and the environment, 2001, 60: 82-92.

[62] SONMEZ H, ULUSAY R. Modifications to the geological strength index(GSI) and their applicability to stability of slopes[J]. International journal of rock mechanics and mining sciences, 1999,36(6): 743-760.

[63] SONMEZ H, GOKCEOGLU C, ULUSAY R. An application of fuzzy sets to the geological strength index(GSI) system used in rock engineering[J]. Engineering application of artificial intelligence, 2003(16): 251-269.

[64] CAI M, KAISER P K, UNO H, et al. Estimation of rock mass strength and deformation modulus of jointed hard rock masses using the GSI system[J]. International journal of rock mechanics and mining sciences, 2004, 41(1): 3-19.

[65] HOEK E. Tunnel support in weak rock[C] //Symposium of Sedimentary Rock Engineering. Taipei: Taylor & Francis Group, 1998: 20-22.

[66] HOEK E. Blast damage factor D[J] //Technical Note for RocNews, 2012(2): 1-7.

[67] HOEK E, CARRANZA-TORRES C, CORKUM B. Hoek-Brown failure criterion-2002 edition[C] //Proceedings of the 5th North American Rock Mechanics Symposium and 17th Tunnelling Association of Canada Conference. Toronto: University of Toronton Press, 2002: 267-273.

[68] HOEK E, DIEDERICHS M S. Empirical estimation of rock mass modulus[J]. International journal of rock mechanics and mining sciences, 2006, 43(2) : 203-215.

[69] BASARIR H. Engineering geological studies and tunnel support design at Sulakyurt dam site, Turkey[J]. Geology engineering, 2006(86): 225-237.

[70] SARI D. Rock mass response model for circular openings[J]. Canadian geotechnical journal, 2007(44): 891-904.

[71] ASEF M R, REDDISH D J, LLOYD P W. Rock-support interaction analysis based on numerical modelling[J]. Geotechnical and geological engineering, 2000(1): 23-37.

[72] BASARIR H. Analysis of rock-support interaction using numerical and multiple regression modelling[J]. Canadian geotechnical journal, 2008(45): 1-13.

[73] HOEK E, BROWN E T. Empirical strength criterion for rock masses[J]. Journal of geotechnical engineering division, ASCE, 1980(106): 1013-1035.

[74] DETOURNAY E, FAIRHURST C. Two-dimensional elastoplastic analysis of a long, cylindrical cavity under non-hydrostatic loading[J]. International journal of rock mechanics and mining sciences & geomechanics abstracts, 1987, 24(4): 197-211.
[75] CARRANZA-TORRES C. Elasto-plastic solution of tunnel problems using the generalized form of the Hoek-Brown failure criterion[J]. International journal of rock mechanics and mining sciences, 2004, 41(3): 480-481.
[76] CARRANZA-TORRES C. Dimensionless graphical representation of the exact elasto-plastic solution of a circular tunnel in a Mohr-Coulomb material subject to uniform far-field stresses[J]. Rock mechanics and rock engineering, 2003, 36(3): 237-253.
[77] LI S C, WANG M B. Elastic analysis of stress-displacement field for a lined circular tunnel at great depth due to ground loads and internal pressure[J]. Tunnelling and underground space technology, 2008, 23: 609-617.
[78] BOBET A. Analytical solutions for shallow tunnels in saturated ground[J]. Journal of engineering mechanics, 2001, 127: 1258-1266.
[79] WANG H N, NIE G H. Analytical expressions for stress and displacement fields in viscoelastic axisymmetric plane problem involving time-dependent boundary regions[J]. Acta mechanica, 2010, 210(3): 315-330.
[80] GUAN Z, JIANG Y, TANABASI G. Ground reaction analyses in conventional tunnelling excavation[J]. Tunnelling and underground space technology, 2007(22): 230-237.
[81] VARAS F, ALONSO E, ALEJANO L R, et al. Study of bifurcation in the problem of unloading a circular excavation in a strain-softening material[J]. Tunnelling and underground space technology, 2005, 20: 311-322.
[82] BROWN E T, BRAY J W, LADANYI B, et al. Ground response curves for rock tunnels[J]. Journal of mechanical engineering, ASCE, 1983(109): 15-39.
[83] WANG S L, YIN X T, TANG H, et al. A new approach for analyzing circular tunnel in strain-softening rock masses[J]. International journal of rock mechanics and mining sciences, 2010, 47: 170-178.
[84] WANG S L, ZHENG H, LI C G, et al. A finite element implementation of strain-softening rock mass[J]. International journal of rock mechanics and mining sciences, 2011, 48: 67-76.
[85] ZHANG Q, JIANG B S, WANG S L, et al. Elasto-plastic analysis of a circular opening in strain-softening rock mass[J]. International journal of rock mechanics and mining sciences, 2012, 50: 38-46.
[86] ZHANG Q, JIANG B S, WU X S, et al. Elasto-plastic coupling analysis of circular openings in elasto-brittle-plastic rock mass[J]. Theoretical and applied fracture mechanics, 2012, 60: 60-67.

[87] OGAWA T, LO K Y. Effects of dilatancy and yield criteria on displacements around tunnels[J]. Canadian geotechnical engineering, 1987, 24: 100-113.

[88] WANG Y. Ground response of circular tunnel in poorly consolidated rock[J]. Journal of geotechnical engineering, ASCE, 1996, 122: 703-708.

[89] PARK K H, KIM Y J. Analytical solution for a circular opening in an elastic-brittle-plastic rock[J]. International journal of rock mechanics and mining sciences, 2006, 43: 616-622.

[90] PARK K H, TONTAVANICH B, LEE J G. A simple procedure for ground response curve of circular tunnel in elastic-strain softening rock masses[J]. Tunnelling and underground space technology, 2008, 23(2): 169-182.

[91] LU A Z, XU G S, SUN F, et al. Elasto-plastic analysis of a circular tunnel including the effect of the axial in situ stress[J]. International journal of rock mechanics and mining sciences, 2010, 47: 50-59.

[92] WANG S L, WU Z J, GUO M W, et al. Theoretical solutions of a circular tunnel with the influence of axial in situ stress in elastic-brittle-plastic rock[J]. Tunnelling and underground space technology, 2012, 30: 155-168.

[93] YU M H, ZAN Y W, ZHAO J, et al. A unified strength criterion for rock material[J]. International journal of rock mechanics and mining sciences, 2002, 39: 975-989.

[94] 尤明庆. 统一强度理论的试验数据拟合及评价[J]. 岩石力学与工程学报, 2008, 27(11): 2194-2204.

[95] 尤明庆. 统一强度理论应用于岩石的讨论[J]. 岩石力学与工程学报, 2013, 32(2): 259-265.

[96] XU S Q, YU M H. The effect of the intermediate principal stress on the ground response of circular openings in rock mass[J]. Rock mechanics and rock engineering, 2006, 39(2): 169-181.

[97] ZHANG C G, ZHAO J H, ZHANG Q H, et al. A new closed-form solution for circular openings modeled by the unified strength theory and radius-dependent Young's modulus[J]. Computers and geotechnics, 2012, 42: 118-128.

[98] FAN W, YU M H, DENG L S, et al. New strength formulae for rock surrounding a circular opening[J]. Canadian geotechnical journal, 2013, 50: 735-743.

[99] 范文, 俞茂宏, 陈立伟, 等. 考虑剪胀及软化的洞室围岩弹塑性分析的统一解[J]. 岩石力学与工程学报, 2004, 23(19): 3213-3220.

[100] 张常光, 张庆贺, 赵均海. 考虑应变软化及剪胀的井壁稳定统一解[J]. 煤炭学报, 2009, 34(5): 635-639.

[101] 张强, 王红英, 王水林, 等. 基于统一强度理论的破裂围岩劣化弹塑性分析[J]. 煤炭学报, 2010, 35(3): 382-386.

[102] 张传庆, 周辉, 冯夏庭. 统一弹塑性本构模型在 FLAC3D 中的计算格式[J]. 岩土力学,

2008, 29(3): 597-602.

[103] 余东明, 姚海林, 卢正, 等. 考虑中间主应力的横观各向同性深埋圆隧弹塑性解[J]. 岩土工程学报, 2012, 34(10): 1851-1857.

[104] 侯公羽, 李晶晶, 裘彬, 等. 恒载作用下轴对称圆巷围岩的流变变形方程求解[J]. 岩土力学, 2011, 32(2): 342-346.

[105] PANET M. Understanding deformations in tunnels[M] //HUDSON J A. Comprehensive rock engineering.Vol. 1. Oxford: Pergamon, 1993: 663-690.

[106] UNLU T, GERCEK H. Effect of Poisson's ratio on the normalized radial displacements occurring around the face of a circular tunnel[J]. Tunnelling and underground space technology, 2003, 18: 547-553.

[107] BASARIR H, GENIS M, OZARSLAN A. The analysis of radial displacements occurring near the face of a circular opening in weak rock masses[J]. International journal of rock mechanics and mining sciences, 2010, 40: 771-783.

[108] ABDEL-MEGUID M, ROWE R K, LO K Y. Three dimensional analysis of unlined tunnels in rock subjected to high horizontal stress[J]. Canadian geotechnical journal, 2003, 40: 1208-1224.

[109] CHERN J C, SHIAO F Y, YU C W. An empirical safety criterion for tunnel construction[C] //Proceedings of the Regional Symposium on Sedimentary Rock Engineering. Taipei: John Wiley & Sons, Ltd. 1998: 222-227.

[110] VLACHOPOULOS N, DIEDERICHS M S. Improved longitudinal displacement profiles for convergence confinement analysis of deep tunnels[J]. Rock mechanics and rock engineering, 2009, 42: 131-146.

[111]OKE J, VLACHOPOULOS N, DIEDERICHS M S, et al. Modification of the supported longitudinal displacement profile for tunnel face convergence in weak rock[C] //47th US Rock Mechanics Geomechanics Symposium.San Francisco: Curran Associates, Inc: 2013.

[112] VLACHOPOULOS N, DIEDERICHS M S, MARINO V, et al. Tunnel behaviour associated with the weak Alpine rock masses of the Driskos Twin Tunnel system, Egnatia Odos Highway[J]. Canadian geotechnical journal, 2013, 50: 91-120.

[113] 吴顺川, 耿晓杰, 高永涛, 等. 基于广义 Hoek-Brown 准则的隧道纵向变形曲线研究[J]. 岩土力学, 2015, 36(4): 947-987.

[114] ALEJANO L R, RODRIGUEZ-DONO A, VEIGA M. Plastic radii and longitudinal deformation profiles of tunnels excavated in strain-softening rock masses[J]. Tunnelling and underground space technology, 2012, 30: 169-182.

[115] 李新星, 朱合华, 丁文其, 等. 连拱隧道施工过程的三维空间效应模拟与分析[J]. 岩土力

学, 2006, 27(sl): 947-987.

[116] EISENSTEIN Z, BRANCO P. Convergence-confinement method in shallow tunnels[J]. Tunnelling and underground space technology, 1991, 6(3): 343-346.

[117] GONZALEZ-NICIEZA C, ALVAREZ-VIGIL A E, MENENDEZ-DIAZ A, et al. Influence of the depth and shape of a tunnel in the application of the convergence-confinement method[J]. Tunnelling and underground space technology, 2008, 23: 25-37.

[118] CAI Y, ESAKI T, JIANG Y J. An analytical model to predict axial load in grouted rock bolt for soft rock tunnelling[J]. Tunnelling and underground space technology, 2004, 19: 607-618.

[119] CAI Y, JIANG Y J, DJAMALUDDIN I, et al. An analytical model considering interaction behaviour of grouted rock bolts for convergence-confinement method in tunnelling design[J]. International journal of rock mechanics and mining sciences, 2015, 76: 112-126.

[120] 卞跃威, 夏才初, 肖维民, 等. 考虑围岩软化特性和应力释放的圆形隧道黏弹塑性解[J]. 岩土力学, 2013, 34(1): 212-220.

[121] 卞跃威, 夏才初, 肖维民, 等. 非静水压力场中考虑应力释放的圆形隧道黏弹性解[J]. 岩石力学与工程学报, 2013, 32(s2): 3456-3465.

[122] 张常光, 曾开华. 等值地应力下岩质圆形隧道位移释放系数比较与应用[J]. 岩石力学与工程学报, 2015, 34(3), 499-510.

[123] 朱泽奇, 盛谦, 刘继国, 等. 坚硬围岩初期支护合理时机研究[J]. 地下空间与工程学报, 2010, 6(6): 1241-1265.

[124] 郭瑞, 方勇, 何川. 隧道开挖过程中应力释放及位移释放的相关关系研究[J]. 铁道工程学报, 2010, 9: 47-50.

[125] 赵旭峰, 王春苗, 孔祥利. 深埋软岩隧道施工性态时空效应分析[J]. 岩石力学与工程学报, 2007, 26(2): 405-409.

[126] 李利平, 李术才, 赵勇. 超大断面隧道软化破碎围岩空间变形机制与荷载释放演化规律[J]. 岩石力学与工程学报, 2012, 31(10): 2110-2118.

[127] 吴波, 刘维宁, 高波, 等. 城市浅埋隧道施工形态的时空效应分析[J]. 岩土工程学报, 2004, 26(3): 341-343.

[128] ORESTE P P, PEILA D. Radial passive rockbolting in tunnelling design with a new convergence-confinement model[J]. International journal of rock mechanics and mining sciences, 1996, 33(5): 443-454.

[129] ORESTE P P. The convergence-confinement method: Roles and limits in modern geomechanical tunnel design[J]. American journal of applied sciences, 2009, 6(4): 757-771.

[130] FAHIMIFAR A, RANJBARNIA M. Analytical approach for the design of active grouted rockbolts in tunnel stability based on convergence-confinement method[J]. Tunnelling and

underground space technology, 2009, 24: 363-375.

[131] INDRARATNA B, KAISER P K. Design for grounted rock bolts based on the convergence control method[J]. International journal of rock mechanics and mining sciences & geomechanics abstracts, 1990, 27: 269-281.

[132] OSGOUI R R, ORESTE P. Elasto-plastic analytical model for the design of grouted bolts in a Hoek-Brown medium[J]. International journal for numerical and analytical methods in geomechanics, 2010, 34: 363-375.

[133] PELIA D, ORESTE P P. Axisymmetric analysis of ground reinforcing in tunnelling design[J]. Computers and geotechnics, 1995, 17: 253-274.

[134] BERNAUD D, BUHAN P D, MAGUOUS S. Numerical simulation of the convergence of a bolt-supported tunnel through a homogenization method[J]. International journal for numerical and analytical methods in geomechanics, 1995, 19: 267-288.

[135] STILLE H, HOLMBERG M, NORD G. Support of weak rock with grouted bolts and shotcrete[J]. International journal of rock mechanics and mining sciences & geomechanics abstracts, 1989, 26(1): 99-113.

[136] BOBET A, EINSTEIN H H. Tunnel reinforcement with rockbolts[J]. Tunnelling and underground space technology, 2011, 26: 100-123.

[137] LI C, STILLBORG B. Analytical models for rock bolts[J]. International journal of rock mechanics and mining sciences, 1999, 36: 1013-1029.

[138] DEB D, DAS K C. Enriched finite element procedures for analyzing decoupled bolts installed in rock mass[J]. International journal for numerical and analytical methods in geomechanics, 2011, 35: 1636-1655.

[139] LABIOUSE V. Ground response curves for rock excavations supported by ungrouted tensioned rockbolts[J]. Rock mechanics and rock engineering, 1996, 29(1): 19-38.

[140] SHIN Y J, SONG K L, LEE I M, et al. Interaction between tunnel supports and ground convergence: Consideration of seepage forces[J]. International journal of rock mechanics and mining sciences, 2011, 48: 394-405.

[141] CAI Y, ESAKI T, JIANG Y J. A rock bolt and rock mass interaction model[J]. International journal of rock mechanics and mining sciences, 2004, 41: 1055-1067.

[142] GUAN Z C, JIANG Y J, TANABASI Y, et al. Reinforcement mechanics of passive bolts in conventional tunnelling[J]. International journal of rock mechanics and mining sciences, 2007, 44: 625-636.

[143] RANJBARNIA M, ORESTE P, FAHIMIFAR A, et al. Analytical-numerical solution for stress distribution around tunnel reinforced by radial fully grouted rockbolts[J]. International journal

for numerical and analytical methods in geomechanics, 2016,40(13) : 1844-1862.

[144] LI C C. Field observations of rock bolts in high stress rock masses[J]. Rock mechanics and rock engineering, 2010, 43: 491-496.

[145] LI C C. A new energy-absorbing bolt for rock support in high stress rock masses[J]. International journal of rock mechanics and mining sciences, 2010, 47: 396-404.

[146] GOEL R K, SWARUP A, SHEOREY P R. Bolt length requirement in underground openings[J]. International journal of rock mechanics and mining sciences, 2007, 44: 802-811.

[147] SHEOREY P R. Empirical rock failure criteria[M]. Rotterdam: A. A. Balkema, 1997.

[148] OSGOUI R R, UNAL E. An empirical method for design of grouted bolts in rock tunnels based on the geological strength index(GSI)[J]. Engineering geology, 2009, 107: 154-166.

[149] GRAZIANI A, BOLDINI D, RIBACCHI R. Practical estimate of deformations and stress relief factors for deep tunnels supported by shotcrete[J]. Rock mechanics and rock engineering, 2005, 38(5): 345-372.

[150] ORESTE P P. Analysis of structural interaction in tunnels using the convergence-confinement approach[J]. Tunnelling and underground space technology, 2003, 18: 347-363.

[151] CARRANZA-TORRES C, DIEDERICHS M. Mechanical analysis of circular liners with particular reference to composite supports. For example, liners consisting of shotcrete and steel sets[J]. Tunnelling and underground space technology, 2009, 24: 506-532.

[152] MALMGREN L, NORDLUND E. Interaction of shotcrete with rock and rock bolts: A numerical study[J]. International journal of rock mechanics and mining sciences, 2008, 45: 538-553.

[153] ORESTE P P. A numerical approach to the hyperstatic reaction method for the dimensioning of tunnel supports[J]. Tunnelling and underground space technology, 2007, 22: 185-205.

[154] DALGIC S. The influence of weak rocks on excavation and support of the Beykoz Tunnel, Turkey[J]. Engineering geology, 2000, 58: 137-148.

[155] ORESTE P P. A procedure for determining the reaction curve of shotcrete lining considering transient conditions[J]. Rock mechanics and rock engineering, 2003, 36(3): 209-236.

[156] PAN Y W, DONG J J. Time-dependent tunnel convergence : II. Adavance rate and tunnel-support interaction[J]. International journal of rock mechanics and mining sciences & geomechanics abstracts, 1991, 28(6): 477-488.

[157] PAN Y W, DONG J J. Time-dependent tunnel convergence: I. Formation of the model[J]. International journal of rock mechanics and mining sciences & geomechanics abstracts, 1991, 28(6): 469-475.

[158] OZSAN A, BASARIR H. Support capacity estimation of a diversion tunnel in weak rock[J].

Engineering geology, 2003, 68(3/4): 319-331.

[159] 崔岚, 郑俊杰, 章荣军, 等. 软弱破碎带隧道围岩变形及初期支护受力分析[J]. 华中科技大学学报(自然科学版), 2012, 11(40): 54-57.

[160] 崔岚, 张威, 申俊敏, 等. 深埋软岩隧道不同施工工法力学效应分析[J]. 土木工程与管理学报, 2012, 29(4): 37-40.

[161] BARLA G, BONINI M, SEMERARO M. Analysis of the behaviour of a yield-control support system in squeezing rock[J]. Tunnelling and underground space technology, 2011, 26: 146-154.

[162] TIAN H M, CHEN W Z, YANG D S, et al. Numerical analysis on the interaction of shotcrete liner with rock for yielding supports[J]. Tunnelling and underground space technology, 2016, 54: 20-28.

[163] KALISZKY S. Plasticity theory and engineering applications[M].Amsterdam: Elsevier, 1989.

[164] ALEJANO L R, ALONSO E, RODRIGUEZ-DONO A, et al. Application of the convergence-confinement method to tunnels in rock masses exhibiting Hoek-Brown strain-softening behaviour[J]. International journal of rock mechanics and mining sciences, 2010, 47: 150-160.

[165] PILGERSTORFER T, SCHUBERT W. Forward prediction of spatial displacement development: Rock engineering in difficult ground conditions-soft rocks and karst[C] //Proceedings of Europe Rock Mechanics Symposium. Cavtat, Croatia: Taylor & Francis Group, 2009: 495-500.

[166] FAHIMIFAR A, SOROUSH H. A theoretical approach for analysis of the interaction between the grouted rock bolts and rock masses[J]. Tunnelling and underground space technology, 2005, 20: 333-343.

[167] HOEK E, MARINOS P. Predicting tunnel squeezing problems in weak heterogeneous rock masses[J]. Tunnels and tunnelling international, 2000, 32(11): 45-51.

[168] SAKURAI S.Lessons learned from field measurements in tunnelling[J]. Tunnelling and underground space technology, 1997, 12(4): 453-460.

[169] AYDAN O, AKAGI T, KAWAMOTO T. The squeezing potential of rock around tunnels: Theory and prediction with examples taken from Japan[J].Rock mechanics and rock engineering, 1996, 29(3): 125-143.

[170] BARLA G. Tunnelling mechanics[M] //KOLYMBAS D. EuroSummer-School in tunnel mechanics.Innsbruck, Berlin :Logos Verlag, 2001: 169-268.

[171] SINGH M, SINGH B, CHOUDHARI J. Critical strain and squeezing of rock mass in tunnels[J]. Tunnelling and underground space technology, 2007, 22: 343-350.

[172] ZHANG W G, GOH A T C. Regression models for estimating ultimate and serviceability limit states of underground rock caverns[J]. Engineering geology, 2015, 188: 68-76.

[173] MEGUID M A, ROWE R K. Stability and D-shaped tunnels in Mohr-Coulomb material under

anisotropic stress conditions[J]. Canadian geotechnical journal, 2006, 43: 273-281.

[174] CUI L, ZHENG J J, DONG Y K, et al. Prediction of critical strains and critical support pressures for circular tunnel excavated in strain-softening rock mass[J]. Engineering geology, 2017, 224:43-61.

[175] DOLD A, ECKMANN B. Numerical analysis[M]. Berlin,Heidelberg: Springer-Verlag, 1978.

[176] TRUEMAN R. An evaluation of strata support techniques in dual life gateroads[D]. Cardiff: University of Wales, 1988.

[177] BOBET A. Elastic solution for deep tunnels. Application to excavation damage zone and rockbolt support[J]. Rock mechanics and rock engineering, 2009, 42: 147-174.

[178] CARRANZA-TORRES C. Analytical and numerical study of the mechanics of rockbolt reinforcement around tunnels in rock masses[J]. Rock mechanics and rock engineering, 2009, 42(2): 175-228.

[179] TAN C H. Difference solution of passive bolts reinforcement around a circular opening in elastoplastic rock mass[J]. International journal of rock mechanics and mining sciences, 2016, 81: 28-38.

[180] TAN C H. Passive bolts reinforcement around a circular opening in strain-softening elastoplastic rock mass[J]. International journal of rock mechanics and mining sciences, 2016, 88: 221-224.

[181] CUI L, ZHENG J J, ZHANG R J, et al. A numerical procedure for the fictitious support pressure in the application of the convergence-confinement method for circular tunnel design[J]. International journal of rock mechanics and mining sciences, 2015, 78: 336-349.

[182] KOVARI K, STATUS J. Basic considerations on tunnelling in squeezing ground[J]. Rock mechanics and rock engineering, 1996, 29(4): 203-210.

编 后 记

《博士后文库》是汇集自然科学领域博士后研究人员优秀学术成果的系列丛书。《博士后文库》致力于打造专属于博士后学术创新的旗舰品牌，营造博士后百花齐放的学术氛围，提升博士后优秀成果的学术和社会影响力。

《博士后文库》出版资助工作开展以来，得到了全国博士后管委会办公室、中国博士后科学基金会、中国科学院、科学出版社等有关单位领导的大力支持，众多热心博士后事业的专家学者给予积极的建议，工作人员做了大量艰苦细致的工作。在此，我们一并表示感谢！

《博士后文库》编委会